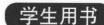
学生用书

studio d A1

Deutsch als Fremdsprache

Kurs- und Übungsbuch

交际德语教程

第一册

von
Hermann Funk
Christina Kuhn
Silke Demme

sowie
Oliver Bayerlein

Phonetik:
Beate Lex
und Beate Redecker

上海外语教育出版社
外教社 SHANGHAI FOREIGN LANGUAGE EDUCATION PRESS
www.sflep.com

Cornelsen

图书在版编目（CIP）数据

交际德语教程 学生用书.第1册 /（德）冯克等编.
—上海：上海外语教育出版社，2010（2011重印）
ISBN 978-7-5446-1961-5

Ⅰ.①交… Ⅱ.①冯… Ⅲ.①德语－教材 Ⅳ.① H33
中国版本图书馆CIP数据核字（2010）第138213号

图字：09-2010-128

Symbole

🎧 Hörverstehensübung,
1.8 CD 1,
Track 8 auf der
Kursraumversion

🔊 Ausspracheübung,
2.35 CD 2,
Track 35 auf der
Kursraumversion

Übung zur
Automatisierung

🔍 Fokus auf Form
16 Punkt 16 in der Grammatik (Anhang)

出版发行：上海外语教育出版社
（上海外国语大学内） 邮编：200083
电　　话：021-65425300（总机）
电子邮箱：bookinfo@sflep.com.cn
网　　址：http://www.sflep.com.cn http://www.sflep.com
责任编辑：毛小红

印　　刷：上海景条印刷有限公司
开　　本：890×1240 1/16 印张16.25 字数440千字
版　　次：2010 年 10 月第 1 版 2011 年 12 月第 2 次印刷
印　　数：3 500 册

书　　号：ISBN 978-7-5446-1961-5 / H · 0841
定　　价：58.00 元

本版图书如有印装质量问题，可向本社调换

出版说明

近年来，我国德语教材的建设在自主开发和国外引进相结合的基础上得到了迅速的发展。教材编写理念越来越先进、内容越来越丰富、手段越来越新颖、配套越来越齐全、定位越来越准确、功能越来越强大。各家出版社都打出了"编写多媒体立体化教材"的口号，但实际上其中大部分只是配备了录音光盘，真正采用纸质、磁带、光盘（包括 CD、CD-ROM、DVD）、网络为一体的立体化德语教材尚属空白。德国著名教育出版集团康乃馨出版社（Cornelsen Verlag）依托其庞大的教育资源和雄厚的技术实力推出的 studio d 这套对外德语教材是一套真正意义上的多媒体立体化教材，也是一套理念最新颖、结构最合理、资源最丰富、配套最齐全、技术最现代、功能最强大的德语教材。这套教材自推出以来得到了世界各地德语授课者和学习者的欢迎。

上海外语教育出版社经过多年的调研和论证，决定引进这套教材，将这些丰富的德语教学资源介绍给我国的德语读者，希冀这些丰富的多媒体资源能够帮助他们更有成效地学习语言，了解文化，提高与德国国家各界人士的沟通能力并切实推动我国德语公外及社会培训教学的改革和发展。为了使这些丰富的教学资源得到更为合理的配置，便于我国德语教学界开展工作，上海外语教育出版社在歌德学院北京分院的大力支持下，对原版教材进行了整合和改编，使之更加符合我国德语教学的实际情况。

该教材融入了最新的外语教学法理论知识，全力为学生营造良好的外语语言学习环境；不忽视外语教学中语法知识传授和操练这一重要环节；传授大量行之有效的学习策略和方法；注重听说读写四项语言技能的联动培养；着力德语国家国情知识的介绍；强调跨文化交际能力的训练；鼓励学生利用各种现代化工具独立拓展学习；尊重学生的个体特征和差异，学习材料和练习设计均充分照顾到不同层次、不同背景、不同兴趣的学习者。

该套教材共分 4 级，预备级、A1、A2 和 B1 四个级别。除预备级之外，每册均配有学生用书（附 MP3 免费下载和助学光盘）、教师用书（附助教光盘和视频光盘）、练习与测试（附 MP3 免费下载）和词汇手册（德汉版）。

预备级由北京德国文化中心·歌德学院（中国）胡朵拉博士（Frau Dr. Cordula Hunold）改编，在原有练习的基础上补充了大量语音练习，帮助学生采用科学的学习方法来学习德语语音、语调等。此外还介绍了德语发音规则和学习方法，针对中国学生的语音学习困难设计了针对性很强的练习，并提出了有效的学习策略，让学生从一开始就能学习标准地道的德语。

《学生用书》每册分 12 课及三个复习单元。所有话题均围绕日常生活和工作等展开，具有很强的实用性，能够激发学生的学习兴趣。对语音、词汇、语法、交际能力均有不同篇幅的专题讲解。另外还有专门的栏目，向学生传授高效的学习方法。在课堂用书和练习结束之后，设计了一个"单元复习"（Das kann ich auf Deutsch），罗列了该单元学习后必须掌握的知识点，简明扼要，一目了然。据此，学生可以自行检测掌握情况。学生可登录 http://audio.sflep.com 免费下载配套听力录音。助学光盘

（Lerner-CD-ROM）根据自主学习和寓乐于学的理念来设计，借助人机互动的方法来加深、巩固或检验所学语法、词汇知识，学生可以借助软件自行录音，检查自己的口语表达是否地道准确。软件自动批改练习，并给出错误分析和提示。该助学光盘界面清楚，操作简单，导航顺畅，使用便捷。

《练习与测试》是主要由原版强化训练（Sprachtraining）和试题册（Testheft）整合而成。练习部分是学生用书的有效补充和加深，配有参考答案。每四个单元后安排"生活在德国"栏目，尤其针对那些在德国生活的外国人，帮助他们更好地应对日常生活。测试部分既有单元测试，又有阶段测试，还有初级德语证书（A1）模拟题，附录中的答案方便学生自行检查。教师也可以在授课之前将测试部分集中起来，在单元授课完毕后让学生进行实战训练。测试部分配套听力录音同样可以登录http://audio.sflep.com 免费下载。

《教师用书》由歌德学院组织经验丰富的一线教师在原版图书的基础上改编而成。除提供学生用书课堂练习部分的参考答案以外，该书还提供了大量授课建议、课堂设置建议、教学建议及文化背景知识介绍，并有补充的练习题和测验题。助教光盘(Unterrichtsvorbereitung interactive）还提供先进的文本分析工具，教师可以根据学生水平调整课文的词汇，可以借助指令自行生成试卷等。附书的视频光盘（DVD）便于借助丰富的视频材料活跃课堂气氛，调动学生的视听感官来体验真实的语言场景，既能提高他们的听力理解能力，又可以帮助他们获取更多的德语国家文化知识。视频材料既可以在某一个单元之前使用，也可以在讲完某单元之后作为总结使用。

《词汇手册》以实用便携的口袋本为开本，方便学生随时随地阅读或背诵单词，学习其用法。单词均标有长短元音，可帮助学生准确发音；部分词汇标出了同义词和反义词，便于词汇联想记忆；基础词汇和拓展词汇字体有别，便于学生根据情况区分处理。

另外，康乃馨出版社网站还补充了丰富的教学资源，供师生免费下载。

studio d 起名为《交际德语教程》，我们希望且相信，它将以全新的授课内容、丰富的教学资源、合理的教学理念、新颖的课堂活动、现代化的技术手段，激发学生学习德语的兴趣，提高他们的德语听说读写能力，培养他们的跨文化交际能力。《交际德语教程》一定能给广大师生带来全新的教学体验。

上海外语教育出版社

2010 年 7 月

序

三十余年来,歌德学院一直以培训教师、提供奖学金、参加各种专业会议、开设语言培训班、举办展览和赛事活动等多种方式支持和资助中国的德语教师和学习者。但它也一直参与教材的编写工作,或为教材的出版提供咨询。

无论在德国还是在中国,编撰和出版德语作为外语教材的各出版社在语言传播方面均发挥着极其重要的作用。歌德学院非常乐意与它们合作,并为它们提供有关咨询。

尤其令人欣喜的是,《交际德语教程》(studio d)这套德语教材现在首次登陆中国市场。该系列教材开宗明义,完全按照欧洲语言共参框架的各项要求进行设计和编写,为以交际行为和目的为导向的现代化语言教学奠定了优越的基础。当然,所有深入研究外语教学的人士无不知晓,任何一套教材都仅仅是个框架,任课教师在使用时必须根据课堂的实际情况加入补充和调整。为此,这套教材犹如一盒积木为大家提供了内容广泛的学习材料,既有在线的补充材料,又有专门为满足中国德语学习者需求而补充和拓展的教学资料。

在此,衷心感谢康乃馨出版社(Cornelsen Verlag)和该教材的编写者,同时也感谢上海外语教育出版社(SFLEP)。是他们的诚意和不懈努力,使得这套全新的教材引入中国并让中国的使用者了解该教材。近年来,中国高校的德语专业和德语培训机构的数量飞速增加。从世界范围看,中国也属于那些其德语学习者的人数在数年内将持续增长的国家。这就意味着,学习者的需求也将呈现出多元化和差异化的趋势。正因如此,为他们提供更加丰富多彩的教材尤为重要,该教材的本土化工作为此迈出了重要一步。

我还要特别感谢我的同事胡朵拉博士(Dr. Cordula Hunold)、齐洁女士(Barbara Ziesch)、唐贝老师(Petra Strang)以及北京第二外国语学院的王艳民老师。她们全力支持并参与了该教材的改编工作,不辞辛苦,极其认真地编写了内容丰富的补充材料。

亲爱的老师们、同学们,现在要看你们的了:迈开大步,在这套教材的陪伴下,进入德语世界。

祝各位教学愉快,学业有成!

柯理博士

北京德国文化中心 · 歌德学院(中国)

副院长、中国区语言教学部主任

Vorwort

Seit mehr als dreißig Jahren unterstützt und fördert das Goethe-Institut Deutschlehrerinnen und-lehrer, aber natürlich auch Lernerinnen und Lerner in China. Das geschieht mit Hilfe von Fortbildungen und Stipendien, durch Teilnahme an Gremien-Sitzungen, durch unsere Sprachkurse, durch Ausstellungen und Wettbewerbe, aber immer wieder auch die Herausgabe oder die Mitarbeit und Beratung bei der Herausgabe von Lehrwerken.

Den Verlagen, die – sei es in Deutschland oder in China – DaF-Lehrwerke verfassen und publizieren, kommt bei der Sprachvermittlung eine äußerst wichtige Rolle zu und das Goethe-Institut übernimmt gerne die Aufgabe, sie als unabhängiger Partner dabei zu begleiten und zu beraten.

Besonders freut es uns nun, dass mit *studio d* erstmals ein DaF-Lehrwerk auf den chinesischen Markt kommt, dass bereits bei seiner Konzeption genau an den Vorgaben des Europäischen Referenzrahmens zum Spracherwerb ausgerichtet wurde und damit eine hervorragende Grundlage für modernen, ziel- und handlungsorientierten Sprachunterricht bietet. Dass dabei jedes Lehrwerk nur ein Gerüst sein kann, das von den Lehrkräften ergänzt und für die Umsetzung in ihrer spezifischen Unterrichtssituation angepasst werden muss, wissen alle, die sich intensiv mit der Vermittlung von Fremdsprachen auseinandersetzen. *Studio d* ist aber bereits als Baukasten konstruiert und bietet umfassendes Ergänzungsmaterial sowohl online als auch im Buch, das nun für die chinesische Ausgabe noch einmal besonders für die Bedürfnisse chinesischer Lerner erweitert wurde.

Herzlicher Dank geht darum an den Cornelsen Verlag und die Autoren des Lehrwerks sowie an die SFLEP für die Bereitschaft, ein wirklich modernes Lehrwerk nach China zu bringen und keinen Aufwand zu scheuen, es den hiesigen Nutzern näherzubringen. Die Zahl der Deutschabteilungen und Deutschkursanbieter in China ist in den letzten Jahren stark angewachsen und China gehört auch aus weltweiter Perspektive betrachtet zu den Ländern, in denen Deutsch auch in den nächsten Jahren weiter wachsen wird. Das heißt aber auch, dass die Bedürfnisse der Lernenden vielfältiger und differenzierter werden. Umso wichtiger ist es, dass auch das Angebot an Lehrwerken reichhaltiger wird. Mit der Adaption von *studio d* ist ein weiterer, wichtiger Schritt in diese Richtung getan.

Bedanken möchte ich mich nicht zuletzt auch bei meinen Kolleginnen Dr. Cordula Hunold, Barbara Ziesch und Petra Strang sowie Wang Yanmin von der 2. Fremdsprachenhochschule Beijing, die den Prozess der Adaption mit Rat und Tat begleitet haben und mit großer Sorgfalt und Mühe reichhaltiges Begleitmaterial erstellt haben.

Nun ist es an Ihnen, liebe Lehrerinnen und Lehrer, liebe Lernerinnen und Lerner, die nächsten Schritte zu gehen und mit Hilfe dieses Lehrwerks in die Welt der deutschen Sprache einzutauchen.

Viel Spaß und viel Erfolg dabei!

Dr. Clemens Treter
Leiter Spracharbeit China
Stellv. Institutsleiter
Deutsches Kulturzentrum – Goethe-Institut China

studio d – Hinweise zu Ihrem Deutschlehrwerk

Liebe Deutschlernende, liebe Deutschlehrende,

Sie blättern gerade im ersten der insgesamt drei Bände von **studio d**, Ihrem Lehrwerk für Deutsch als Fremdsprache (DaF) für Erwachsene ohne Vorkenntnisse. **studio d** orientiert sich eng an den Niveaustufen A1 bis B1 des Gemeinsamen europäischen Referenzrahmens und führt Sie zum *Zertifikat Deutsch*. **studio d** wird Sie beim Deutschlernen im Kurs und zu Hause begleiten. Das Kursbuch mit Übungsteil steht im Zentrum eines multimedialen Lehrwerkverbunds, den wir Ihnen hier kurz vorstellen möchten.

Das Kursbuch und der Übungsteil studio d A1 mit eingelegter Lerner-CD-ROM

In *Start auf Deutsch* erhalten Sie einen ersten Einblick in die deutsche Sprache und das Leben in den deutschsprachigen Ländern. Das Kursbuch gliedert sich in zwölf Einheiten mit thematischer und grammatischer Progression. Der Übungsteil folgt unmittelbar nach jeder Kursbucheinheit und schließt mit einer Überblicksseite „Das kann ich auf Deutsch". In transparenten Lernsequenzen bietet **studio d** Ihnen Aufgaben und Übungen für alle Fertigkeiten (Hören, Lesen, Schreiben, Sprechen). Sie werden mit interessanten Themen und Texten in den Alltag der Menschen in den deutschsprachigen Ländern eingeführt und vergleichen ihn mit Ihren eigenen Lebenserfahrungen. Sie lernen entsprechend der Niveaustufe A1, in Alltagssituationen sprachlich zurechtzukommen und einfache gesprochene und geschriebene Texte zu verstehen und zu schreiben. Die Erarbeitung grammatischer Strukturen ist an Themen und Sprachhandlungen gebunden, die Ihren kommunikativen Bedürfnissen entsprechen. Die Art der Präsentation und die Anordnung von Übungen soll entdeckendes Lernen fördern und Ihnen helfen, sprachliche Strukturen zu erkennen, zu verstehen und anzuwenden. Die Lerntipps unterstützen Sie bei der Entwicklung individueller Lernstrategien. In den drei *Stationen* finden Sie Materialien, mit denen Sie den Lernstoff aus den Einheiten wiederholen, vertiefen und erweitern können.

Da viele von Ihnen die deutsche Sprache für berufliche Zwecke erlernen möchten, war es für uns besonders wichtig, Sie mittels unterschiedlicher Szenarien in die Berufswelt sprachlich einzuführen und Ihnen Menschen mit interessanten Berufen vorzustellen.

Unter *http://audio.sflep.com* können Sie die Hörtexte des Übungsteils sowie die Phonetikübungen der Stationen herunterladen. So können Sie auch zu Hause Ihr Hörverstehen und Ihre Aussprache trainieren. Im Anhang des Kursbuchs finden Sie außerdem eine Übersicht über die A1-Grammatik, eine alphabetische Wörterliste, die Transkripte der Hörtexte, die nicht im Kursbuch abgedruckt sind, und einen Lösungsschlüssel.

Die eingelegte **Lerner-CD-ROM** enthält umfangreiche Materialien zum Selbstlernen am Computer.

Das Video

Der Spielfilm zum Deutschlernen kann im Unterricht oder zu Hause bearbeitet werden. Im Video lernen Sie eine Gruppe junger Leute im Umfeld von Studium, Job, Praktikum und Freizeit kennen. Die Übungen zum Video finden Sie in den Stationen. Weitere Übungen finden Sie auf der CD-ROM *Unterrichtsvorbereitung interaktiv*.

Das Sprachtraining und Testheft

Umfangreiche Materialien für alle, die noch intensiver im Unterricht oder zu Hause üben möchten. Der Testteil stellt zusätzliches Material zur objektiven Evaluierung des Lernfortschritts auf verschiedene Niveaustufen bereit.

Das Vokabeltaschenbuch

Hier finden Sie alle neuen Wörter in der Reihenfolge ihres ersten Auftretens. Und die neuen Wörter wurden ins Chinesische übersetzt.

Wir wünschen Ihnen viel Spaß und Erfolg beim Deutschlernen mit **studio d**!

Inhalt

Grammatik	Aussprache	Lernen lernen
das Alphabet	Wortakzent in Namen	internationale Wörter in Texten finden Wörter sortieren
Aussagesätze Fragesätze mit *wie, woher, wo, was* Verben im Präsens Singular und Plural, das Verb *sein* Personalpronomen und Verben	Wortakzent in Verben und in Zahlen	mit einem Redemittelkasten arbeiten eine Grammatiktabelle ergänzen
Nomen: Singular und Plural Artikel: *der, das, die / ein, eine* Verneinung: *kein, keine* Komposita: *das Kursbuch*	Wortakzente markieren Umlaute *ä, ö, ü* hören und sprechen	mit Wörterbüchern arbeiten Lernkarten schreiben Memotipps eine Regel selbst finden
Präteritum von *sein* W-Frage, Aussagesatz und Satzfrage	Satzakzent in Frage- und Aussagesätzen	eine Regel ergänzen eine Grammatiktabelle erarbeiten Notizen machen
Possessivartikel im Nominativ Artikel im Akkusativ Adjektive im Satz Graduierung mit *zu*	Konsonanten: *ch* Wortakzent bei Komposita etwas besonders betonen (Kontrastakzent)	Wortschatz systematisch: Wörter nach Oberbegriffen ordnen, Wörternetze machen, eine Lernkartei anlegen

lbstevaluation: Wortschatz – Grammatik – Phonetik; Videostation 1

Grammatik	Aussprache	Lernen lernen
Fragesätze mit *Wann?, Von wann bis wann?* Präpositionen und Zeitangaben: *am, um, von ... bis* trennbare Verben Verneinung mit *nicht* Präteritum von *haben*	Konsonanten: *p, b, t, d, k, g* Satzmelodie in Fragesätzen	mit Rollenkarten arbeiten Übungszeitpläne
Präpositionen: *in, neben, unter, auf, vor, hinter, an, zwischen, bei* und *mit* + Dativ Ordnungszahlen	Konsonanten: *f, w* und *v*	ein Wortfeld erarbeiten Notizen machen im Kalender

Grammatik	Aussprache	Lernen lernen
Modalverben *müssen, können* (Satzklammer) Possessivartikel und *kein-* im Akkusativ	Konsonanten: *n, ng* und *nk*	mit dem Wörterbuch arbeiten Textinformationen in einer Tabelle ordnen
Präpositionen: *in, durch, über* +-Akkusativ; *zu, an … vorbei* + Dativ Modalverb *wollen*	Konsonanten: *r* und *l*	ein Lernplakat machen

honetik intensiv; Videostation 2

Grammatik	Aussprache	Lernen lernen
Perfekt: regelmäßige und unregelmäßige Verben	lange und kurze Vokale markieren	Texte ordnen
Häufigkeitsangaben: *jeden Tag, manchmal, nie* Fragewort: *welch-* Komparation: *viel, gut, gern*	Endungen: *-e, -en, -el* und *-er*	einen Text auswerten und zusammenfassen
Adjektive im Akkusativ – unbestimmter Artikel Demonstrativa: *dieser – dieses – diese / der – das – die* Wetterwort *es*	Vokale und Umlaute: *ie – u – ü* und *e – o – ö*	ein Assoziogramm erstellen: Wetter und Farben interkulturell
Imperativ Modalverb *dürfen* Personalpronomen im Akkusativ		mit Rollenkarten arbeiten Lernspiel Pronomen

rammatik und Phonetik intensiv; Videostation 3; eine Rallye durch **studio d**

31 alphabetische Wörterliste; 245 unregelmäßige Verben; 247 Hörtexte

Start auf Deutsch

1 Deutsch sehen und hören

1 Bilder und Wörter. Was gehört zusammen?

Musik ▪ Reichstag/Berlin ▪ Touristen ▪ Büro ▪ Supermarkt ▪ Telefon ▪

Kurs ▪ Rhein-Main-Airport/Frankfurt ▪ Kaffee ▪ Computer ▪

Cafeteria ▪ Oper ▪ Espresso ▪ Airbus ▪ Euro ▪ Orchester ▪ Schule ▪

2 Wie heißen die Wörter in Ihrer Sprache?

Hier lernen Sie

▶ internationale Wörter auf Deutsch verstehen
▶ jemanden begrüßen
▶ sich und andere vorstellen
▶ nach Namen und Herkunft fragen
▶ das Alphabet und buchstabieren
▶ Wortakzent in Namen

 3 **Bilder und Töne.**
1.2

Hören Sie. Wo ist das? Was kennen Sie? Wörter in Ihrer Sprache?

Das ist Bild ...

  4 **Vier Sprecher. Wer kommt aus Deutschland?**
1.3

2 Im Kurs

1 Hören Sie den Dialog.
<small>1.4</small>

■ Guten Tag! Ich bin Frau Schiller.
Ich bin Ihre Deutschlehrerin.
Wie ist Ihr Name?

◆ Hallo, mein Name ist Cem Gül.

■ Und woher kommen Sie?

◆ Aus der Türkei.

■ Wie heißen Sie?

● Ich heiße Lena Borissowa.
Ich komme aus Russland.

■ Und wie heißen Sie?

▲ Mein Name ist Ana Sánchez.
Ich komme aus Chile.

■ Und Sie?

▼ Ich bin Alfiya Fedorowa
aus Kasachstan.

■ Und wer ist das?

▼ Das ist Herr Tang.
Er kommt aus China.

2 **Fragen und Antworten.** Hören Sie und sprechen Sie nach.
<small>1.5</small>

3 Und Sie? Wie heißen Sie? Woher kommen Sie?

4 **Partnerinterview**

a) Fragen und notieren Sie.

Wie heißen Sie? ....

Woher kommen Sie? ....

b) Berichten Sie im Kurs.

Das ist …

Er/Sie kommt aus …

5 Hören und lesen Sie.
<small>1.6</small>

■ Herr Gül, wo wohnen Sie jetzt?

◆ Ich wohne in Frankfurt.

■ Frau Sánchez, wo wohnen Sie?

● Auch in Frankfurt.

■ Und Sie, Frau Borissowa, wo wohnen Sie?

▲ In Bad Vilbel.

■ Wo wohnt Herr Tang?

▲ Er wohnt in Bad Homburg.

6 **Ordnen Sie zu.**

Wie ist Ihr Name? **1**   **a** Aus Chile.

Wo wohnen Sie? **2**   **b** Ana Sánchez.

Woher kommen Sie? **3**   **c** In Frankfurt.

7 **Personalangaben. Ordnen Sie eine Person aus Aufgabe 1 und Aufgabe 5 zu und ergänzen Sie.**

1. Name? ....
   Woher? Aus Russland.
   Wo? In Bad Vilbel.

2. Name? ....
   Woher? Aus Kasachstan.
   Wo? In Frankfurt.

3. Name? ....
   Woher? Aus der Türkei.
   Wo? ....

4. Name? ....
   Woher? Aus China.
   Wo? ....

8 **Und Sie? Ergänzen Sie.**

Name? ....
Woher? ....
Wo? ....

9 **Ergänzen Sie den Redemittelkasten mit den Wörtern aus Aufgabe 1 und Aufgabe 5.**

Redemittel	Begrüßung	Name?	Vorstellung	Woher?
	Guten Tag!	Wie heißen Sie?	Ich heiße	....
	....	....	....	....
	....	....	....	....
	....	....	....	....

3 Das Alphabet

1.7 **1** **Der Alphabet-Rap.** Hören Sie und machen Sie mit.

2 Buchstabieren Sie Ihren Namen. Die Gruppe schreibt.

1.8 **3** **Städtediktat.** Hören Sie. Schreiben Sie die Städtenamen.

1. ....
5. ....

2. ....
6. ....

3. ....
7. ....

4. ....
8. ....

4 **Abkürzungen. Was ist das?** Ordnen Sie zu.

Transport/Auto	TV/Computer
....	....
....	....
....	....
....	....
....	....

1.9 **5** Hören Sie die Dialoge. Notieren Sie die Namen.

1. ....

2. ....

3. ....

6 Spiel. Namen buchstabieren und notieren.

7 Familiennamen
in Deutschland –
die Top 10.
Und bei Ihnen?

8 Die Top 5 der Vornamen in Deutschland. **Hören Sie die Namen.**
Welche Silbe ist betont? Ordnen Sie.

1. Silbe betont	2. Silbe betont	3. Silbe betont
'Anna		

Nr.	Vorname
	Jungen
1	Alexander
2	Maximilian
3	Paul
4	Leon
5	Lukas
	Mädchen
1	Marie
2	Sophie
3	Maria
4	Anna
5	Laura

9 Hören Sie noch einmal und sprechen Sie nach.

10 Welche Vornamen aus Deutschland, Österreich und der Schweiz kennen Sie?

11 Vornamen international. Was sind Ihre Favoriten?

! **Internettipp**

www.kindername.de

4 Internationale Wörter

1 **Schnell lesen.** Hier sind zehn Wörter.
Zu welchen Texten passen sie? Ordnen Sie zu.

studieren ▨ Hobbys ▨ Musik ▨ Universität ▨
Rhein-Main-Airport ▨ Familie ▨ Ski fahren ▨
Spanisch ▨ Frankfurt ▨ Job ▨ Oper ▨

> **! Lerntipp**
>
> Texte verstehen –
> Internationale
> Wörter suchen!

1. Das ist **Markus Bernstein**. Herr Bernstein ist 42 Jahre alt. Er wohnt mit seiner Familie in Kronberg. In 30 Minuten ist er am Airport in Frankfurt. Er ist Pilot bei der Lufthansa. Herr Bernstein mag seinen Job. Er fliegt einen Airbus A 320. Heute fliegt er von Frankfurt nach Madrid, von Madrid nach Frankfurt und dann Frankfurt–Budapest und zurück. Er spricht Englisch und Spanisch.

2. **Ralf Bürger** ist Student an der Friedrich-Schiller-Universität in Jena. Das ist in Thüringen. Ralf studiert Deutsch und Interkulturelle Kommunikation. Er ist im 8. Semester. Seine Freundin **Magda Sablewska** studiert auch Deutsch, im 4. Semester. Magda ist aus Polen, aus Krakau. Ralf ist 26, Magda 23 Jahre alt. Magda spricht Polnisch, Deutsch und Russisch. Ralf spricht Englisch und ein bisschen Polnisch.

3. **Andrea Fiedler** ist seit 1999 bei Siemens in München. Vorher war sie drei Jahre für Siemens Medical Dept. in Singapur. Sie ist Elektronikingenieurin, Spezialität: Medizintechnologie. Sie spricht Englisch, Französisch und ein bisschen Chinesisch. Sie wohnt in Erding bei München. Sie mag die Alpen. Ski fahren ist ihr Hobby – und ihr BMW!

4. **Milena Filipova** ist 35. Sie lebt seit zehn Jahren in Wien. Sie ist Musikerin und kommt aus Nitra. Das ist in der Slowakei. Sie spielt Violine und gehört zum Ensemble der Wiener Staatsoper. Sie findet Wien fantastisch: die Stadt, die Menschen, die Restaurants, die Donau, die Atmosphäre im Sommer, die Cafés. Um 20 Uhr hat sie heute ein Konzert.

2 Internationale Wörter verstehen. Wählen Sie einen Text aus Aufgabe 1 aus:
Wie viele Wörter verstehen Sie? Notieren Sie.

Markus Bernstein	Ralf Bürger / Magda Sablewska	Andrea Fiedler	Milena Filipova
....	*Student*	....	....

3 Sortieren Sie die Wörter.

Technik	Job	Sprachen	Musik	Geografie	Tourismus	andere
....	....	....	....	....	....	....
....	....	....	....	....	....	....

4 Internationale Wörter – deutsche Wörter.
Eine Zeitungscollage im Kurs machen.

5 Frankfurt am Main

Landeskunde

Frankfurt am Main – ein globaler Marktplatz

Frankfurt am Main hat mit seinen 646 000 Einwohnern das Flair einer internationalen Minimetropole. 26 % der Einwohner kommen aus dem Ausland. Die Skyline ist ein Symbol für die Dynamik und die Internationalität der Stadt. Frankfurt ist mit seinen Banken und dem Rhein-Main-Airport, der Basis der Lufthansa, ein globaler Marktplatz. In Frankfurt ist die Heimat des Euro (€), die Europäische Zentralbank. Das Mainufer ist ein Skaterparadies, dort gibt es auch das Deutsche Filmmuseum, das Deutsche Architekturmuseum und das Jüdische Museum.

1 Treffen im Café

 1 **a)** Hören Sie die Gespräche. Worüber sprechen die Leute? Sammeln Sie Wörter.
1.11 Ü 1 **b)** Hören Sie die Gespräche noch einmal und lesen Sie mit.

c) Ordnen Sie die Gespräche den Fotos zu.

d) Üben Sie im Kurs.

1. ■

Samira:	Entschuldigung, ist hier noch frei?
Katja:	Ja klar, bitte. Sind Sie auch im Deutschkurs?
Samira:	Ja, im Kurs A1. Ich heiße Samira Sundaram. Ich komme aus Indien.
Katja:	Ich bin Katja Borowska aus Russland.
Samira:	Was trinken Sie?
Katja:	Ehmmm, Orangensaft.
Samira:	Zwei Orangensaft, bitte.

2. ■

Lena:	Grüß dich, Julian, das sind Belal und Alida.
Julian:	Hi! Woher kommt ihr?
Belal:	Wir kommen aus Marokko, und du? Woher kommst du?
Julian:	Aus den USA.
Lena:	Was möchtest du trinken?
Julian:	Kaffee.
Lena:	Ja, ich auch!
Belal:	Ich auch!
Alida:	Ja, bitte!
Lena:	Vier Kaffee, bitte!

3. ■

Liu Mei:	Hallo, Marina!
Marina:	Tag, Liu-Mei!
Liu Mei:	Marina, das ist Frau Schiller. Sie ist Deutschlehrerin. Frau Schiller, das ist Marina Álvarez.
Frau Schiller:	Guten Tag, Marina. Woher kommen Sie?
Marina:	Ich komme aus Argentinien, aus Rosario.
Liu Mei:	Was möchten Sie trinken?
Frau Schiller:	Eistee!
Marina:	Ich auch.
Liu Mei:	Also drei Eistee.

Minimemo

Sprache im Café (I)

Entschuldigung, ist hier noch frei?

Was möchten Sie trinken? /
Was möchtest du trinken?

Kaffee oder Tee?

Was nehmen/trinken Sie?

Zwei Kaffee, bitte!

2 *Wer? Woher?* Dialoge trainieren

1 **Sammeln.** Ergänzen Sie den Kasten.

Redemittel	Begrüßung	Vorstellung	Name?	Woher?	Getränke
	Hallo!	Ich heiße ...	Wie heißen Sie?	....	Kaffee
	....	Das ist ...	....	....	....

2 Ergänzen Sie. Der Kasten aus Aufgabe 1 hilft.
Ü2

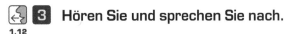

1. ▪ Hallo, ich bin Frau Schiller und wie heißen Sie?

   ◆ ....

2. ▪ Tag, Lena!

   ◆ ....

3. ▪ Was trinken Sie?

   ◆ ....

4. ▪ Woher kommst du?

   ◆ ....

5. ● ....

   ▲ Hallo, Katja.

6. ● .... ?

   ▲ Aus China.

7. ● .... ?

   ▲ Tee, bitte.

3 Hören Sie und sprechen Sie nach.
1.12

4 Dialoge trainieren mit Namen im Kurs.

Was möchtest du ...?

Hallo, ...!

Zwei ..., bitte!

Hallo, ..., das ist ...

Woher ...?

Ich wohne in ...

Aus ...

5 Sammeln Sie Verben aus den Texten auf
Seite 17.

sind, heiße, komme ...

6 Verben und Endungen. Ergänzen Sie die Tabelle.

16 Ü3

Grammatik

	komm-en				trink-en
ich	komm-e	....		....	....
du	....	wohn-st	heiß-t		....
er/es/sie	....	....	heiß-t		....
wir	....	....	heiß-en		....
ihr	....	wohn-t	....		....
sie/Sie	....	wohn-en	....		....

7 Hören Sie die Verben. Markieren Sie den Akzent (ˈkommen)
in der Tabelle von Aufgabe 6 und sprechen Sie nach.

1.13

8 Ergänzen Sie.

1. Woher komm............Sie?

2. Wir wohn............in Berlin.

3. Er trink............Kaffee.

4. Sie heiß............Samira Sundaram.

5. Alida und Belal, was trink............ihr?

6. Frau Schiller arbeite............an der Sprachschule.

9 Selbsttest. Fragen mit *Was? Wo? Wie? Woher?*

Ü4

Hier sind die Antworten. Stellen Sie die Fragen.

1. ....?

Aus Deutschland.

2. ....?

Ich heiße Andrea Schmidt.

3. ....?

In Berlin.

4. ....?

Zwei Orangensaft, bitte.

5. ....?

Aus Chile.

3 Zahlen und zählen

1 Zahlen sehen

eins   zwei   drei   vier   fünf   sechs

sieben   acht   neun   zehn   elf   zwölf

2 Zahlen hören. Notieren Sie.
1.14

3 Zahlen lesen
1.15 Ü 5–6

a) Hören Sie und lesen Sie mit.

dreizehn, vierzehn, fünfzehn, sechzehn, siebzehn, achtzehn, neunzehn, zwanzig, einundzwanzig

b) Wie lesen Sie die Zahlen?

13   14   24

und

zwanzig   24   vier

c) Hören Sie noch einmal. Markieren Sie den Akzent (') in Aufgabe a) und sprechen Sie.

4 Zahlen bis **1000**. Ergänzen Sie. Hören und kontrollieren Sie.
1.16

1.   100 *einhundert* ....

2.   200 *zweihundert* ....

3.   300 ....

4.   400 ....

5.   500 ....

6.   600 ....

7.   700 ....

8.   800 ....

9.   900 ....

10. 1000 *eintausend* ....

5 **Zahlenlotto 6 aus 49.** Kreuzen (x) Sie sechs Zahlen an. Hören Sie die Lottozahlen.
Wie viele Richtige haben Sie?

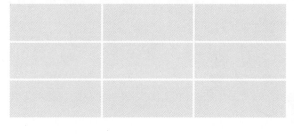

LOTTO · 6 aus 49 · normal

Losnummer — SPIEL 77

5039528

071710013

Minimemo: dreißig, vierzig, fünfzig, sechzig, siebzig, achtzig, neunzig

6 **Spiel im Kurs. Bingo bis 50.** Notieren Sie Zahlen bis 50. Hören Sie.
Streichen Sie die Zahlen durch, die Sie hören. Gewinner ist, wer zuerst alle Zahlen
durchgestrichen hat. Spielen Sie noch einmal im Kurs.

1.

2.

7 **Zahlen schnell sprechen**

a) Bilden Sie zwei Gruppen. Üben
Sie die Zahlen. Lesen Sie die Zahlen
laut. Gruppe A beginnt. Macht
Gruppe A einen Fehler, ist Gruppe B
dran. Gewinner ist, wer zuerst
fertig ist.

25	12	125	567	999	291
91	15	193	987	119	713
75	55	444	812	680	1000
67	3	763	745	910	325
53	13	217	311	515	81
17	115	323	476	422	703

b) Sagen Sie fünf Zahlen, die anderen schreiben mit.

4 Zahlen verwenden. Telefonnummern und Rechnungen

1 Hören Sie die Dialoge. Schreiben Sie die Telefonnummern mit.

1.19   Ü 7

1. ....   3. ....

2. ....   4. ....

2 Wichtige Telefonnummern finden – im Telefonbuch oder im Internet

1. die Polizei   **2.** der Arzt   **3.** die Taxizentrale

- Polizei ☎ 110
- Feuerwehr ☎ 112

Hausbesuche
ArztRUF 0-24 Uhr
☎ 0800 1972000
privatärztlicher Notfalldienst e.G.
www.arztruf.com und KinderArztRUF
www.kinderarztruf.de

TAXI
☎ 44 33 22

! Internettipp
www.telefonbuch.de

3 Hören Sie und ordnen Sie die Dialoge zu. Notieren Sie die Preise.

1.20   Ü 8–9

```
********************
      GUPPI
CAFE - BAR - WEEKENDCLUB
   GLEIMSTRASSE 31
10437 BERLIN • TEL. 437 39 611

********************

TISCH 14  SALDO  0.00

CAPPUCCINO 1X _____

        BAR  _____
```

a

Kafka
Oranienstraße 204
10999 Berlin Tel.: 030-612 24 29
Rechnung
Tisch #12
2 x
Mineralwasser
Coca Cola   3,00
Saldo
         _____

b

⊛ Krombacher
EINE PERLE DER NATUR.

Rechnung

Verzehr	EUR
SPEISEN	
GETRÄNKE	
Eistee	1,
3X	
insg.	

c

Dialog 1 ◼
Dialog 2 ◼
Dialog 3 ◼

Getränke

Warme Getränke

Tasse Kaffee		1,20 €
Tasse Tee		1,20 €
Cappuccino		1,60 €
Schale Milchkaffee		1,80 €

Alkoholfreies

Mineralwasser	0,25 l	1,40 €
Coca-Cola	0,2 l	1,50 €
Fanta	0,2 l	1,50 €
Eistee	0,2 l	1,90 €

Minimemo

Sprache im Café (II)

Zahlen, bitte! /
Ich möchte zahlen, bitte!
Zusammen oder getrennt?
Getrennt/zusammen, bitte.
Das macht ... Euro.
Bitte!
Danke!
Auf Wiedersehen!

4 Hören Sie und sprechen Sie nach.

1.21

5 **Bezahlen im Café.** Spielen Sie die Dialoge. Die Dialoggrafik hilft.

Ü 10–13 Dialog 1

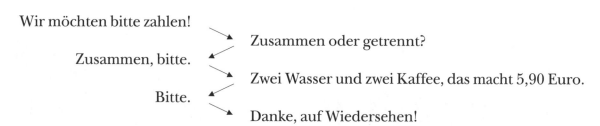

Wir möchten bitte zahlen!

                         Zusammen oder getrennt?

      Zusammen, bitte.

                         Zwei Wasser und zwei Kaffee, das macht 5,90 Euro.

         Bitte.

                         Danke, auf Wiedersehen!

Dialog 2

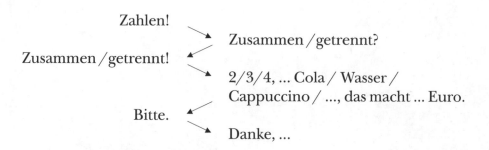

          Zahlen!

                         Zusammen / getrennt?

    Zusammen / getrennt!

                         2/3/4, ... Cola / Wasser /
                         Cappuccino / ..., das macht ... Euro.

         Bitte.

                         Danke, ...

6 **Der Euro.** Lesen Sie im Kurs.

Ü 14

Landeskunde

Der Euro (€) ist gemeinsames offizielles Zahlungsmittel in vielen Ländern der Europäischen Union (EU): z. B. in Belgien, Deutschland, Finnland, Frankreich, Griechenland, den Niederlanden, Irland, Italien, Luxemburg, Österreich, Portugal, Slowenien, Spanien usw. Über 300 Millionen Menschen bezahlen mit dem Euro. Die Euroscheine sind in allen Ländern gleich, die Münzen sind unterschiedlich und tragen nationale Symbole der Länder.

7 **Quiz.** Raten Sie: Woher kommen die Euromünzen? Ordnen Sie zu.

e Österreich
   Deutschland
   Griechenland
   Spanien
   Irland
   Italien

1 **Treffen im Café.** Ordnen Sie den Dialog.

Entschuldigung, ist hier frei? – Ich bin Michel aus Frankreich, und du? – Ich heiße
Ayşe. Ich komme aus der Türkei. – Ja klar, bitte. – Kaffee. – Was trinkst du: Kaffee
oder Tee? – Zwei Kaffee, bitte!

■ ....

◆ ....

■ ....

◆ ....

■ ....

◆ ....

■ ....

2 **Verbinden Sie.**

Entschuldigung, ist hier frei? **1**	**a** Tee, bitte.
Marina, das ist Frau Schiller. **2**	**b** Ja klar, bitte.
Kaffee oder Tee? **3**	**c** Ich auch.
Sind Sie auch im Deutschkurs? **4**	**d** Guten Tag, Frau Schiller!
Ich trinke Kaffee. **5**	**e** Ja, im Kurs A1.

3 Verbendungen. **Ergänzen Sie.**

1. Wir komm.......... aus Dänemark.

2. Karin wohn.......... in München.

3. Was trink.......... du?

4. Ich heiß.......... David Taylor und komm........ aus Cardiff.

5. Wie heiß.......... Sie?

6. Das i.......... Dennis Jones. Er komm........ aus New York.

4 Hier sind die Antworten. **Stellen Sie die Fragen.**

du – heißen – heißt – ihr – kommen – ~~Sie~~ – Sie – Sie – Sie –
~~trinken~~ – trinkt – ~~was~~ – was – wie – wie – wo – woher – wohnen

1. ■ *Was* *trinken* *Sie* ? ◆ Tee, bitte.

2. ■ .... ? ◆ Wir trinken Kaffee.

3. ■ .... ? ◆ Mein Name ist Katja Borowska.

4. ■ .... ? ◆ Lin-Mei.

5. ■ .... ? ◆ Ich wohne in Bad Vilbel.

6. ■ .... ? ◆ Aus der Türkei.

5 Zahlen verstehen. **Hören Sie und ergänzen Sie die Temperaturen.**

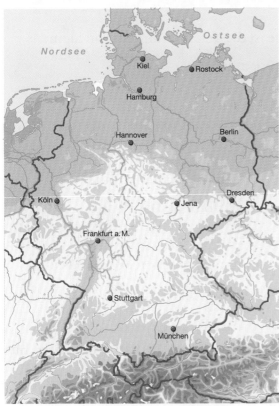

Kiel	....18..... °C
Rostock	.... °C
Hamburg	.... °C
Hannover	.... °C
Berlin	.... °C
Köln	.... °C
Dresden	.... °C
Frankfurt a. M.	.... °C
Stuttgart	.... °C
München	.... °C
Jena	.... °C

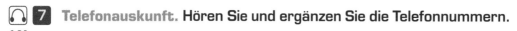

6 Hören Sie und ergänzen Sie die Zahlen.

1. ....undzwanzig
2. ....undzwanzig
3. siebenund....................
4. ....unddreißig

5. fünfund....................
6. ....undvierzig
7. ....undachtzig
8. ....zig

7 **Telefonauskunft.** Hören Sie und ergänzen Sie die Telefonnummern.

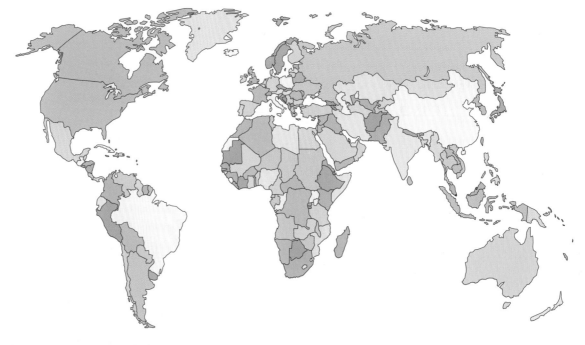

1. ■ Wie ist die Telefonnummer von Siemens in Singapur, bitte?

   ◆ ....

   ■ Und die Vorwahl von Singapur?

   ◆ ....

2. ■ Die Vorwahl von Namibia, bitte.

   ◆ Namibia? Moment. Das ist die

   ....

3. Die Faxnummer vom Hotel Borg in Island?
   Einen Moment. ....
   Und .... für Island.

4. ■ Die Nummer von AVIS in Buenos Aires, bitte.

   ◆ Ja, die Nummer ist ....
   Und .... für
   Argentinien.

8 **Verben.** Setzen Sie ein.

macht – zahlen – trinkst – möchten – nehme

1. Was .... du?

2. Ich .... einen Kaffee.

3. Wir .... zahlen, bitte.

4. .... Sie getrennt oder zusammen?

5. Das .... 17,50 Euro.

9 **Schreiben Sie Sätze.**

1. wir|möchtenbittezahlenzusammenodergetrenntzusammenbittezweiteeund
   zweicoladasmacht6,90Eurobittedankeaufwiedersehen

■ *Wir* ....

◆ ....

■ ....

◆ ....

■ ....

◆ ....

2. zahlenbittezahlensiezusammenodergetrenntgetrenntbittealsozweiorangensaft
   dasmacht3Euroundzweicolamacht2,90Euro

■ ....

◆ ....

■ ....

◆ ....

....

10 **Sie kennen die Wörter. Ergänzen Sie die Vokale.**

Diese Wörter hören Sie im Kurs.

D...... ......tschk......rs

Spr......chsch......l......

D...... ......tschl......hr......r......n

schr...... ......b......n

spr......ch......n

St......d......nt

l......s......n

Diese Wörter hören Sie im Café.

C......l......

W......ss......r

tr......nk......n

R......chn......ng

K......ff...... ......

Eist...... ......

z......hl......n

11 Welches Wort passt nicht?

1. Tee – Kaffee – ~~Tasse~~ – Orangensaft

2. kommen – trinken – heißen – frei

3. lernen – bestellen – nehmen – zahlen

4. ein – sieben – fünfunddreißig – vierundzwanzig

12 **Textkaraoke. Im Café.** Hören Sie und sprechen Sie die 👄-Rolle im Dialog.

1.25

👂 …
👄 Wir möchten bitte zahlen!
👂 …
👄 Zusammen, bitte.
👂 …
👄 Bitte.
👂 …
👄 Auf Wiedersehen.

13 **Café International.** Welche Wörter verstehen Sie? Notieren Sie.

Das Kaffeetrinken ist eine arabische Traditi-on. Die Türken haben Mokka international populär gemacht. In Europa hat Österreich eine lange Kaffeehaustradition und viele Kaffeevariationen.
Heute ist Kaffeetrinken „in". Caffè Latte, Espresso und Cappuccino heißen die Top-Favoriten in Hongkong, New York, Berlin und St. Petersburg. Café-Ketten wie Starbucks, Segafredo und Coffee Bean sind so interna-tional wie McDonalds. Cafés sind ideal für die Kommunikation und für Kontakte.

Kaffee	Geografie	andere
....	....	*ideal*

14 **Was macht das?** Schreiben Sie die Preise und lesen Sie laut.

1. *Das sind* ....

2. *Das sind* ....

Das kann ich auf Deutsch

sagen, wie ich heiße, woher ich komme und wo ich wohne

- Wie heißen Sie?
  - ◆ Ich bin / Ich heiße Katja Borowska.
  - ◆ Mein Name ist Marina Álvarez.
- Woher kommen Sie? / Woher kommst du?
  - ◆ Ich komme aus Russland, und Sie? / ... und du?
- Wo wohnen Sie?
  - ◆ Ich wohne in Frankfurt.

mich und andere vorstellen

Ich heiße Samira Sundaram. Ich komme aus Indien. / Marina, das ist Frau Schiller. Sie ist Deutschlehrerin. / Das sind Alina und Belal. Sie kommen aus Marokko.

etwas im Café bestellen und bezahlen

Wir möchten zwei Wasser und zwei Orangensaft, bitte. / Zwei Kaffee, bitte! Zahlen, bitte. / Wir möchten bitte zahlen!

Wortfelder

Zahlen von 1 bis 1000

eins, zehn, zwölf, einundzwanzig, dreiunddreißig, sechshundertsechsundsechzig, eintausend

Getränke im Café

der Kaffee, der Tee, der Orangensaft, das Wasser, der Eistee, die Cola

Grammatik

Verbendungen	ich heiß-**e**, du trink-**st**, er/es/sie komm-**t** ..., wir hör-**en**, ihr wohn-**t** ..., sie/Sie arbeit-**en**
sein	ich bin, du bist, er/es/sie ist, wir sind, ihr seid, sie/Sie sind

Aussprache

Wortakzent	'wohnen, 'arbeiten, 'kommen, 'einundzwanzig, 'dreiundachtzig, 'neunhundertneunundfünfzig

Laut lesen und lernen

1.26

Entschuldigung, ist hier frei?
Was möchtest du trinken?
Zahlen, bitte!
Zusammen oder getrennt?
Getrennt, bitte.
Das macht 13 Euro 40.
Bitte! Danke! Auf Wiedersehen!

2 Im Sprachkurs

1 Im Kurs

🎧 **1** Hören Sie und lesen Sie mit.

1.27

2 Fragen Sie im Kurs.

Radiergummi

Heft

Wörterbuch

Kuli

> Wie heißt das auf Deutsch?

> Was ist ...?

Redemittel

Nicht-Verstehen signalisieren / nachfragen

Entschuldigung, wie bitte?
Können Sie das bitte buchstabieren?
Das verstehe ich nicht. Können Sie das bitte wiederholen?
Können Sie das bitte anschreiben?
Was ist das auf Deutsch?
Wie heißt das auf Deutsch?
Was heißt ... auf Deutsch?

Hier lernen Sie

▶ Sprache im Kurs: etwas nachfragen
▶ mit Wörterbüchern arbeiten
▶ Artikel: *der, das, die / ein, eine*
▶ Verneinung: *kein, keine*
▶ Nomen: Singular und Plural
▶ Komposita: *das Kursbuch*
▶ Wortakzent markieren / Umlaute *ä, ö, ü* hören und sprechen

3 Hören Sie die Fragen und sprechen Sie nach.

4 Gegenstände benennen. **Lesen Sie die Wörter. Was kennen Sie?**

▢3 die Kreide
▢ die Tafel
▢ der Schwamm
▢ das Papier
▢ der Tisch
▢ der Stuhl

▢ der Computer
▢ der CD-Player
▢ die Lampe
▢ das Kursbuch
▢ die Tasche
▢ der Füller

▢ das Wörterbuch
▢ das Lernplakat
▢ der Bleistift
▢ der Radiergummi
▢ das Heft
▢ der Videorekorder

▢ der Fernseher
▢ das Handy
▢ der Kuli
▢ der Overhead-
   projektor

5 Hören Sie die Wörter aus Aufgabe 4. Ordnen Sie zu.

6 Wortakzent

a) Hören Sie die Wörter noch einmal. Markieren Sie die betonten Silben.

die 'Kreide

b) Sprechen Sie nach.

7 Gegenstände im Kursraum.
Fragen Sie Ihre Partnerin /
Ihren Partner.

2 Nomen und bestimmter Artikel: *der, das, die*

9

1 **Artikel im Wörterbuch finden.** Schreiben Sie die Wörter in die Tabelle.

So:

Auto, das; -s, -s ⟨griech.⟩ (*kurz für Automobil*; [t K 54]: Auto fahren; ich bin Auto gefahren auto... ⟨griech.⟩ (selbst...)

Com|pu|ter [...'pju:...], der; -s, - ⟨engl.⟩ (programmgesteuerte, elektron. Rechenanlage; Rechner)

die Ta|sche ['taʃə]; -, -n: 1. Teil in einem Kleidungsstück, in dem kleinere Dinge verwahrt werden können: er steckte den Ausweis in die Tasche seiner Jacke; die

Oder so:

Tisch *m* (-*es*; -*e*) mesa *f*; *bei* ~, *zu* ~ a la mesa; *vor* (*nach*) ~ antes de la comida (después de la comida; de sobremesa); *reinen* ~ *machen* hacer tabla

Tür *f* (-; -*en*) puerta *f*; (*Wagen⌕*) portezuela *f*; *fig.* ~ *und Tor öffnen* abrir de par en par las puertas a; *fig.* offene ~*en einrennen* pretender demostrar lo evidente; *j-m die* ~ *weisen*,

Haus *n* (-*es*; ˝*er*) casa *f*; (*Gebäude*) edificio *m*; inmueble *m*; (*Wohnsitz*) domicilio *m*; (*Heim*) hogar *m*; morada *f*; *Parl.* Cámara *f*; (*Fürsten⌕*) casa *f*, dinastía *f*; (*Familie*) familia *f*; (*Firma*) casa *f* comercial, firma *f*; *der Schnecke*: concha *f*; *Thea.* sala *f*;

der (Maskulinum)	**das** (Neutrum)	**die** (Femininum)
Computer		

2 **Mit der Wörterliste von studio d arbeiten.** Zwölf Nomen von Seite acht bis 15. Finden Sie die Artikel in der Liste auf Seite 231.

.... Name   .... Foto   .... Pilot   .... Familie

.... Bank   .... Kaffee   .... Frau   .... Büro

.... Mädchen   .... Frage   .... Tisch   .... Polizei

3 **Artikel – Lerntipps**

Ü 3–4

> **! Lerntipp 1**
> Wörter und Bilder verbinden, „Artikelgeschichten" ausdenken: ein Film im Kopf

> **! Lerntipp 2**
> Mit Farben arbeiten

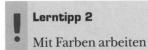

der Füller

das Haus

der Löwe
der Videorekorder

das Haus
das Auto

die Tasche
die Lampe

> **! Lerntipp 3**
> Nomen immer mit Artikel lernen

der Computer

3 Nomen: Singular und Plural

1 **Nomen im Plural.** Wie heißen die Formen im Singular?

die Tafeln, die Lernplakate, die CD-Player, die Tische, die Stühle, die Schwämme,
die Computer, die Videorekorder, die Radiergummis, die Bücher, die Kulis,
die Lampen, die Taschen, die Handys, die Hefte, die Lehrerinnen, die Regeln

2 **Ordnen Sie die Pluralformen.** Machen Sie eine Tabelle an der Tafel.
Ü 5–7

--	~s	~n	~e	~(n)en	~(ä/ö/ü) ~e	~(ä/ö/ü) ~er
der CD-Player die CD-Player	der Kuli die Kulis					

3 **Umlaute.** Hören Sie. Welche Variante ist richtig? Kreuzen Sie an.
1.29

	Variante 1	**Variante 2**
können	■	■
hören	■	■
Grüß dich!	■	■
die Tür	■	■
üben	■	■
zählen	■	■

4 **Singular und Plural.** Hören und sprechen Sie.
1.30

das Buch – die Bücher, der Schwamm – die Schwämme, der Stuhl – die Stühle,
das Wort – die Wörter, die Stadt – die Städte

5 **Wörterbucharbeit.** Finden Sie den Plural? Ergänzen Sie die Regel.

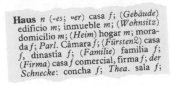

Haus *n* (-*es*; ⌣*er*) casa *f*; (*Gebäude*) edificio *m*; inmueble *m*; (*Wohnsitz*) domicilio *m*; (*Heim*) hogar *m*; mora-da *f*; *Parl.* Cámara *f*; (*Fürsten*⌣) casa *f*, dinastía *f*; (*Familie*) familia *f*; (*Firma*) casa *f* comercial, firma *f*; *der Schnecke:* concha *f*; *Thea.* sala *f*;

Pilot(in *f*) *m* **-en, -en** pilot.
Pilot-: ~**anlage** *f* pilot plant; ~**ballon** *m* pilot balloon; ~**film** *m* pilot film; ~**projekt** *nt* pilot scheme; ~**studie** *f* pilot study.

Kurs *m* (-*es*; -*e*) **1.** (*Lehrgang*) curso *m*, cursillo *m*; **2.** ✝ *v. Devisen:* cambio *m*; *v. Wertpapieren:* cotización *f*; (*Umlauf*) circulación *f*; ✝ **zum** ~ **von** al cambio de; al tipo de; *im* ~ *stehen*

Regel Der bestimmte Artikel im Plural ist immer ....

6 **Artikeltraining.** Das A-B-C-Stopp-Spiel.

A, B, C, D, ...

Stopp!

H! Ein Wort mit H!

H? H? – Heft, das Heft, die Hefte!

> **! Lerntipp**
>
> Nomen und Pluralformen zusammen lernen

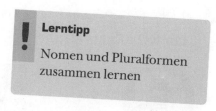

das Buch – die Bücher

4 Der unbestimmte Artikel: *ein, eine /* Verneinung: *kein, keine*

1 Sehen Sie die Bilder an und lesen Sie.

die Deutschlehrerin
Frau Meier

ein Pilot

eine Deutschlehrerin

der Lufthansa-Pilot
Klaus Bernstein

ein Auto

das Auto von
Michael Schumacher

2 **Zeichnen und raten.**
Hören Sie das Gespräch.
Wer ist das?

1

Ein Mann?

2

Eine Frau?

3

Eine Lehrerin und ein
Buch! Frau Schiller!!

3 **Ein, eine / der, das, die.** Wie heißt der bestimmte Artikel?

ein Foto, eine Tasche, ein Gespräch, ein Baum, eine Tafel, ein Auto,
ein Tisch, ein Fenster, eine Tür, ein Lehrer, eine Sprache, ein Buch

4 **a) Ein, eine → kein, keine.** Fragen und antworten Sie im Kurs.

Handys? – Keine Handys, bitte!   Eis? – Kein Eis!   Hunde? ...   Fahrräder? ...

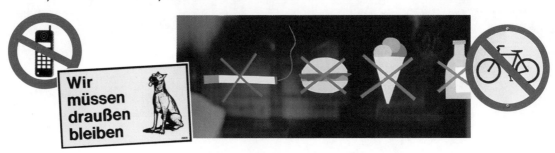

b) Was ist das? Üben Sie.

1. ■ Ist das ein Tennisball?
   ◆ Nein, das ist kein Tennisball.
   Das ist ein Fußball.

2. ■ Ist das ein Fenster?
   ◆ Nein, das ist kein ...
   Das ist eine ...

3. ■ Sind das Hefte?
   ◆ Nein, das sind keine Hefte.
   Das sind ...

4. Koffer? – 5. Bleistift? – 6. CD-Player? – 7. Tafel?

5 a) **Artikel systematisch.** Ergänzen Sie die Tabelle.

9 Ü 8–9

Grammatik		bestimmter Artikel	unbestimmter Artikel		Verneinung mit *kein-*	
	Singular	der Mann	ein	Mann	kein	Mann
		das Buch	....	....	....	....
		die Frau	....	....	....	....
	Plural	die Männer	–	Männer	....	Männer
		die Bücher	–	....	....	....
		die Frauen	–	....	....	....

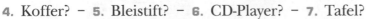

b) Selbsttest: unbestimmter Artikel. Alles klar?

das Wörterbuch – das Telefonbuch – der Computer – das Foto –
die Lehrerin – die Kursteilnehmerin – das Theater – das Museum

1. ■ Ist das .....*ein*..... Wörterbuch?

   ◆ Nein, das ist .... Wörterbuch. Das ist .... Telefonbuch.

2. ■ Ist das .... Computer?

   ◆ Ja.

3. ■ Sind das .... Fotos?

   ◆ Nein, das sind .... Fotos.

4. ■ Ist das .... Lehrerin?

   ◆ Nein, das ist .... Lehrerin. Das ist .... Kursteilnehmerin.

5. ■ Ist das .... Theater?

   ◆ Nein, das ist .... Museum.

5 Schulen, Kurse, Biografien

1 **Deutsch ist international. Rosa, Boris und Yafen lernen Deutsch.**

Ü 10 Lesen Sie die Texte und machen Sie eine Tabelle.

Wer?	Woher sind sie?	Wo leben sie?	Sie sagen: „..."
....	....	....	....
....	....	....	....

Rosa Echevarzu ist Sekretärin. Sie lernt Deutsch im Goethe-Institut in La Paz in Bolivien. Sie kommt aus Santa Cruz. Rosa hat zwei Kinder, Juan und Lisa. Sie gehen in die Schule Santa Barbara in La Paz. Sie lernen Englisch. Rosa möchte Deutsch sprechen. Sie sagt: „Die Deutschkurse im Goethe-Institut sind interessant und gut für meine Arbeit."

Boris Naumenkow kommt aus Kasachstan. Er lernt Deutsch in der Volkshochschule in Frankfurt am Main. Boris ist verheiratet mit Sina. Sie haben zwei Kinder, Lara und Natascha. Boris hat im Moment keine Arbeit. Die Naumenkows leben seit 2001 in Sprendlingen. Sie sprechen Russisch und Deutsch. Lara und Natascha lernen Englisch in der Schule. „Deutschland ist für uns Sprache, Kultur, Heimat."

Zhao Yafen ist Studentin. Sie lebt in Schanghai und studiert an der Tongji Universität. Sie ist 21 und möchte in Deutschland Biologie oder Chemie studieren. Ihre Hobbys sind Musik und Sport. Sie spielt Gitarre. Ihre Freundin Jin studiert Englisch. Sie möchte nach Kanada. Deutsch ist für Yafen Musik. Sie sagt: „Ich liebe Beethoven und Schubert."

6 Kommunikation im Deutschkurs

1 **Was machen Sie im Deutschkurs?** Schreiben Sie die Verben.

....

.... *antworten* ....

2 **Fragen, Bitten, Arbeitsanweisungen.**

Ü 11 **Wer sagt was? Was sagen beide?**
Kreuzen Sie an.

	Kursteilnehmer/in	Kursleiter/in
Was ist das?	■	■
Kreuzen Sie an!	■	■
Wie heißt das auf Deutsch?	■	■
Erklären Sie das bitte!	■	■
Sprechen Sie bitte langsamer!	■	■
Buchstabieren Sie das bitte!	■	■
Können wir eine Pause machen?	■	■
Lesen Sie den Text!	■	■
Schreiben Sie das bitte an die Tafel!	■	■
Ordnen Sie die Wörter!	■	■
Machen Sie Ihre Hausaufgaben!	■	■

Übungen 2

1 **Wie heißt das auf Deutsch?**

 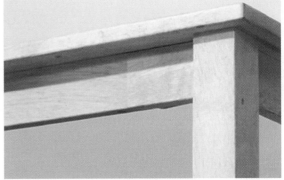

die Tasche

2 **Welches Wort passt nicht? Ergänzen Sie auch den Artikel.**

1. .... Kursbuch – .... Wörterbuch – .... Lernplakat – .... ~~Tasche~~

2. .... Bleistift – .... Kuli – .... Schwamm – .... Füller

3. .... Computer – .... Handy – .... CD-Player – .... Radiergummi

4. .... Tafel – .... Papier – .... Füller – .... Heft

5. .... Kreide – .... Tisch – .... Stuhl – .... Lampe

3 Ergänzen Sie die Artikel. Verbinden Sie alle Nomen mit dem Artikel *das* mit einer Linie in der richtigen Reihenfolge.

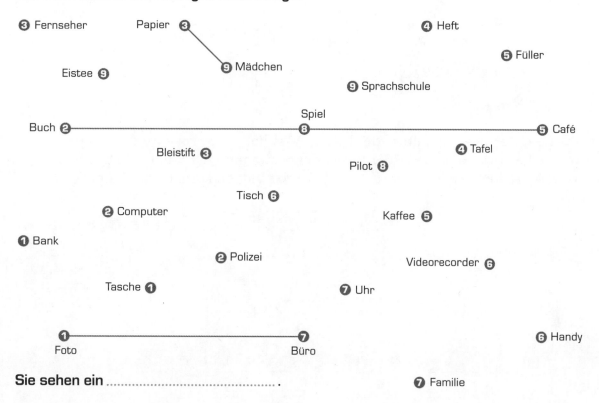

❸ Fernseher   Papier ❸   ❹ Heft

Eistee ❾   ❾ Mädchen   ❺ Füller

❾ Sprachschule

Spiel
Buch ❷ ————————— ❽ ————————— ❺ Café

Bleistift ❸   ❹ Tafel

Pilot ❽

Tisch ❻

❷ Computer   Kaffee ❺

❶ Bank

❷ Polizei   Videorecorder ❻

Tasche ❶   ❼ Uhr

❶ ————————— ❼   ❻ Handy
Foto   Büro

Sie sehen ein ....   ❼ Familie

4 Ordnen Sie die Wörter.

Wort – Seite – Bild – Telefon – Kaffee – Supermarkt – Schule –
Frau – Auto – Tasse – Aufgabe – Mensch – Stadt – Saft – Tür – Frage –
Fehler – Antwort – Gruppe – Name – Hobby – Job

der   **das**   **die**

5 Ordnen Sie die Pluralformen. Arbeiten Sie mit der Wörterliste.

die Wohnung, die Wohnungen ...

das Café – der Computer – der Dialog – das Haus – die Person – die Lampe –
die Lehrerin – das Foto – der Preis – der Schwamm – der Stuhl – die Uhr –
das Telefonbuch – das Wort – das Heft – der Videorekorder – der Name

~~	~s	~n	~e
....	....	....	....
....	....	....	....
....	....	....	....

~(n)en	~(ä/ö/ü)~e	~(ä/ö/ü)~er
....	....	....
....	....	....
....	....	....

6 Ordnen Sie die Wörter und ergänzen Sie den Artikel und die Pluralform.

A̶k̶z̶e̶n̶t̶ – Antwort – Bleistift – Dialog – Füller – Geschichte – Heft – Text –
Kuli – S̶c̶h̶w̶a̶m̶m̶ – Radiergummi – Regel – Satz – Tafel – Wort – Lernplakat

Sprache und Sprechen

der *Akzent* , die *Akzente*

.... , die ....

.... , die ....

.... , die ....

.... , die ....

.... , die ....

.... , die ....

.... , die ....

.... , die ....

Gegenstände im Kursraum

der *Schwamm* , die *Schwämme*

.... , die ....

.... , die ....

.... , die ....

.... , die ....

.... , die ....

.... , die ....

.... , die ....

.... , die ....

7 Lesen Sie die Wörter von Übung 6 laut.

8 **Verneinung.** Ergänzen Sie die Antworten.

1. Ist das ein Kursbuch?

   Nein, das ist kein Kursbuch.
   Das ist ein Wörterbuch.

2. Ist das ein Kuli?

   Nein, ...

   ....

3. Ist das eine Tafel?

   ....

   ....

4. Ist das ein Radio?

   ....

   ....

9 Lernen Sie Wörter in Paaren.

Deutschlehrerin – Frau – schreiben – ~~nein~~ – Radiergummi – Stuhl – trinken – Tee

der Mann und ....

essen und ....

lesen und ....

der Bleistift und ....

ja oder ..... *nein* ....

der Kursteilnehmer und ....

....

der Kaffee oder ....

der Tisch und ....

Otto Dix (1891–1969), Bildnis der Eltern, 1924

10 **Biografien. Wer ist wer?** Ergänzen Sie die Namen.

Heidi Klum kommt aus Bergisch Gladbach. Sie ist Model und präsentiert Mode von internationalen Designern. Sie hat eine Mode-Kollektion und sie macht Werbung für H & M und McDonalds. Heidi Klum arbeitet international, in Paris, New York, Mailand und Düsseldorf. Sie spricht Deutsch, Englisch und Französisch. Heidi Klum wohnt in Manhattan und in Bergisch Gladbach. Sie hat eine Tochter, Leni. Designer-Mode ist ihr Job, zu Hause mag sie aber Jeans und T-Shirts. Sie macht viel Sport: Ballett und Jazz-Dance.

Arnold Alois Schwarzenegger (geb. 1947) – seine Freunde sagen Arnie – kommt aus Österreich, aus Thal in der Steiermark. Sein Hobby und sein Beruf in Österreich war Body Building. Er lebt seit 21 Jahren in Amerika. Er hat in Los Angeles Ökonomie studiert. Er spricht Deutsch, Englisch und ein bisschen Spanisch: *Hasta la vista Baby* – ein Satz aus dem Film „Terminator 2". Arnold Schwarzenegger ist verheiratet mit Maria Shriver. Sie haben vier Kinder. Die Familie wohnt in Kalifornien. Er war Filmstar, jetzt ist er Politiker: Gouverneur von Kalifornien. Eine fantastische Karriere!

1. .... kommt aus der Steiermark.

2. .... ist Model.

3. .... arbeitet international.

4. .... war Filmstar und ist heute Politiker.

5. .... spricht Deutsch, Englisch und Französisch.

6. .... hat eine Tochter.

7. .... wohnt in Manhattan.

8. .... mag Ballett und Jazz-Dance.

9. .... hat in Los Angeles studiert.

11 **Sprache im Kurs.** Ergänzen Sie die Verben.

ergänzen – heißen – hören – lesen – schreiben – buchstabieren

1. .... Sie den Text bitte langsam.

2. Wie .... der bestimmte Artikel?

3. .... Sie Sätze.

4. .... Sie die Tabelle.

5. .... Sie den Dialog.

6. .... Sie das Wort.

Das kann ich auf Deutsch

im Kurs etwas nachfragen

Entschuldigung, wie bitte?
Können Sie das bitte buchstabieren?
Das verstehe ich nicht.
Können Sie das bitte wiederholen?
Wie heißt das auf Deutsch?

Wortfelder

Wörter im Kursraum

lesen, schreiben, hören, buchstabieren, wiederholen, anschreiben ...
das Wörterbuch, das Lernplakat, die Tafel ...

Grammatik

Singular und Plural

der Computer – die Computer, **das** Buch – die B**üch**er, **die** Tafel – die Tafel**n** ...

unbestimmter und bestimmter Artikel

ein Foto – **das** Foto von Leonardo di Caprio

Verneinung: *kein*

Das ist **kein** Foto, das ist ein Heft.

Komposita

das Computerspiel = der Computer, **das** Spiel

Aussprache

Umlaute *ä, ö, ü*

z**ä**hlen, der L**ö**we, die B**ü**cher

Laut lesen und lernen

1.32

Was ist das?
Keine Ahnung!
Wie heißt das auf Deutsch?
Sprechen Sie bitte langsamer!
Können wir eine Pause machen?
Erklären Sie das bitte!
Erklären Sie das bitte noch einmal!
Können Sie das bitte anschreiben?

1 Grüße aus Europa

der Prater

das Kolosseum

der Kreml

der Eiffelturm

das Brandenburger Tor

1 **Sehenswürdigkeiten in Europa.** Was kennen Sie?
Ordnen Sie zu und ergänzen Sie. Arbeiten Sie mit der Karte.

der Eiffelturm → Paris → Frankreich
das Kolosseum → Rom → ...

2 Hören Sie. Worüber sprechen die Personen?
Kreuzen Sie an:

1.33

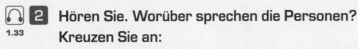

- Eiffelturm
- Brandenburger Tor
- Prater

- Berlin
- Wien
- Paris

- Österreich
- Frankreich
- Deutschland

Hier lernen Sie

▶ über Städte und Sehenswürdigkeiten sprechen
▶ über Länder und Sprachen sprechen
▶ die geografische Lage angeben
▶ das Präteritum von *sein*
▶ W-Frage, Aussagesatz und Satzfrage
▶ Satzakzent in Frage- und Aussagesätzen

3 Satzakzent

34 Ü 1

a) Hören Sie den Text und markieren Sie die Satzakzente.

Was 'ist das?   Das ist das Kolosseum.

Und wo ist das?   Das Kolosseum ist in Rom.

Aha, und in welchem Land ist das?   Rom ist in Italien.

b) Sprechen Sie nach!

4 Sehen Sie die Postkarten an. Fragen Sie im Kurs.

Ü 2-3

Chichén Itza

SINGAPORE

The Marina is Singapore's newest shopping and entertainment district.

Das ist das Convention Center.

Das ist in Singapur.
Das Convention Center ist in Singapur.

Das ist in Asien.
Singapur ist in Asien.

so kann man fragen	**so kann man antworten**
Was ist das?	Das ist ...
Wo ist denn das?	Das ist in ...
In welchem Land ist das?	... ist in ...

Redemittel

5 Zeigen Sie Fotos. Fragen und antworten Sie.
Achten Sie auf die Satzakzente.

Was ist das?

Das ist ...

Und wo ist das?

Das ist in ...

Minimemo

Die meisten Ländernamen haben keinen Artikel!

Lernen Sie:
die Schweiz / in der Schweiz
die USA / in den USA
die Türkei / in der Türkei
die Slowakei / in der Slowakei
der Iran / im Iran

2 Menschen, Städte, Sprachen

 1 **Ein Treffen im Café.** Hören Sie den Dialog und lesen Sie.

1.35

- ■ Hallo Silva!
- ◆ Hallo Carol-Ann! Wie geht's?
- ■ Danke, gut. Trinken Sie auch einen Kaffee?
- ◆ Ja, gern. Und sag doch „du"!
- ■ Okay! Und woher kommst du?
- ◆ Ich komme aus Milano. Warst du schon mal in Milano?
- ■ Nein. Wo ist denn das?
- ◆ Das ist in Italien.
- ■ Ach, Mailand!
- ◆ Ja, genau, warst du schon mal in Italien?
- ■ Ja, ich war in Rom und in Neapel und John war in Venedig.

2 **Städte auf Deutsch – und in Ihrer Sprache?** Ergänzen Sie.

Mailand: *Milano (italienisch),* ....

München: *Munich (englisch), Monaco di Baviera (italienisch),* ....

Brüssel: ....

Warschau: ....

Wien: ....

Zürich: ....

Prag: ....

 3 **Satzakzent und Melodie in Fragen**

1.36

a) Hören Sie den Unterschied?

Woher ˈkommen Sie?   Und woher ˈkommen Sie?

b) Markieren Sie die Melodie.

Woher kommen Sie?   Waren Sie schon mal in Italien?

Woher kommst du?   Warst du schon in Innsbruck?

 c) Sprechen Sie nach und üben Sie.

1.37

 4 **Warst du schon in …? Wo ist denn das?** Üben Sie.

a)

- ■ Warst du schon mal in Bremen?
- ◆ Nein, wo ist denn das? / Ja, da war ich schon.
- ■ In Deutschland.

- ■ Warst du schon mal in …?
- ◆ …

b)

- ■ Wo warst du gestern?
- ◆ Gestern war ich in Hamburg, und du?
- ■ Ich war in …

5 Orientierung auf der Landkarte.

Ü4 Üben Sie im Kurs.

Kennst du Graz?

Graz? Wo liegt denn das?

Das liegt im Süd-osten von Österreich, südlich von Wien.

Kennst du ...?

nördlich von
im **Norden** von

nordwestlich von   nordöstlich von

westlich von   östlich von
im **Westen** von   im **Osten** von

südwestlich von   südöstlich von

im **Süden** von
südlich von

6 Städteraten. Arbeiten Sie mit der Landkarte. Üben Sie mit anderen Städten.

Ü 5-6

Die Stadt liegt im Süden von Deutschland.

Stuttgart?

Augsburg? München?

Ja, genau!

Nein, südwestlich von Nürnberg.

7 Leute kennen lernen – Gespräche. Spielen Sie im Kurs.

Woher kommst du?

Wo liegt denn ...?

Warst du schon mal in ...?

Wo waren Sie gestern?

3 *Warst du schon in ...?* Fragen und Antworten

1 **Präteritum** *sein.* Ergänzen Sie die Tabelle.

Ü 7–8

Grammatik			
ich	....	wir waren	
du	....	ihr wart	
er/es/sie	....	sie waren	
		Sie waren	

2 **Die W-Frage – der Aussagesatz – die Satzfrage**

a) Lesen Sie und vergleichen Sie.

Position 2

W-Frage: Woher (kommst) du?

Position 2

Aussagesatz: Ich (komme) aus Polen.

Position 1   Position 2

Satzfrage: (Kennst) du   Krakau?

b) Ergänzen Sie die Regeln.

In der W-Frage steht das Verb in Position ....

Im Aussagesatz steht das Verb in Position ....

In der Satzfrage steht das Verb in Position ....

3 **Personenraten im Kurs: Wer ist das?**

Ü 9–10

Ein Kursteilnehmer fragt, die anderen antworten nur mit *Ja/Nein.*

Kommt er aus ...?

Spricht sie ...?

Wohnt sie jetzt in ...?

Ist das in ...?

Das ist ...!

4 **Satzakzent und Information.** Hören Sie den Text und markieren Sie die Akzente.

1.38

Das ist Michael.

Michael kommt aus München.

Michael kommt aus der Hauptstadt München.

Michael kommt aus der bayrischen Hauptstadt München.

4 Über Länder und Sprachen sprechen

1 D, A, CH und die Nachbarn. Wie heißen die Nachbarn?

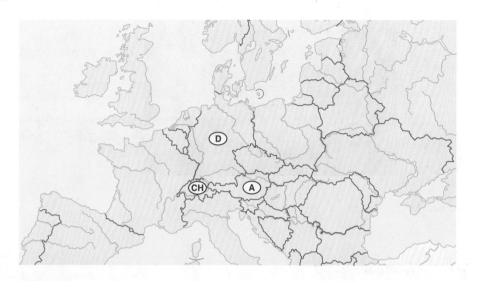

2 Sprachen in Europa. Beschreiben Sie die Grafik.

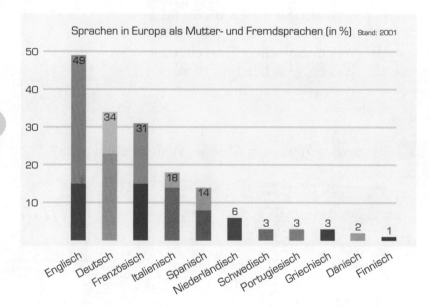

49 Prozent sprechen Englisch. 34 …

1 Prozent spricht …

Sprachen in Europa als Mutter- und Fremdsprachen (in %) Stand: 2001

50 · 40 · 30 · 20 · 10

49 · 34 · 31 · 18 · 14 · 6 · 3 · 3 · 3 · 2 · 1

Englisch · Deutsch · Französisch · Italienisch · Spanisch · Niederländisch · Schwedisch · Portugiesisch · Griechisch · Dänisch · Finnisch

3 Hören Sie die Wörter. Ordnen Sie die Paare. Wo wechselt der Akzent?

›Dänemark – ›Dänisch	›Frankreich – Fran›zösisch

Tschechien – Tschechisch; Slowakei – Slowakisch; Polen – Polnisch; Italien – Italienisch

4 Sprachen im Kurs. Machen Sie eine Tabelle.

Ü 11

Ich heiße Laura und komme aus Italien. Dort spricht man Italienisch und in Südtirol auch Deutsch. Ich spreche auch Englisch und Spanisch.

Name	Land	Sprachen

5 **Konversation.** Üben Sie.

Sprechen Sie Deutsch?

Ich kann ...

Und woher kommen Sie?

Ich komme aus ...

Welche Sprache(n) sprechen Sie?

Ich spreche etwas Englisch und ...

Wo liegt denn das?

Das liegt ...

Redemittel

über Sprachen sprechen

Sprechen Sie ...? / Sprichst du ...?   Ich spreche ...
Was sprechen Sie? / Was sprichst du?
Welche Sprache(n) sprechen Sie? / sprichst du?
Welche Sprachen spricht man in ...?   Bei uns spricht man ...
Was spricht man in ...?

6 **Mehrsprachigkeit in Europa.** Was verstehen Sie?

7 **Name – Stadt – Region – Land – Sprachen**

Ich-Texte schreiben

Ich heiße ...
Ich komme aus ... Ich wohne jetzt in ...
Bei uns in ... spricht man ...

5 Deutsch im Kontakt

1 **Was passiert wo?** Lesen Sie die Texte und ergänzen Sie die Orte.

Ü 12

1. Im bilingualen Kurs lernen die Kinder Deutsch, Englisch und Tschechisch.

....

2. Im Euregio-Projekt kooperieren zwei Länder.

....

3. In dieser Region kooperieren Universitäten.

....

Pirna/Sachsen –
Friedrich-Schiller-Gymnasium

Am *Friedrich-Schiller-Gymnasium* in Pirna
lernen Schülerinnen und Schüler aus
Deutschland (Sachsen) und Tschechien.
Im bilingualen Kurs lernen die Kinder
Englisch und Tschechisch.

„Euregios" sind Nachbar-
regionen in der EU.
Die Regionen kooperieren
international über
die nationalen Grenzen.

In der Euregio SaarLorLux
zwischen dem Saarland,
Lothringen und Luxemburg
gibt es viele ökonomische,
akademische und kultu-
relle Kooperationen.
Jeden Tag fahren mehr als
120 000 Menschen über
die Grenzen zur Arbeit.

EUROPASS
Berufsbildung

Europäische Union

Die Steiermark (Österreich) und
Slowenien sind Nachbarn. Im
Euregio-Projekt kooperieren sie
in der Telekommunikation, im
Tourismus und im Verkehr.

euregio
steiermark-slowenien

2 Suchen Sie die Länder und Regionen auf den Karten auf Seite 44 und Seite 47.

3 Mehrsprachigkeit in Ihrem Land. Nennen Sie Beispiele.

Übungen 3

1 **Grüße aus Europa.** **Verbinden Sie.**

Was ist das? 1	a Das Schloss Sanssouci ist in Potsdam.
Und wo ist das? 2	b Das ist in Deutschland.
In welchem Land ist das? 3	c Das ist das Schloss Sanssouci.

2 **Kennen Sie das?** **Schreiben Sie Sätze.**

das Schloss Sanssouci

der Maintower

die Semperoper

der Zytgloggeturm

der Stephansdom

1. Das ist das Schloss Sanssouci. Das Schloss Sanssouci ist ...

2. ...

🎧 **3** **Wo ist das?** Hören Sie und verbinden Sie
1.40 die Namen, die Städte und die Länder.

A Frank	**1** Interlaken	**a** in den USA
B Mike	**2** Bratislava	**b** in Deutschland
C Nilgün	**3** San Diego	**c** in der Schweiz
D Stefanie	**4** Koblenz	**d** in der Türkei
E Swetlana	**5** Izmir	**e** in der Slowakei

4 **Städtenamen.** Ordnen Sie die Buchstaben.
Die Städte finden Sie in der Karte auf S. 52.

1. A-Z-B-U-L-S-R-G ....

2. B-E-I-L-N-R ....

3. Ü-R-C-H-Z-I ....

4. Z-N-A-I-M ....

5. S-Ü-D-D-E-L-R-O-F-S ....

6. B-R-I-C-K-N-N-S-U ....

5 **Wo liegt ...?** Beschreiben Sie.

1. Augsburg – München: *Augsburg liegt nordwestlich von München.*

2. Linz – Wien: ....

3. Innsbruck – Salzburg: ....

4. Wiesbaden – Frankfurt am Main: ....

5. Erfurt – Weimar: ....

6. Frankfurt an der Oder – Berlin: ....

7. Lübeck – Hamburg: ....

8. Bremen – Hannover:

....

9. Bonn – Köln:

....

10. Bern – Basel:

....

11. Stade – Hamburg:

....

12. Dessau – Magdeburg:

....

nördlich von
im **Norden** von

nordwestlich von   nordöstlich von

westlich von   östlich von
im **Westen** von   im **Osten** von

südwestlich von   südöstlich von

im **Süden** von
südlich von

6 **Im Café.** Ergänzen Sie die Sätze und kontrollieren Sie mit der Tonaufnahme.

aus – aus Spanien – bitte – frei – gern –
Entschuldigung – ich – im Deutschkurs –
komme – kommst – sagen – schon mal –
südwestlich – trinkst – warst – wo – woher

Carmen: ...., ist

hier ....?

Antek: Ja, ... Sind

Sie auch ....?

Carmen: Ja. .... wir „du"?

Antek: Okay, ... kommst du?

Carmen: Ich .... aus España.

Antek: Ach, ...

Carmen: Ja, aus Spanien. .... du ....
in Spanien?

Antek: Ja, ... war in Madrid und Sevilla.

Und woher .... du?

Carmen: .... Córdoba.

Antek: Das kenne ich nicht. .... liegt das?

Carmen: .... von Madrid. .... du auch Kaffee?

Antek: Ja, ... – Zwei Kaffee, bitte!

7 Ergänzen Sie das Präsens von *sein*.

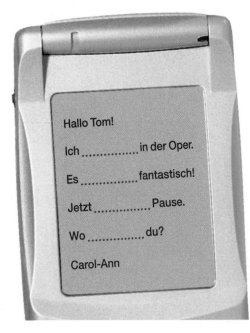

Hallo Tom!

Ich .... in der Oper.

Es .... fantastisch!

Jetzt .... Pause.

Wo .... du?

Carol-Ann

Hallo Carol-Ann!

Wir .... in der Bar.

Ich .... mit
Freunden zusammen.

Steven .... auch
hier.

Kommst du? Tom

M341i

8 **Eine Postkarte.** Ergänzen Sie das Präteritum von *sein*.

Hallo Silva,

gestern .... wir in Mailand.
Es .... sehr schön. Ich
.... in der Mailänder Scala!
.... du schon mal in der
Scala? Wir .... dann noch in
einer Bar: italienischer Wein ... Mmmmh!
Tschüss, Carol-Ann

Silva Agnelli

Fichtestraße 15

D–10961 Berlin

Germania

9 **Ein Treffen im Café.** Schreiben Sie Sätze und lesen Sie den Dialog.

1. du – Woher – kommst – ?

■ ....

2. Russland – aus – komme – Ich

◆ ....

3. mal – war – schon – in – Ich – Moskau

■ ....

4. Russisch – Sprichst – du – ?

◆ ....

5. ich – Nein – Englisch – spreche – und – Französisch – Deutsch

■ ....

6. zusammen – wir – Trinken – Kaffee?

◆ ....

10 **Was passt zusammen?** Verbinden Sie.

Woher kommst du?	1	a Ja, aus Izmir.
Kommt Nilgün aus der Türkei?	2	b Ja, in Coimbra.
Ist das in München?	3	c Aus Mainz.
Wohnt sie jetzt in Portugal?	4	d Nein, wo ist das?
Sprechen Sie Englisch?	5	e Nein, das ist in Salzburg.
Kennst du das Schloss Sanssouci?	6	f Ja, gern.
Trinken Sie auch einen Kaffee?	7	g Nein, nur Französisch und Deutsch.

11 **Sprachen in den Nachbarländern von Deutschland. Ergänzen Sie.**

Dänisch – Deutsch – Deutsch – Deutsch – Flämisch – Französisch – Französisch –
Französisch – Französisch – Italienisch – Letzeburgisch – Niederländisch – Polnisch –
Tschechisch – ~~Rätoromanisch~~

Land	*Sprache(n)*
Frankreich	....
Belgien	....
Luxemburg	....
Dänemark	....
Polen	....
Tschechien	....
Österreich	....
Schweiz	*Rätoromanisch,* ....
Niederlande (Holland)	....

Welche Sprachen spricht man in Ihrem Land?

12 **Euregio. Lesen Sie den Text und ergänzen Sie die Verben.**

Euro-Region Rhein-Maas

Euregios .... Nachbarregionen
in der EU. Die Regionen kooperieren inter-
national über die Grenzen. In der Euregio
Rhein-Maas zwischen Deutschland, den
Niederlanden und Belgien ....
es viele ökonomische, akademische und kulturelle
Kooperationen. Jeden Tag ....
viele Menschen über die Grenzen zur Arbeit.
An der Realschule Hückelhoven nördlich von Aachen ....
Schülerinnen und Schüler aus Deutschland Niederländisch und Französisch.

Das kann ich auf Deutsch

über Städte und Sehenswürdigkeiten sprechen

Warst du schon mal in ...?

Wo ist das? In welchem Land ist das?

die geografische Lage angeben

Potsdam liegt südwestlich von Berlin.

- Wo liegt denn Innsbruck?
- Südlich von München.

über Länder und Sprachen sprechen

- Welche Sprachen sprechen Sie / sprichst du?
- Englisch, Russisch und etwas Deutsch.

- Sprichst du Russisch?
- Nein, ich spreche Tschechisch.

- Welche Sprache(n) spricht man in ...?
- In Polen spricht man Polnisch.

Wortfelder

geografische Lage

im Norden von ..., nordwestlich von ..., östlich von ...

Sprachen

Türkisch, Tschechisch, Italienisch ...

Grammatik

Präteritum von *sein*

Waren Sie schon in ...? Ich **war** in ...

W-Frage

Woher (kommst) du?

Aussagesatz

Ich (komme) aus Tunesien.

Satzfrage

(Kennst) du Tunis?

Aussprache

Satzakzent

Was 'ist das?

Wortakzent

'Dänisch/Fran'zösisch

Laut lesen und lernen

1.42

- Warst du schon mal in Singapur?
- Nein, noch nie.

Wo warst du gestern?

1 Wohnen in Deutschland, Österreich und der Schweiz

das Hochhaus

das Bauernhaus

das Zimmer im Studentenwohnheim

1 **Wer wohnt wo?** Lesen Sie die Texte und ordnen Sie zu.

1. ▨ Norbert Kranz, 43, und Antje van Hecke, 33, kommen aus Köln. Ihre Wohnung im 12. Stock ist hell und groß. Sie kostet 800 Euro. Das finden Norbert und Antje teuer.

2. ▨ Petra Galle, 39, und ihr Mann Guido, 41, wohnen in Olpe. Sie haben zwei Kinder: Tim, 9, und Annika, 7 Jahre alt. Sie haben ein Haus mit Garten. Petra findet: „Unser Garten ist groß."

3. ▨ Ulli Venitzelos, 49, und seine Kinder Rolf, 22, und Simone, 17, haben eine Altbauwohnung in Hamburg. Sie leben gern in der Stadt.

4. ▨ Anja Jungbluth, 24, hat ein Zimmer im Studentenwohnheim. Das Zimmer ist 14 m² groß. Anja findet ihr Zimmer sehr klein.

5. ▨ Bruno und Heide Glück, beide 71, wohnen auf dem Land. Ihr Haus ist ziemlich alt. Sie sagen: „Unser Haus liegt sehr ruhig."

Hier lernen Sie

▶ eine Wohnung beschreiben
▶ über Personen und Sachen sprechen
▶ Possessivartikel im Nominativ
▶ Artikel im Akkusativ
▶ Adjektive im Satz
▶ Graduierung mit *zu*
▶ Konsonanten *ch*, Wortakzent in Komposita, etwas besonders betonen (Kontrastakzent)

das Einfamilienhaus

die Altbauwohnung

2 **Texte lesen und verstehen. Ergänzen Sie die Sätze.**

Ü1   **1.** Norbert und Antje wohnen im 12. ....

Ihre .... ist .... und groß, aber auch

sehr ....

2. Petra Galle und ihr Mann Guido .... in Olpe. Sie haben ein

.... mit Garten. Petra findet ihren ....

....

3. Ulli, Rolf und Simone wohnen in der ....

Sie haben eine .... in Hamburg.

4. Anja wohnt im .... Sie sagt: „Mein ....

ist sehr .... "

5. Bruno und Heide haben ein Haus auf dem .... Ihr Haus ist

.... und liegt sehr ....

2 Wohnungen

1 **Wie heißen die Zimmer?** Das Wörterbuch oder die Wörterliste helfen.

1. wohnen: .... *das Wohnzimmer* ....
2. essen: ....
3. schlafen: ....
4. baden: ....
5. Kinder: ....
6. kochen: .... *die Küche* ....

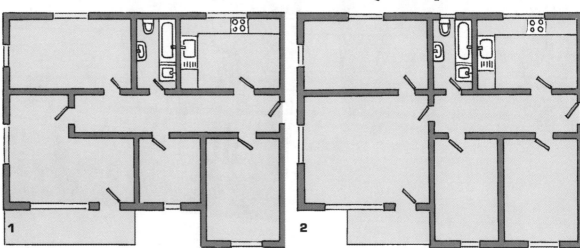

2 **Ulli Venitzelos beschreibt seine Wohnung**

1.43 Ü2

a) Hören Sie. Welche Zeichnung passt? links ← → rechts

b) Hören Sie noch einmal und lesen Sie. Ergänzen Sie die Namen der Räume oben.

Unsere Wohnung hat vier Zimmer, eine Küche, ein Bad und einen Balkon. Hier links ist das Zimmer von Rolf. Sein Zimmer ist groß, aber was für ein Chaos! Rechts ist die Küche. Unsere Küche ist wirklich schön – groß und hell. Das Bad hat kein Fenster und ist klein und dunkel. Unser Wohnzimmer hat nur 17 qm, aber es hat einen Balkon! Der Balkon ist groß. Hier rechts ist das Zimmer von Simone. Ihr Zimmer ist auch groß und hell! Mein Zimmer ist sehr klein. Der Flur ist lang und meine Bücherregale haben hier viel Platz! Unsere Wohnung kostet 600 Euro, das ist billig!

3 **Kochen – Küche.** Aussprache von *ch.*

1.44

a) *ch* wie *kochen* oder wie *Küche*? Ordnen Sie zu.

~~acht~~ – ~~Österreich~~ – richtig – auch – das Buch –
das Mädchen – östlich – welcher – das Gespräch – gleich – doch – machen – München –
suchen – nicht – sprechen – die Sprache –
die Bücher – ich – möchten – die Technik

ch wie kochen [x]	*ch* wie Küche [ç]
acht	*Österreich*

b) Hören Sie die Wörter, kontrollieren Sie Ihre Tabelle und ergänzen Sie die Regel.

Regel *ch* nach den Vokalen .... wie in *kochen,* sonst wie in *Küche.*

3 Possessivartikel im Nominativ

1 **Meine Bücher – deine Videos – unsere Wohnung.**

Lesen Sie die Dialoge und sammeln Sie die Possessivartikel in Aufgabe 1.1 und Aufgabe 2.2 und ergänzen Sie die Tabelle.

Das ist meine Vase!

Deine Vase? Nein, das ist meine Vase.

Hier bitte, <u>deine</u> Vase!

Das ist unser Auto!

Nein, das ist unser Auto!

Aber nein, <u>das</u> ist unser Auto!

Grammatik

Personal-pronomen	Possessivartikel Singular			Plural
	der Balkon	das Zimmer	die Küche	die Balkone/ Zimmer/ Küchen
ich	mein			
du		dein		deine
er			seine	
es	sein			
sie				ihre
wir			unsere	
ihr	euer		eure	
sie	ihr			
Sie	Ihr		Ihre	

2 **Hören Sie die Dialoge. Markieren Sie die Kontrastakzente.**

.45

■ Ist das 'dein Auto? ◆ Ja, das ist mein Auto.

■ Ist das dein Heft? ◆ Nein, das ist das Heft von Hassan, das ist sein Heft.
◆ Nein, das ist das Heft von Fatma, das ist ihr Heft.

3 **Ist das dein …? Fragen und antworten Sie. Achten Sie auf die Kontrastakzente.**

Ü 3–4

■ Ist das dein Wörterbuch? ◆ Ja, das ist mein …
◆ Nein, das ist das Wörterbuch von …

■ Ist das deine CD / dein Kuli / …? ◆ Ja, …
◆ Nein, …

4 Zimmer beschreiben – Adjektive

1 Wie sind die Zimmer? Hören Sie den Text von Seite 60 noch
einmal und ergänzen Sie die Tabelle.

1.43

	Adjektiv
das Zimmer von Ulli	....
die Küche	....
das Bad	....
das Wohnzimmer	....
der Balkon	....
der Flur	....

hell   dunkel   lang

klein   groß   schön

2 **Wortschatz systematisch lernen.** Ergänzen Sie das Gegenteil.

Ü 5

1. groß   ....

2. .... dunkel

3. billig   ....

4. neu   ....

5. .... leise

> **!** **Lerntipp**
>
> **Adjektive immer mit
> dem Gegenteil lernen!**
>
> schön – hässlich
> lang – kurz

3 **Akkusativ**

9.4

a) Lesen Sie die Dialoge und markieren Sie die Artikel
im Akkusativ.

> Die Wohnung hat drei Zimmer.
>
> Hat die Wohnung einen Balkon?

> Das ist der Balkon.
>
> Ich finde den Balkon zu klein.

Grammatik

Nominativ	Akkusativ	
der / ein Balkon	den / einen Balkon	Ich finde den Balkon zu klein.
das / ein Haus	das / ein Haus	Ich finde das Haus teuer.
die / eine Toilette	die / eine Toilette	Ich finde die Toilette zu klein.

b) Sprechen Sie über eine bestimmte Wohnung. Üben Sie im Kurs.

Ich finde den Balkon / die Küche / das Bad / den Flur / ...
zu groß / zu dunkel / zu klein. ... Ich finde ...

a) Lesen Sie und beschreiben Sie die Bilder.

Sehr schön!

Das ist die Küche.

... und viel zu klein!

Ich habe kein Arbeitszimmer!

Hier ist das Arbeitszimmer.

Oh, sind das alle deine Bücher?

Ihr Wohnzimmer hat keinen Balkon!

Das ist unser Wohnzimmer. Das ist ziemlich groß.

Ja, und so hell!

Ja, wirklich? – Danke!

Ich finde deine Wohnung sehr schön!

... und zu teuer.

Entschuldigung, wo ist eure Toilette?

Redemittel

Wohnungen beschreiben und kommentieren

Meine Wohnung		zu teuer/dunkel/klein/laut.
Die Küche / Der Balkon	ist	groß/hell/modern/alt.
Das Kinderzimmer		ein Traum.

Das		das Zimmer von Rolf.
Rechts (daneben) / Links	ist	der Balkon /das Bad /die Küche.
Hier		

Meine Wohnung		drei Zimmer.
Mein Haus	hat	(k)einen Garten.
Das Haus von Guido und Petra Galle		(k)ein Arbeitszimmer.
		(k)eine Küche.

		den Garten	schön.
Ich	finde	das Haus	zu groß.
		die Kinderzimmer	chaotisch.

b) Zeichnen Sie eine Wohnung und geben Sie das Bild weiter. Ihre Partnerin / Ihr Partner beschreibt die Wohnung.

5 Wörter bauen

 1 **Komposita**

11 Ü9

a) Der, das, die? Ergänzen Sie. Die Artikel finden Sie in der Wörterliste.

.... Küchentisch   .... Schreibtischlampe   .... Bücherregal

b) Möbel zu Hause. Finden Sie mehr Beispiele.

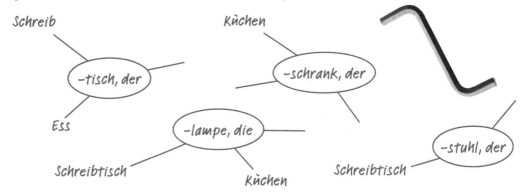

Schreib ———

Küchen ———

⌐ **–tisch, der** ┐

⌐ **–schrank, der** ┐

Ess ———

Schreibtisch ———

⌐ **–lampe, die** ┐

⌐ **–stuhl, der** ┐

Küchen

Schreibtisch

c) Wie ist die Regel?

die Bücher   <u>das</u> Regal
    ↘ <u>das</u> Bücherregal ↙

Regel Ein Bücherregal ist ein Regal. Regal ist das Grundwort. Das Grundwort bestimmt den ....

 2 Hören Sie die Wörter. Markieren Sie den Wortakzent. Wie ist die Regel?

1.46

1. der Schreibtisch   3. das Bücherregal   5. der Küchenschrank
2. der Esstisch   4. die Küchenlampe   6. der Bürostuhl

Regel Die Betonung ist immer auf dem ■ ersten / ■ zweiten Wort.

3 Wo stehen die Möbel? Ordnen Sie zu. Es gibt mehrere Möglichkeiten.

die Kommode

die Stehlampe

das Sofa

der Sessel

das Wohnzimmer	die Küche	das Arbeitszimmer	das Schlafzimmer
das Sofa			

6 Wortschatz systematisch lernen

1 Probieren Sie verschiedene Techniken für das Lernen von Wörtern aus.
Lesen Sie die Lerntipps und sprechen Sie darüber im Kurs.

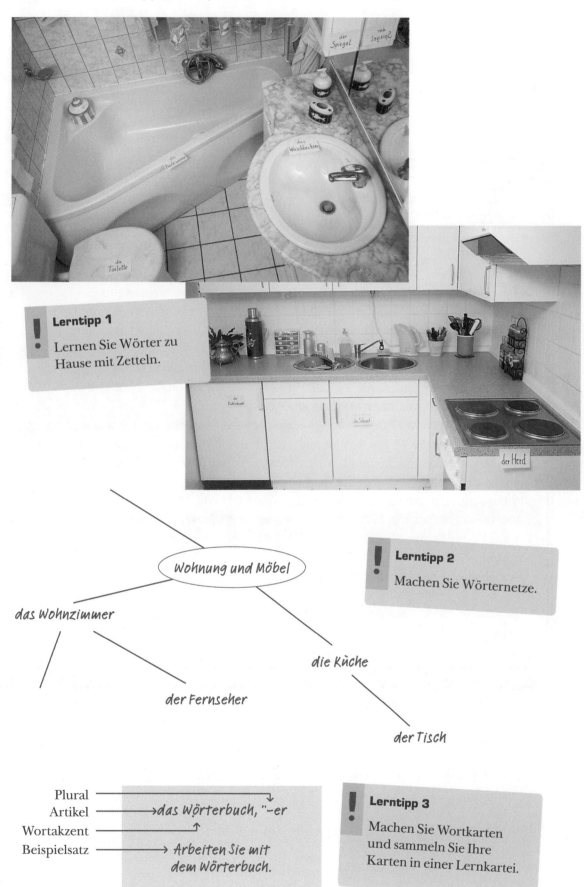

! Lerntipp 1

Lernen Sie Wörter zu
Hause mit Zetteln.

Wohnung und Möbel

das Wohnzimmer

der Fernseher

die Küche

der Tisch

! Lerntipp 2

Machen Sie Wörternetze.

Plural
Artikel —→ *das Wörterbuch, "-er*
Wortakzent
Beispielsatz —→ *Arbeiten Sie mit
dem Wörterbuch.*

! Lerntipp 3

Machen Sie Wortkarten
und sammeln Sie Ihre
Karten in einer Lernkartei.

7 Der Umzug

1 **Umzugschaos.** Wer macht was? Lesen Sie die E-Mail.
Ü 10–11 Ordnen Sie die Informationen zu.

Liebe Sonja,

unser Umzug ist ein Chaos! Meine Bücher sind schon in den Umzugskartons.
Bernd packt seine CDs und seine Videos. Nils und Frauke packen ihre Bücher. Und ich?
Ich mache jetzt Pause, trinke Kaffee und schreibe E-Mails. Ein Glück – der Computer
funktioniert noch.
Nils fragt 15-mal pro Tag: „Ist mein Zimmer groß?" „Ja, Nils, dein Zimmer ist groß."
„Und das Zimmer von Frauke?" „Jaaaa, ihr Zimmer ist auch groß." Zwei Kinder –
ein Kinderzimmer, das war hier immer ein Problem.
Mein Schreibtisch, die Waschmaschine und der Herd sind schon in der neuen Wohnung
in der Schillerstraße 23. Die Postleitzahl ist: 50122. Die Wohnung ist 120 qm groß, Alt-
bau, sehr zentral in der Südstadt, im 3. Stock, 5 Zimmer (!!!), Küche, Bad, Balkon und
ein Garten. Das Wohnzimmer hat vier Fenster, es ist hell und ca. 35 qm groß, der Flur
ist breit und lang. Wir hatten einfach Glück – die Wohnung ist ein Traum und nicht teuer.
Aber unser Esstisch steht jetzt im Wohnzimmer – die Küche ist zu klein!
Armer Bernd! Er arbeitet viel, aber sein Rücken macht Probleme, der Herd war doch zu
schwer …
Du siehst, wir brauchen deine Hilfe!!!

Viele Grüße und bis morgen
deine Kirsten

	a	schreibt E-Mails.
	b	hat Rückenschmerzen.
Bernd **1**	**c**	packt seine CDs und Videos.
Kirsten **2**	**d**	packen ihre Bücher.
Nils und Frauke **3**	**e**	bekommt eine E-Mail.
Sonja **4**	**f**	kommt morgen und hilft.
	g	macht Pause und trinkt Kaffee.

8 Wohnen interkulturell

1 **Wohnformen.** Sehen Sie die Fotos an und ordnen Sie die Sätze zu. Ein Foto ist nicht aus Deutschland und ein Foto ist 100 Jahre alt.

1. ☐ Um 1900 haben viele Familien in Deutschland nur ein Zimmer.
2. ☐ Jedes Kind hat ein Zimmer.
3. ☐ Die Möbel sind ziemlich groß und dunkel. Das Zimmer ist sehr voll.
4. ☐ Das Treppenhaus ist kein Spielplatz.
5. ☐ Viele Familien haben ein Esszimmer.
6. ☐ Kein Bett, kein Stuhl – ich finde das schön!

2 **Und in Ihrem Land? Sprechen Sie im Kurs.**
Ü 12

> Wir haben kein Esszimmer.

> Bei uns gibt es auch ein ...

> Wir haben ein ...

> Hochhäuser finde ich ...

> Meine Möbel sind ...

Übungen 4

1 **Häuser und Wohnungen.** Sammeln Sie Wörter.

auf dem Land

das Hochhaus

teuer

die Wohngemeinschaft

2 **Norbert und Antje suchen eine neue Wohnung.** Hören Sie zu.
1.47

a) Was ist richtig?

Die Wohnung hat
- drei Zimmer.
- zwei Schlafzimmer.
- zwei Kinderzimmer.
- eine Toilette.
- einen Balkon.
- eine große Küche.
- ein kleines Bad.
- ein Wohnzimmer.

b) Hören Sie noch einmal und ergänzen Sie die Sätze.

Die Wohnung hat ...., Küche, Bad, Toilette und Balkon.

Rechts und links sind .... Die Küche und das Bad haben

...........................Fenster. Das Wohnzimmer ist sehr .... Das Wohnzimmer

und das Schlafzimmer haben eine Tür zum .... Das Bad ist leider

.... Die Wohnung kostet nur ....Euro.

3 **Ergänzen Sie die Possessivartikel.**

ihr............. Fernseher
.... Zimmer
.... Vase
.... Videos

.... Fernseher
.... Zimmer
.... Vase
.... Videos

4 **Ergänzen Sie die Possessivartikel.**

■ Hallo, Antje und Norbert! Vielen Dank

für die Einladung. .... Wohnung

ist ja ganz neu! Norbert, ist das ....
Zimmer?

◆ Ja, das ist .... Arbeitszimmer.

Und hier links ist .... Küche.

■ Oh, die ist aber groß. .... Küche
ist sehr schön. Ist das das Zimmer von
Antje?

◆ Ja, das ist .... Arbeitszimmer.

■ Und wo ist .... Schlafzimmer?

◆ Hier rechts. Und hier ist ....
Wohnzimmer. Möchtet ihr etwas trinken?

5 **Adjektive. Was passt?**

1. Die Wohnung kostet 900 Euro.
Das finden Norbert und Antje
▨ teuer.
▨ schön.
▨ klein.

2. Anja wohnt im Studentenwohnheim.
Das Zimmer ist nur 14 qm
▨ ruhig.
▨ lang.
▨ groß.

3. Bruno und Heide wohnen in einem
Bauernhaus. Es ist ziemlich
▨ modern.
▨ lang.
▨ alt.

4. Familie Galle hat ein Haus mit Garten.
Der Garten ist
▨ teuer.
▨ groß.
▨ hässlich.

5. Wir wohnen in der Stadt, im Zentrum.
Es ist leider etwas
▨ laut.
▨ lang.
▨ alt.

6. Petra lebt in Köln. Ihre Wohnung ist
klein, aber der Flur ist
▨ teuer.
▨ hässlich.
▨ lang.

6 **Der Akkusativ. Bestimmter oder unbestimmter Artikel? Ergänzen Sie.**

Unser Haus ist sehr alt. Es hat fünf Zimmer. Oben gibt es .... Balkon.

Das Wohnzimmer ist groß, aber ich finde .... Küche zu klein. Das Haus

hat .... Flur. Er ist lang und dunkel. Wir haben auch ....

Garten. Ich finde .... Garten sehr schön.

7 **Ordnen Sie und schreiben Sie Sätze.**

1. ~~ist~~ – modern – sehr – ~~Wohnung~~ – ~~meine~~

Meine Wohnung ist ....

2. von – Rolf – links – das – ist – Zimmer

....

3. unser – keinen – Garten – hat – Haus

....

4. Zimmer – nur – hat – 14 qm – das – im Studentenwohnheim

....

5. hat – meine – und – Wohnung – kein – Bad – ist – sehr klein

....

8 **Möbel im Kursraum. Schauen Sie sich um: Welche Möbel**
kennen Sie auf Deutsch? Machen Sie eine Liste.

Möbel im Kursraum
Wir haben im
Kursraum einen
Tisch, eine ...

9 **Komposita. Hören Sie und ergänzen Sie.**
1.48

1. *die* *Treppe* + *das*

= *das* *Treppenhaus*

2. + ...

= ....

3. .... + ...

= ....

4. + ...

= ....

10 **Der Umzug.** Ergänzen Sie die Sätze und lösen Sie das Rätsel.

1. Die .... ist schon in der neuen Wohnung.

2. Schreibtisch und .... stehen im Arbeitszimmer.

3. Armer Bernd! Sein Rücken macht Probleme. Der ....
   war sehr schwer.

4. In der Küche steht der .... Wir können jetzt essen.

5. Der .... ist breit und lang.

6. Der .... *Fernseher* .... steht im Wohnzimmer.

7. Die Bücher von Sonja kommen in das ....

```
        1 | W |   |   |   | M |   |   |   |   |   |
      2 | C |   |   | P |   |   |   |   |
        3 |   |   |   | D |   |   |
    4 | K |   |   |   | T |   |   |   |
          5 |   | L |   |
        6 | F | E | R | N | S | E | H | E | R |
  7 | B |   |   |   |   |   |   |   |
```

Lösungswort: ....

11 Hören Sie, was Anja sagt. Notieren Sie die Namen der Gegenstände.

1.49

das Bücherregal ....

....

12 **Wohnen interkulturell. Herr Hayashida ist Japaner. Er lebt in Deutschland. Was sagt er über das Wohnen in Deutschland? Hören und lesen Sie. Verbinden Sie die Sätze.**

1.50

Ich wohne jetzt seit sechs Monaten in Deutschland. Meine Wohnung hier ist sehr schön: groß und hell. Ich habe drei Zimmer, eine Küche und ein Bad. Meine Wohnung in Japan ist nur sehr klein. Hier in Deutschland habe ich 83 qm. Das ist fantastisch. Leider habe ich keinen Balkon. Das finde ich nicht gut. In Japan hat jede Wohnung einen Balkon. Ja, und das Badezimmer in Deutschland ist nicht schön. Die Toilette und das Bad sind zusammen. Das gefällt mir nicht. In Japan gibt es die Toilette und das Bad immer extra. In Deutschland schläft man im Schlafzimmer, isst im Esszimmer und wohnt im Wohnzimmer. In Japan machen wir alles in einem Zimmer: Wir schlafen, wohnen und essen in einem Zimmer.

Herr Hayashida wohnt	1	a	er keinen Balkon.
Seine Wohnung hier ist	2	b	jetzt in Deutschland.
Seine Wohnung hat	3	c	das Bad und die Toilette zusammen.
In Japan isst, schläft und wohnt man	4	d	die Toilette und das Bad extra.
In Deutschland hat	5	e	in einem Zimmer.
In Japan hat jede Wohnung	6	f	groß und hell.
In Deutschland sind	7	g	nicht schön.
In Japan sind	8	h	einen Balkon.
Er findet das Bad in Deutschland	9	i	drei Zimmer.

Das kann ich auf Deutsch

eine Wohnung beschreiben

Unsere Wohnung hat ... Zimmer.
Rechts ist die Küche und links ist das Zimmer von Bernd.
Das Zimmer ist groß.

über Sachen sprechen

Das Kinderzimmer ist ein Traum!
Der Flur ist zu dunkel!
Ich finde den Garten schön!
Petra Galle und ihr Mann haben ein Haus mit Garten.

Wortfelder

wohnen	das Hochhaus, das Einfamilienhaus, der Altbau die Wohnung, das Kinderzimmer, der Balkon ...
Möbel	das Bett, der Tisch, die Lampe, der Stuhl ...
Adjektive	groß – klein, billig – teuer, hell – dunkel

Grammatik

Possessivartikel im Nominativ	**mein** Zimmer, **deine** Küche, **euer** Garten
Artikel im Akkusativ	Hat die Wohnung **einen** Balkon? Sie finden **den** Garten schön.
Adjektive im Satz	Der Flur ist **lang**. Das Bad ist **klein** und **dunkel**.
Graduierung mit *zu*	Ich finde die Küche **zu** klein.

Aussprache

Konsonanten *ch*	Küche, kochen, suchen, Bücher

Laut lesen und lernen

1.51

Das ist das Zimmer von Rolf.
Meine Wohnung hat keinen Balkon.
Wir wohnen auf dem Land. / Wir wohnen in der Stadt.
Wie findest du die Wohnung? / Wie finden Sie die Wohnung?
Den Flur finde ich zu klein.

1 Berufsbilder

1 a) Beruf *Deutschlehrerin.* Welche Wörter kennen Sie? Sammeln Sie.

Material	Tätigkeit	Orte	Kontakte/Partner
Lehrbuch	lesen	Universität	Studenten

b) Lesen Sie den Text. Ergänzen Sie die Tabelle aus Aufgabe a).

Regina Werner, Deutschlehrerin

Das ist Regina Werner. Sie ist Deutschlehrerin. Sie hat in Jena Germanistik und Anglistik studiert. Seit 15 Jahren arbeitet sie als Deutschlehrerin. Sie hat Kurse an der Universität Jena und in einem Sprachinstitut. „Viele Stunden Unterricht, abends korrigieren, aber kein fester Job. Das ist normal für Deutschlehrer. Aber der Beruf macht Spaß", sagt sie. Sie arbeitet gern mit Menschen und mag fremde Kulturen. Ihre Studenten kommen aus China, Russland, Japan und Südamerika. Sie arbeitet mit Lehrbüchern und Wörterbüchern, mit Video und CDs. Die Studenten arbeiten auch mit Computern. Frau Werner und die Studenten machen oft Projekte: Sie besuchen den Bahnhof, ein Kaufhaus, das Theater – dort kann man Deutsch lernen. Die Studenten finden die Projekte gut.

2 Informationen über Regina Werner. Finden Sie Fragen und Antworten.

Fragen

Antworten im Text

1. .... Regina Werner.

2. Wo .... sie? An der Universität.

3. Was sagt sie? Der Beruf macht ....

4. .... Aus China, ...

5. Was macht sie? Sie arbeitet mit ....

....

3 Beruf *Student.* Lesen Sie den Text mit Informationen über Andrick. Was ist richtig? Kreuzen Sie an und korrigieren Sie die falschen Informationen.

1. Andrick studiert in Tamatave. ▪
2. Er lebt seit zwei Jahren in Deutschland. ▪
3. Er hat 16 Stunden Unterricht in der Woche. ▪
4. Er liest E-Mails in der Bibliothek. ▪
5. Er findet in Jena keine Freunde. ▪

Andrick Razandry, Student

Das ist Andrick Razandry. Er ist aus Madagaskar. Aus Tamatave. Das ist im Osten von Madagaskar, am Indischen Ozean. Er hat dort an der Universität studiert. Seit zwei Jahren lebt er in Deutschland. Er studiert Deutsch als Fremdsprache an der Friedrich-Schiller-Universität in Jena. Andrick hat 18 Stunden Unterricht pro Woche. Er arbeitet gern in der Bibliothek. Er sagt: „In der Bibliothek kann ich meine E-Mails lesen und gut arbeiten. Abends ist es dort sehr ruhig." Er kennt viele Studenten und Studentinnen. Die Universität ist international. In den Seminaren sind Studenten und Studentinnen aus vielen Ländern, aus Russland, China und aus den USA. „Am Anfang war für mich alles sehr fremd hier. Jetzt ist es okay. Ich habe viele Freunde und wir lernen oft zusammen." Andrick spricht vier Sprachen: Madagassisch, Französisch, Deutsch und Englisch.

4 Lehrerin – Student: wichtige Wörter. Machen Sie ein Wörternetz.

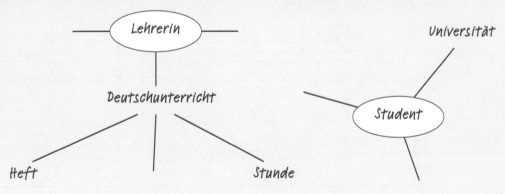

2 Themen und Texte

1 Begrüßung – internationale und regionale Varianten. **Machen Sie eine Tabelle und ordnen Sie: Was sagt/macht man wo?**

Begrüßung international

In Deutschland und in Österreich gibt man meistens die Hand. Aus Frankreich, Spanien und Italien kommt eine andere Tradition: Man küsst Bekannte einmal, zweimal oder dreimal. Und in Ihrem Land?

Du oder Sie?

Es gibt keine Regeln. „Sie" ist offiziell, formal und neutral. Freunde und gute Bekannte sagen „du". Aus England und aus den USA kommt eine andere Variante: „Sie" plus Vornamen. Das ist in Deutschland in internationalen Firmen und auch an Universitäten sehr populär.

Begrüßung und Verabschiedung regional

„Guten Morgen", „Guten Tag", „Guten Abend" (ab 18 Uhr) und „Auf Wiedersehen" sind neutral. „Hallo" und „Tschüss" hört man sehr oft. Das ist nicht so formal. In Österreich sagt man auch „Servus" und in der Schweiz „Grüezi" und „Auf Wiederluege". In Norddeutschland sagen viele Menschen nicht „Guten Tag", sie sagen „Moin, Moin". In Süddeutschland grüßt man mit „Grüß Gott".

Begrüßung und Verabschiedung in	
Deutschland / Österreich / der Schweiz	Ihrem Land
....	....

2 Sich vorstellen: Ort, Sprachen, Wohnen

Ich-Texte schreiben

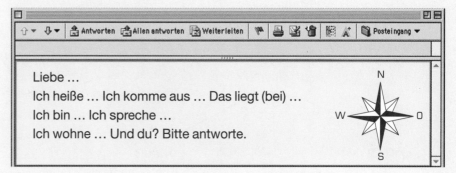

Liebe …
Ich heiße … Ich komme aus … Das liegt (bei) …
Ich bin … Ich spreche …
Ich wohne … Und du? Bitte antworte.

3 Zeichnen Sie Ihren Partner /
Ihre Partnerin. Fragen Sie und
schreiben Sie die Antworten
auf das Plakat.

Woher ...?
Wo wohnst ...?
...

4 **Landeskundequiz.** Wer findet die Landeskundeinformationen
aus den Einheiten 1 bis 4?

1. Millionenstadt in Westdeutschland (Dom)
2. Stadt in D mit vier Buchstaben (Andrick)
3. Populärer Sport in Deutschland
4. Internationales Autoschild für die Schweiz
5. Nachbarland im Osten von Deutschland
6. Ein Land mit Artikel: die T...
7. Land in Südeuropa mit I
8. Hauptstadt der Schweiz
9. Stadt im Westen von Österreich

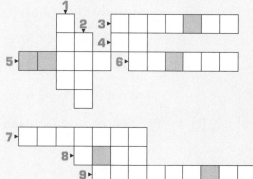

Lösung (Ordnen Sie die Buchstaben auf den grauen Feldern.) ....

5 **Fußballland
Deutschland**

a) Suchen Sie
auf der Karte:
Hamburg,
Kaiserslautern,
München,
Dortmund,
Hannover,
Rostock,
Nürnberg und
Freiburg.

b) Hören Sie die
Ergebnisse und
notieren Sie sie
in der Karte.

52

3 Selbstevaluation: Wortschatz – Grammatik – Phonetik

1 **Grammatikbegriffe.** Diese Begriffe haben wir in den Einheiten 1 bis 4 verwendet. Können Sie die Sätze den Begriffen zuordnen?

Einheit

<u>Waren</u> Sie schon einmal in Italien? **1**　　a Adjektiv　　..........

<u>Woher</u> kommen Sie? **2**　　b Fragewort, W-Wort　　..........

<u>Wohnst du in Hamburg?</u> **3**　　c Präteritum von *sein*　　..........

Hast du <u>einen Kaffee?</u> **4**　　d Possessivartikel　　..........

Das ist <u>unser</u> Auto. **5**　　e Satzfrage　　..........

Lenka findet Wien <u>fantastisch</u>. **6**　　f Personalpronomen　　..........

Ich habe gar <u>kein</u> Auto. **7**　　g Verneinung　　..........

<u>Ich</u> lerne Englisch und Deutsch. **8**　　h Akkusativ　　..........

2 **Ein Grammatiktest**

a) Ergänzen Sie die Verben.

sprechen (2x) – kommen – wohnen – heißen – möchten – haben – trinken – kennen – liegen – sein – finden

1. ■ M.................... du Kaffee? ◆ Nein, danke. Ich t.................... Tee.

2. ■ K.................... du aus Spanien? ◆ Nein, aus Italien.

3. ■ Wo.................... Sie? ◆ In der Holzhausenstraße.

4. ■ Entschuldigung, wie.................... „Balkon" auf Englisch? ◆ Balcony.

5. .... ihr am Samstag Zeit? Wir ziehen um.

6. ■ .... du Französisch? ◆ Nein, ich.................... Polnisch und Deutsch.

7. ■ .... du Potsdam? ◆ Nein, wo.................... das?

8. ■ Wie.................... Sie die Wohnung, Frau Klein? ◆ Super! Sehr schön!

9. ■ .... du schon mal in Bremerhaven? ◆ Nein, wo ist das?

b) Ergänzen Sie die Possessivartikel.

1. ■ Elke, ist das m.................... Heft? ◆ Nein, das ist das Heft von Claudia.

2. Am Samstag kommt.................... Freundin. Wir gehen aus.

3. ■ Ist das d.................... Deutschbuch? ◆ Ja, danke.

4. ■ Weißt du, wir haben jetzt einen Hund! ◆ Toll! Und wie heißt.................... Hund?

5. ■ Kommt ihr am Freitag? ◆ Nein, ... Auto ist kaputt.

6. ■ Pavel, kann ich.................... Füller mal haben? ◆ Ja klar, hier bitte.

7. Jan und Eva haben eine neue Wohnung. Ich finde.................... Balkon fantastisch!

c) Fragen Sie nach den unterstrichenen Teilen.

1. Die Wohnung hat <u>einen Balkon</u>.   *Was hat die Wohnung?*
2. Das Schlafzimmer ist <u>hier rechts</u>. ....
3. Wir haben <u>kein Arbeitszimmer</u>. ....
4. Ich finde die Küche <u>zu klein</u>. ....

3 **Ein Quiz: 7 mal 4 Wörter auf Deutsch**

4 Länder	....	....	....	....
4 Sprachen	....	....	....	....
4 Getränke	....	....	....	....
4 Dinge im Kurs	....	....	....	....
4 Räume	....	....	....	....
4 Möbelstücke	....	....	....	....
4 Städte	....	....	....	....

4 **„Normale" und markierte Betonung. Hören Sie und lesen Sie laut.**
Erkennen Sie den Unterschied?

'Peter fliegt mit seiner Freundin Johanna nach Italien.
Peter 'fliegt mit seiner Freundin Johanna nach Italien.
Peter fliegt mit seiner Freundin Jo'hanna nach Italien.

5 **Das Radioprogramm von heute. Die Umlaute ä, ö, ü und das ch.**
Hören Sie und ordnen Sie zu.

Schöne Grüße!   **1**   **a** Tschechisches Märchen
Küchenduell   **2**   **b** Dänisches Hörspiel
Städtegespräch   **3**   **c** Französische Dokumentation
Das schöne Mädchen   **4**   **d** Österreichische Talkshow

6 **Systematisch wiederholen – Selbsttest. Wiederholen Sie die Übungen.**
Was meinen Sie: ☺ oder ☹?

Ich kann auf Deutsch	Einheit	Übung	☺ gut	☹ noch nicht so gut
1. Leute begrüßen.	Start	2.3	■	■
2. sagen, woher ich komme.	Start	2.8	■	■
3. sagen, wo ich wohne.	1	2.4	■	■
4. sagen, wo eine Stadt liegt.	3	2.5	■	■
5. auf Deutsch fragen: Wo ... / Woher ...	1	2.9	■	■
6. sagen, wie ich wohne.	4	4.4	■	■
7. sagen, welche Sprachen ich spreche.	3	4.5	■	■
8. im Kurs auf Deutsch nachfragen.	2	6.2	■	■

4 Videostation 1

1 **Bilderreise.** Ordnen Sie die Bilder den Texten zu.

Bild a, das ist/sind …

1. ▩ Das ist der Rhein. Die Stadt Köln liegt am Rhein. Köln ist eine Millionenstadt im Westen von Deutschland. Der Kölner Dom ist weltbekannt.

2. ▩ Das ist die Ostsee. Viele Menschen machen hier im Sommer Ferien, z. B. in Schweden, Dänemark, Polen oder Deutschland.

3. ▩ Die Alpen sind im Süden von Deutschland. Viele Menschen fahren zum Wintersport in die Alpen, nach Österreich, in die Schweiz oder nach Norditalien.

4. ▩ Die Stadt Hamburg liegt im Norden von Deutschland. Der Hafen von Hamburg ist wichtig für die Industrie, für Export und Import.

2 **Video, Teil 1: Jena. Katjas Freunde: Andrick, Matthias, Justyna und Da.**
Machen Sie Notizen und berichten Sie.

Da kommt aus …
Sie studiert …

Name	Woher?	Alter	studiert
Andrick			
Justyna			Soziologie und
Matthias			Geschichte,
Da		?	Auslandsgermanistik und

3 **Die Stadt Jena.** Ergänzen Sie den Text mit Informationen aus dem Video.

1. ....

2. ....

3. ....

4. ....

5. ....

Jena ist eine Stadt in Thüringen. Hier leben ca. ▨ Menschen. Das Rathaus steht am ▨.
Dort ist auch das ▨, das älteste Haus in Jena. Goethe war oft in Jena. Kurfürst Johann
Friedrich hat die ▨ gegründet. An der Friedrich-Schiller-Universität studieren 18 000 ▨.

4 **Begrüßungen.** Was sagen die Studenten und die Lehrerin? Sammeln Sie.

Guten Tag!

Da, ...Sie, bitte!

5 **Im Café Bohème.** Ergänzen Sie die Dialoge.

1.

Justyna: ...., Katja!

Katja: Hi Justyna! Entschuldigung, ich bin zu ....

Justyna: Wo .... du heute Nachmittag?

Katja: In der .... Ich habe mit Andrick für das Seminar

.... Und du?

Justyna: Ich hatte Seminar und dann .... ich im Sportstudio.
Weißt du was, Matthias arbeitet jetzt hier!

Katja: Aha!?

2.

Justyna: Wir möchten ...., bitte.

Matthias: .... oder getrennt?

Justyna: Getrennt.

Matthias: Das sind dann 2 Euro 20 für den

.... und 3,50 für dich, Katja.

6 **Video, Teil 2: Die Wohnung in Berlin. Küche und Bad.**

Was sehen Sie? Kreuzen Sie an.

ein Waschbecken ▨ – einen Herd ▨ – eine Toilette ▨ – eine Badewanne ▨ –
einen Spiegel ▨ – eine Kaffeemaschine ▨ – einen Küchenschrank ▨ –
einen Esstisch ▨ – eine Küchenlampe ▨ – Stühle ▨

1 Uhrzeiten

1 Was kennen Sie? Ordnen Sie die Fotos zu.

1. ▢ Tut mir leid, ich stehe im Stau.
2. ▢ Wo bist du? Wann kommst du?
3. ▢ Oh, es ist schon drei! Ich komme etwas später.
4. ▢ Wir haben ein Terminproblem.

2 **Uhrzeiten – offiziell und in der Umgangssprache.** Lesen und vergleichen Sie.

Ü 1–2

Frühstück	Mittagessen		Abendessen
7 Uhr (morgens).	12 Uhr 30.	13 Uhr 45.	20 Uhr 15.
sieben.	halb eins.	Viertel vor zwei.	Viertel nach acht.

Es ist …

Hier lernen Sie

▶ Zeitangaben machen (Uhrzeiten / Wochentage)
▶ Termine machen und sich verabreden
▶ sich für eine Verspätung entschuldigen
▶ Fragesätze mit *Wann? Von wann bis wann?*
▶ Präpositionen mit Zeitangaben: *am, um, von … bis*
▶ trennbare Verben: *an-rufen, auf-stehen*
▶ Präteritum von *haben*
▶ Verneinung mit *nicht*
▶ Konsonanten: *p, b, t, d, k, g*

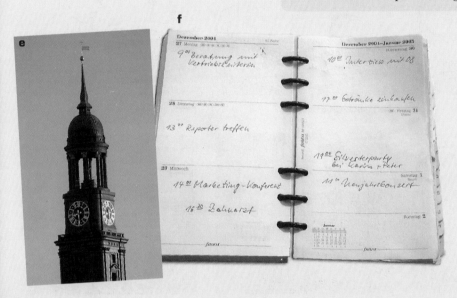

3 Hören Sie die Uhrzeiten und sprechen Sie nach.

4 Hören Sie die Uhrzeiten und notieren Sie. Wie spät ist es?

1. .... 2. ....

3. .... 4. ....

5 Üben Sie im Kurs mit einer Uhr.

Entschuldigung, wie viel Uhr ist es?

Entschuldigen Sie, wie spät ist es bitte?

21 Uhr 55.
fünf vor zehn. / kurz vor zehn.

22 Uhr 10.
zehn nach zehn. / kurz nach zehn.

0 (null) Uhr. / 24 Uhr.
zwölf. / Mitternacht.

1 Uhr (nachts).
eins.

2 Tagesablauf und Termine

1 Tagesabläufe. Arbeiten Sie zu zweit. Fragen und antworten Sie.

aufstehen

frühstücken

arbeiten

essen

ausgehen

schlafen gehen

1. Wann stehst du am Sonntag auf?
2. Und wann stehst du am Montag auf?
3. Wann frühstückst du?
4. Wann machst du Mittagspause?
5. Bis wann arbeitest du?
6. Wann gehst du aus?
7. Wann isst du abends?
8. Wann gehst du schlafen?
9. ...

Um neun.

Bis um sechs.

Minimemo
am + Tag
um + Zeit

2 Hören Sie die Fragen. Markieren Sie die Melodie und sprechen Sie nach.

1. Wann stehst du am Sonntag auf?

2. Von wann bis wann arbeitest du?

3. Wann machst du Mittagspause?

4. Wann gehst du schlafen?

3 „Sprachschatten". Ihr Partner erzählt – spielen Sie Echo.

■ Morgens stehe ich um sechs auf.   ◆ Aha, du stehst um sechs auf.
■ Ich arbeite von neun bis fünf.   ◆ Ach so, du arbeitest von neun bis fünf.
■ Am Samstag muss ich arbeiten.   ◆ Hmm, du musst am Samstag arbeiten.
■ ...

4 **Wörter mit *k* und *g* am Ende. Hören Sie und lesen Sie mit. Vergleichen Sie.**

Gladbeck – Luxemburg – Nürnberg – Glück – Sonntag – Lübeck

5 **Einen Dialog vorbereiten. Hören Sie den Anrufbeantworter von Dr. Glas zweimal. Notieren Sie die Sprechzeiten und berichten Sie.**

Dr. med. Glas
Arzt für Allgemeinmedizin

Mo, Di und Do von _____ bis _____ Uhr

und von _____ bis _____ Uhr.

Mi von _____ bis _____ Uhr.

Fr von _____ bis _____ Uhr.

Wann ist am Montag Sprechstunde?

Am Montag ist Sprechstunde von 9 bis 13 Uhr und ...

6 **Sprechzeiten nennen. Wann hat das Ausländeramt Leipzig Sprechzeiten?**

Ausländeramt Leipzig

Telefonzeiten
Mo 8.00–12.00 und 13.00–15.00 Uhr
Di 8.00–12.00 und 13.00–18.00 Uhr
Mi, Fr 8.00–12.00 Uhr
Do 13.00–18.00 Uhr

Öffnungszeiten
Mo, Mi, Fr 9.00–12.00 Uhr
Di, Do 13.00–18.00 Uhr

Landeskunde

Einwohnermeldeamt und Ausländeramt

Ausländer brauchen in Deutschland nach drei Monaten eine *Aufenthaltsgenehmigung*. Die Aufenthaltsgenehmigung hat man immer für ein Jahr. Das Ausländeramt fragt nach dem *Visum*, nach drei *Passfotos* und nach der Wohnung. Die Wohnung muss man beim Einwohnermeldeamt melden. Für die Wohnung hat man einen *Mietvertrag*. Kompliziert? Ja, aber für Ausländer gibt es in allen Ländern spezielle Regeln.

3 Termine machen

  1 **Beim Arzt**

1.60 Ü 5–6

a) Hören Sie den Dialog:
   Wann ist der Termin?

b) Lesen und üben Sie den Dialog zu zweit.

- ■ Praxis Dr. Glas.
- ◆ Albertini, ich hätte gern einen Termin.
- ■ Waren Sie schon einmal hier?
- ◆ Äh, nein.
- ■ Welche Krankenkasse haben Sie?
- ◆ Die AOK. Wann geht es denn?
- ■ Hm, Moment, nächste Woche Montag um 9 Uhr 30?
- ◆ Hm, da kann ich nicht, da arbeite ich. Geht es auch um 15 Uhr?
- ■ Ja, das geht auch. Also, am Montag um 15 Uhr. Auf Wiederhören.
- ◆ Auf Wiederhören.

c) Üben Sie den Dialog: andere Namen, andere Termine.

 2 **Im Beruf**

Ü 7

a) Lesen Sie den Text.

Herr Effenberg möchte einen Termin bei Frau Strunz in Dresden. Er ruft an und macht den Termin. Dann fährt er nach Dresden. Aber es gibt einen Stau und er ist zu spät. Er telefoniert mit Frau Strunz.

 b) Hören Sie den Dialog und üben Sie zu zweit.

1.61

- ■ Strunz.
- ◆ Hier ist Effenberg, Frau Strunz?
- ■ Ja, hier ist Franziska Strunz. Herr Effenberg, wo sind Sie?
- ◆ Auf der Autobahn bei Leipzig. Es tut mir leid, ich komme zu spät.
  Aber wir hatten einen Stau. Ich bin so in einer Stunde in Dresden, so gegen zehn.
- ■ Gut, Herr Effenberg, danke für den Anruf und gute Fahrt!

c) Üben Sie den Dialog: andere Namen, andere Termine.

   3 Hören Sie zu: *p* oder *b* ? Sprechen Sie nach. Finden Sie andere Wörter.

1.62

Papier – Büro, Beruf – Praxis, Bochum – Paris, …

4 Verabredungen

1 Sehen Sie die Bilder an und lesen Sie. Was geht (nicht)?

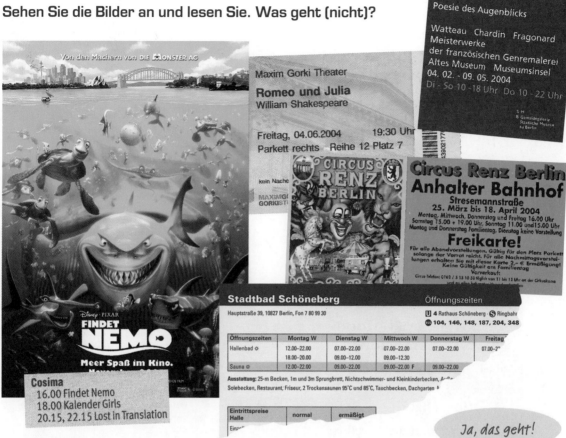

1. Gehen wir am Dienstag um sechs schwimmen?
2. Am Freitag kommt „Romeo und Julia". Treffen wir uns um sieben?
3. Gehen wir morgen Abend zusammen ins Kino? Ich möchte „Findet Nemo" sehen.
4. Gehen wir am Sonntag um drei in den Zirkus?
5. Gehen wir am Montag ins Museum?

Ja, das geht!

Das geht nicht!

2 Üben Sie den Dialog zu zweit.

Ü 8

■ Hallo, Anja! Gehen wir zusammen ins Kino?
◆ Ja gern, wann denn?
■ Morgen Abend?

◆ Ja, das geht.　　◆ Nein, das geht nicht. Morgen kann ich nicht.
　　　　　　　　　　■ Und am Freitag?
　　　　　　　　　　◆ Freitag ist gut.

■ Um wie viel Uhr treffen wir uns?
◆ Um sieben?
■ Okay, tschüss bis dann!

3 Üben Sie den Dialog: andere Tage, andere Zeiten.

Gehen wir zusammen
- in den Park? / in den Zoo?
- ins Theater? / ins Konzert? / ins Café Einstein?
- in die Oper? / in die Stadt? / in die Disko?

5 Sich verabreden – ein Rollenspiel vorbereiten

1 a) Hören Sie die Fragen und Antworten.
1.63 Ü 9-10   Sprechen Sie nach.

b) Wählen Sie eine Karte aus und spielen
Sie den Dialog mit Ihrer Partnerin /
Ihrem Partner.

Ein **Kinobesuch**. Machen
Sie eine Verabredung. Der
Film beginnt um 19.45
Uhr.

Machen Sie einen Termin
beim **Zahnarzt**. Sie können am Montagmorgen
und am Dienstagabend.

Zahnarztpraxis

Dipl. med. Zahnärztin **I. Rode**
Zahnarzt **P. A. Rode**

Tel. 03341 / 42 33 22

Sprechzeiten

Mo	8 - 12 und 15 - 20 Uhr
Di	8 - 12 und 15 - 20 Uhr
Mi	8 - 12 und 15 - 20 Uhr
Do	8 - 12 Uhr
Fr	10 - 18 Uhr
Sa	nach Vereinbarung

Machen Sie einen Termin
beim **Frisör**. Es gibt nur
Termine am Donnerstag-
morgen und am Freitag-
mittag.

Machen Sie einen Termin
bei ... Sie können nur am
Freitag.

Redemittel

um einen Termin bitten
Haben Sie einen Termin frei?
Kann ich einen Termin haben?
Gehen wir am Freitag ins Kino?

einen Termin vorschlagen
Geht es am Freitag um 9.30 Uhr?
Geht es in einer Stunde?
Können Sie am Freitag um
halb zehn?
Treffen wir uns am ... um ...?

ablehnen ☹
Tut mir leid, | das geht nicht. Da haben
wir keine Termine frei.
das passt mir nicht.
Da muss ich arbeiten.
Am Freitagabend kann ich leider nicht,
Um neun geht es leider nicht,

zustimmen ☺
Ja, das passt gut.
Ja, das geht.

aber am Samstag.
aber um zehn.

2 Termine, Termine. **Wo hat Otto Termine?**
Hören Sie und ergänzen Sie die Städte
mit *t* oder *d*.

.... üsseldorf .... übingen .... ortmund

.... resden .... immendorf .... essau

> Am Montag hat Otto einen
> Termin in Düsseldorf.

> Am Dienstag ...

3 **Wer hat gute Ausreden?** Üben Sie.

> Wo warst du? Ich warte
> seit 6 Uhr!

> Entschuldigung, meine
> Uhr ist kaputt.

Redemittel

Entschuldigungen / Ausreden

Entschuldigung, aber ich ... war im Stau / hatte keinen Stadtplan / keine Uhr.
Entschuldigen Sie, ich komme zu spät. Mein Zug hatte Verspätung.
Tut mir leid, ich bin zu spät. Mein Wecker / Auto / ... war kaputt.
Tut mir leid, aber ich habe den Termin vergessen!

4 Hören Sie und sprechen Sie nach.

1 **Zeit systematisch.** *Wann? – Am, um, von … bis.* Ergänzen Sie die Regel.

> **Grammatik**
>
> | **Wann? / Um wie viel Uhr?** | Wann kommst du ins Büro? **Am** Mittwoch **um** neun. |
> | **Bis wann?** | Bis wann bist du heute zu Hause? **Bis** zwölf Uhr. |
> | **Von wann bis wann?** | Mittagspause ist **von** eins **bis** zwei. |

Regel .... plus Tag (Montag), ... plus Uhrzeit (neun Uhr)

2 **Lyrische Konjugation.** **Präteritum von** *haben.*
Ü 11–12

Ausreden
Ich hatte keine Zeit.
Du hattest viel Zeit.
Er hatte ein Auto.
Sie hatte kein Auto.
Es hatte eine Panne.
Sie hatte kein Telefon.
Wir hatten ein Problem.
Ihr hattet keine Probleme.
Sie hatten einfach Glück.

3 **Trennbare Verben im Satz.** **Schreiben Sie Fragen und Antworten wie in der Liste.**
4 Ü 13

 an⟨rufen ein⟨kaufen auf⟨stehen an⟨fangen aus⟨gehen

1.	Wann	**rufst**	du mich	**an**?
2.	Ich	rufe	dich morgen	an.
3.	Rufst	du	mich	an?

1. Wann kaufst du …?
2. …

4 **Termine absagen**
17 Ü 14

a) Wo steht *nicht* ? Markieren Sie.

Kommst du am Freitag?

Nein, ich komme nicht !!

Kommst du nicht mit?

1. Am Sonntag kann ich nicht.
2. Am Freitag? Nein, das geht nicht.
3. Um fünf kann ich nicht.
4. Ich gehe am Sonntag nicht aus.

Nein, ich komme nicht mit!

b) Sagen Sie die Termine ab. Verwenden Sie die Sätze aus a).

1. Gehen wir am Freitag schwimmen?
2. Kannst du am Sonntag?
3. Treffen wir uns um fünf Uhr?
4. Gehen wir am Sonntag ins Café?
5. Gehen wir am Wochenende in den Zirkus?
6. Kommst du morgen ins Büro?
7. Kommst du um fünf nach Hause?
8. Kommst du am Freitag mit ins Theater?

7 Zeitpläne und Pünktlichkeit

1 Lesen und vergleichen Sie die beiden Zeitpläne. Wie machen Sie Ihren Plan?

Plan 1: Übungszeit 3 Stunden

Dienstag:	½ Stunde
Donnerstag:	½ Stunde
Freitag:	1 Stunde
Sonntag:	1 Stunde
Montag:	Test

Plan 2: Übungszeit 3 Stunden

Di:	....
Mi:	....
Do:	....
Fr:	....
Sa:	....
So:	*3 Stunden* ....
Mo:	*Test* ....

! Lerntipp

Kurz üben und oft üben ist besser als viel lernen an einem Tag!

2 Pünktlichkeit

a) Was ist für Sie pünktlich? Beantworten Sie die Frage und sprechen Sie im Kurs.

Das ist noch pünktlich / sehr unpünktlich.

1. Die Party beginnt um acht. Sie kommen zwanzig nach acht.
2. Der Zug hat acht Minuten Verspätung.
3. Das Kino beginnt um 19.30 Uhr. Sie kommen um 19.35 Uhr.
4. Der Kurs beginnt um acht. Sie sind fünf nach acht im Kurs.
5. Ihre Freunde kochen heute. Das Essen beginnt um 19 Uhr. Sie kommen um halb acht.

b) Lesen Sie den Text. Was denken Sie?

Anni Fayolle studiert in Tübingen. Sie schreibt über die Deutschen und die Pünktlichkeit.

Sind die Deutschen wirklich so pünktlich? Alle sagen, die Deutschen sind sehr pünktlich. Aber ich glaube das nicht. Ich fahre oft Bahn. Die Züge sind sehr modern und hell. Die Fahrpläne sind klar. Die Züge sind meistens pünktlich, aber manchmal haben sie auch zehn oder zwanzig Minuten Verspätung. In Frankreich sind die Züge nicht so modern, aber sie sind fast immer pünktlich. In Deutschland hast du um zwei einen Termin beim Zahnarzt und du wartest bis halb drei. Viele Partys beginnen offiziell um acht, aber die meisten kommen erst um halb neun oder neun. Die Deutschen sprechen viel über die Uhrzeit. Aber ich glaube, sie sind genauso pünktlich oder unpünktlich wie die anderen Europäer auch.

Übungen 5

1 **Uhrzeiten.** Zeichnen Sie die Zeiten ein.

1. Es ist zwanzig nach eins.

2. Es ist Viertel vor drei.

3. Es ist genau vier.

4. Es ist halb sieben.

5. Es ist kurz nach fünf.

6. Es ist zehn vor acht.

2 **Wie viel Uhr ist es?** Schreiben Sie. Es gibt mehrere Möglichkeiten.

1   3   5   7

2   4   6   8

1. *Es ist 8.30 Uhr / halb neun.* ....

5. ....

2. ....

6. ....

3. ....

7. ....

4. ....

8. ....

3 Hören Sie und notieren Sie die Uhrzeiten.

1.66

1. *16.20* ....

2. ....

3. ....

4. ....

5. ....

6. ....

4 **Tagesablauf und Termine international. Ordnen Sie die Bilder den Sätzen zu.**

1. ▇ Viele Deutsche frühstücken um neun Uhr im Büro.
2. ▇ In Spanien macht man von 14 bis 16 Uhr eine Mittagspause.
3. ▇ In China isst man um sieben Uhr zum Frühstück eine Suppe.
4. ▇ In Japan isst man um zwölf Uhr zu Mittag.

Und Sie?

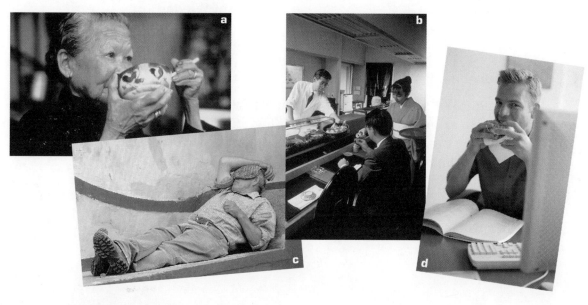

5 **Einen Arzttermin machen. Da Qui ruft in der Praxis Dr. Glas an.**

a) Ergänzen Sie den Dialog.

am – bis – um – um – wann

- ▪ Hier Praxis Dr. Glas, Schwester Christiane, guten Tag.

- ◆ Guten Tag. Hier ist Da Qui. .... ist am
  Freitag Sprechstunde, bitte?

- ▪ Am Freitag? Von acht Uhr .... zwölf Uhr.

- ◆ Ich hätte gern einen Termin. Geht es .... elf Uhr?

- ▪ Ja, ... elf ist es okay.

- ◆ Gut, dann komme ich .... Freitag um elf.

b) Lesen Sie den Dialog laut.

6

Sie möchten einen Termin beim Arzt.
Was fragt die Arzthelferin?
Kreuzen Sie an.

1. Waren Sie schon einmal hier?   ☒
2. Wann stehen Sie am Mittwoch auf?   ▇
3. Geht es am Donnerstag um elf Uhr? ▇
4. Haben Sie ein Visum?   ▇
5. Welche Krankenkasse haben Sie?   ▇
6. Wann können Sie kommen?   ▇

7 **Textkaraoke. Hören Sie und sprechen Sie die ⌇-Rolle im Dialog.**

1.67

👂 ...
⌇ Albertini, ich hätte gern einen Termin.
👂 ...
⌇ Äh, nein.
👂 ...
⌇ Die AOK. Wann geht es denn?

👂 ...
⌇ Hm, da kann ich nicht, da arbeite ich. Geht es auch um 15 Uhr?
👂 ...
⌇ Auf Wiederhören.

8 **Verabredungen. Ordnen Sie die Dialoge.**

Am Freitag. – Wie schön, ein Konzert! Um wie viel Uhr? – Gut, also tschüss bis Samstag. – Das Konzert beginnt um acht. Treffen wir uns um sieben? – In die Disko? Wann denn? – Um sieben ist gut. – Freitag ist gut. Um wie viel Uhr? – Gut, um neun. Bis Freitag! – Um zehn? – Zehn ist zu spät. Besser um neun.

Dialog 1

■ Gehen wir am Samstag ins Violinkonzert?

◆ ....

■ ....

◆ ....

■ ....

Dialog 2

■ Hallo, Marco. Gehen wir zusammen in die Disko?

◆ ....

■ ....

◆ ....

■ ....

◆ ....

■ ....

9 **Im Beruf. Ordnen Sie den Dialog im Heft und spielen Sie ihn im Kurs.**

Herr Siebers

1. Mein Zug hat Verspätung. Ich bin erst in einer Stunde in Frankfurt.
2. Ja, bis morgen um zehn.
3. Hier ist Siebers. Guten Tag, Frau Faber.
4. Tut mir leid, da kann ich nicht.
5. Um zehn Uhr geht es.

Frau Faber

a) Guten Tag, Herr Siebers.
b) Erst in einer Stunde! Hm ... Das ist zu spät. Ich habe noch einen Termin. Können Sie auch morgen um neun?
c) Schön, dann bis morgen. Und vielen Dank für den Anruf.
d) Und um zehn?

10 Hier sind die Antworten. Wie sind die Fragen?

1. ■ *Um wie viel Uhr fängt der Film an?*
   ◆ Der Film fängt um 22.00 Uhr an.

2. ■ ....
   ....
   ◆ Die Sprechzeit ist von 15 bis 17.00 Uhr.

3. ■ ....
   ....
   ◆ Das Fest ist am 25. August.

4. ■ ....
   ....
   ◆ Die Yoga-Klasse kostet 7 Euro.

5. ■ ....
   ....
   ◆ Der Treffpunkt ist der S-Bahnhof
     Unter den Linden.

Dr. med. Ina Hinz
HNO - Ärztin

Montag	Dienstag	Mittwoch	Donnerstag	Freitag
8 - 12	8 - 12	8 - 12	8 - 12	8 - 12
16 - 19	15 - 17		15 - 18	

Tel. 40 86 53

Staatliche Museen Dahlem
FREILUFTKINO
DAHLEM *zitty*
Das Wunder
von Bern
Heute 22 Uhr

WASSERFEST
25. August 2004
12.00-19.00 Uhr
Livemusik & Show
Wasserspaß für Kinder

Besuch des Reichstags-
gebäudes und Besichtigung
des Regierungsviertels
Treffpunkt: 14:00 Uhr vor
dem S-Bahnhof Unter den Linden,
Ausgang Hotel Adlon
Dauer: c...
Preis: 8,...
Bitte an...

Uhrzeit / Studio	Montag
19.30 - 21 h Studio 1 / 16.-19.8. Studio 4	**Ballett (basis/a)** Sabine Sandloff
20 - 21.30 h Studio 3	**Yoga (*)** Ku'ulei Miura Fahling
(a) = AnfängerInnen (m) = Mittelstufe (m/f)= Mittelst./Fortgeschrittene (*) = offen	**Jede Klasse 7,- €,**

11 Das Präteritum von *haben*. Ergänzen Sie die Formen.

1. Das Ausländeramt .... gestern keine Sprechzeit.

2. .... ihr am Sonntag keine Zeit?

3. Ich .... gestern ein Problem mit dem Auto.

4. Um 1900 .... viele Wohnungen kein Badezimmer.

5. .... du eine gute Fahrt von München nach Berlin?

6. Wir .... heute morgen einen Termin in Stuttgart,
   aber wir waren zu spät.

12 Ausreden. Schreiben Sie sieben Sätze.

Sie sind zu spät!   Ich hatte ...   Ihr seid zu spät!   Wir hatten ...

keine Zeit – ein Terminproblem – ~~kein Telefon~~ – keine Uhr – einen anderen Termin –
einen Termin in Düsseldorf – keinen Stadtplan

1. *Entschuldigung, ich hatte kein Telefon.*   5. ....

2. *Tut mir leid,*   6. ....

3. ....   7. ....

4. ....

13 **Trennbare Verben im Satz.** Ergänzen Sie die Lücken.

~~nachsprechen~~ – ansehen – anrufen – aufstehen – anfangen – einkaufen – zuordnen

1. *Sprechen* .... Sie den Dialog .... *nach* ....
2. .... Sie die Bilder den Dialogen ....
3. Komm, wir .... uns die Fotos .... !
4. Um wie viel Uhr .... der Film ....?
5. Wann .... wir Frau Strunz ....?
6. Wo .... du heute ....?
7. Wann .... du am Samstag ....?

14 **Verneinen Sie die Sätze mit *nicht*.**

Der Tag von Herrn Siebers

Ich stehe um 5.45 Uhr auf und jogge um 6 Uhr.
Ich frühstücke um 6.45 Uhr. Ich arbeite von 9 Uhr
bis 12.30 Uhr und auch von 13 Uhr bis 19 Uhr.
Ich habe viele Termine. Ich telefoniere oft.
Ich gehe um 23 Uhr schlafen. Ich lebe gesund.

Ich habe Urlaub!

Der Tag von Herrn Siebers im Urlaub

Ich stehe nicht um 5.45 Uhr auf und jogge nicht um 6 Uhr. Ich ....

....

....

....

....

....

Das kann ich auf Deutsch

mich verabreden / einen Termin machen / Terminvorschläge annehmen, ablehnen

■ Geht es am Freitag um neun?

◆ Ja, das passt gut.
◆ Nein, da kann ich nicht.

nach Zeiten fragen / Zeiten nennen

Zeitpunkt
Wann treffen wir uns?
Um wie viel Uhr kommst du?
Treffen wir uns **am** Montag **um** halb acht?
um neun / **in** einer Stunde

Zeitraum
Von wann **bis** wann geht der Kurs?
Von 9 **bis** 13 Uhr.

mich entschuldigen

Tut mir leid, aber ich habe den Termin vergessen.

Wortfelder

Uhrzeiten

Es ist zehn vor zwölf.
um 22 Uhr 45

Wochentage

Montag, Dienstag, ...

Grammatik

Trennbare Verben

anrufen: **Rufst** du mich **an**?
aufstehen: Ich **stehe** um 6 Uhr 20 **auf**.

Präpositionen + Zeitangaben

am Montag, **um** 9 Uhr, **von** 8 **bis** 16 Uhr

Präteritum von *haben*

Ich **hatte** einen Termin mit Frau Strunz.

Verneinung mit *nicht*

Am Sonntag kann ich **nicht**.

Aussprache

Konsonanten *p, b, t, d, k, g*

Papier – Büro, Timmendorf – Dresden, Nürnberg, Glück

Laut lesen und lernen

1.68

Ich bin leider zu spät!
Das passt mir nicht! / Das geht leider nicht! / Da kann ich leider nicht.
Ich hätte gern einen Termin. – Wann denn? – Geht es am Montag?
Ich komme gegen zehn. / Ich komme in einer Stunde.
Ich habe den Bus verpasst.
Tut mir leid, ich ...

6 Orientierung

1 Arbeiten in Leipzig

Ich heiße Marco Sommer und bin Verlagskaufmann. Ich wohne in Gohlis und arbeite bei der Leipziger Volkszeitung im Verlagshaus am Peterssteinweg. Ich fahre eine Viertelstunde mit dem Fahrrad.

Ich bin Monica Ventura und wohne in Markkleeberg. Ich arbeite bei der Commerzbank am Thomaskirchplatz. Ich fahre zehn Minuten mit der Straßenbahn.

1 **Wortfeld Stadt.** Sammeln Sie Wörter aus dem Stadtplan.

Hauptbahnhof, Hotel, Oper, ...

2 **Informationen sammeln.** Lesen Sie die Texte und ergänzen Sie die Tabelle.

Name	wohnt ...	arbeitet ...	fährt ...	Zeit
Marco Sommer	in Gohlis	bei der	mit dem	eine

3 **Informationen hören und vergleichen.** Welche Informationen sind neu?

1.69

Marco Sommer: „fünf Kilometer"

Hier lernen Sie

▶ sagen, wo Leute arbeiten und wohnen
▶ sagen, wie Leute zur Arbeit kommen
▶ in einem Haus nach dem Weg / nach einer Person fragen
▶ Verkehrsmittel
▶ Präpositionen: *in, neben, unter, auf, vor, hinter, an, zwischen, bei* und *mit* + Dativ
▶ Ordnungszahlen
▶ Konsonanten: *f, w* und *v*

Ich bin Birgit Schäfer und wohne in Schkeuditz. Ich arbeite bei ALDI am Leipziger Hauptbahnhof. Ich fahre eine halbe Stunde mit dem Zug.

Ich heiße Alexander Novak und wohne in Grünau. Ich arbeite in einer Buchhandlung im Stadtzentrum. Ich brauche im Stadtverkehr 20 Minuten mit dem Auto.

4 **Wo Leute arbeiten / wie Leute zur Arbeit kommen.** Erzählen Sie.

Ana geht zu Fuß!

Redemittel	Er	wohnt in ...		
	Sie	arbeitet bei/in ...		
	Mein Freund	kommt/fährt mit	dem Bus	zur Arbeit.
			der U-Bahn	zum Sprachkurs.

5 **Fragen Sie im Kurs.**

Ü 1–2

Wo wohnen Sie und wo arbeiten Sie?

Ich wohne ... und arbeite ... Und Sie?

Wie kommen Sie zum Deutschkurs?

Ich komme mit der Straßenbahn. Und Sie?

2 Im Verlagshaus

4. Etage

3. Etage

2. Etage

1. Etage

Erdgeschoss

4. OG	Geschäftsführung Zentralbereich / Recht Personalabteilung Betriebsrat Arbeitsmedizinischer Dienst Redaktion Kultur Online-Verkauf Marketing / Werbung
3. OG	Redaktion Sport Wirtschaft Journal, Reise und Ratgeber Verlag Anzeigenleitung Anzeigenverkauf und -service EDV
2. OG	Redaktion Chefredaktion Politik / Nachrichten Regionales Redaktionslayout Lokalredaktion Leipzig Fotoredaktion Verlag Anzeigenproduktion Blattplanung / Herstellung Anzeigenberater / Team 1 – 3
1. OG	Verlag Serviceteam Vertrieb Online
EG	Empfang Geschäftsstelle Kantine Ausgang

1 **Was ist wo im Verlag?** Lesen Sie den Text und ergänzen Sie.

Die *Leipziger Volkszeitung* hat ihr Verlagshaus am Petersssteinweg 19. Das Haus hat vier Etagen. Im Verlag arbeiten viele Leute.
Unten, im Erdgeschoss, sind der Empfang und die Kantine. In der ersten Etage ist die Online-Redaktion. In der zweiten Etage sind die Redaktionsbüros. Viele Redakteure arbeiten hier an ihren Computern, auch nachts. In der dritten Etage ist die Redaktion Sport. In der vierten Etage sind die Konferenzräume und das Büro von Dr. Weber. Er ist Marketingchef.

im Erdgeschoss: *der Empfang,*
die ....

in der ersten Etage: ....
....

in der zweiten Etage: ....
....

in der dritten Etage: ....
....

in der vierten Etage: ....
....

2 **1.70** Hören Sie die Wörter und markieren Sie [f] wie *fahren* und [v] wie *wohnen*.

die Werbung – die Wohnung – zu Fuß – viele – der Verlag – vier – Dr. Weber
westlich – das Fahrrad – das Wörterbuch – der Videorekorder – der Füller

3 **1.71** [f] wie *fahren* oder [v] wie *wohnen*? Lesen Sie den Text aus Aufgabe 1 laut mit.
Achten Sie auf die Aussprache von [f] und [v].

4 Sprechen und schreiben. [f] und [v]. Suchen Sie Beispiele.

[f] wie fahren	[v] wie wohnen
v – vier	w – Wohnung
....	....

5 Orientierung im Verlag. Hören Sie und üben Sie zu zweit.

1.72

> Guten Tag, ich suche die Marketingabteilung. Wo ist die bitte?

> Wo finde ich bitte die Chefredaktion?

> Entschuldigung, wo sind hier die Toiletten?

> Die ist in der vierten Etage, links neben der Kulturredaktion.

> In der zweiten Etage, Zimmer 215 bitte.

> Gleich hier unten rechts, neben der Kantine.

6 An der Information. Üben Sie den Dialog: andere Fragen, andere Antworten.

Ü 3–5

Redemittel	so kann man fragen		so kann man antworten
	Wo ist / sind bitte ...	die Personalabteilung?	Im Erdgeschoss.
	In welcher Etage ist / sind ...	das Sekretariat?	In der ersten Etage.
		die Toiletten?	In der zweiten Etage links.
	Entschuldigung, wo finde ich ...	die Kantine?	In der dritten Etage rechts.
		der / den Marketingchef?	In der vierten Etage.
		ein / einen Parkplatz	Vor dem Haus.

7 Ein Spiel für zwei. Wer arbeitet wo?

– Notieren Sie sechs Räume: z. B. Marketingchef, Sekretariat, Vertriebsleiterin, Personalabteilung, Kantine, Toiletten.
– Zeichnen Sie zwei Häuser A und B mit sechs Feldern, schreiben Sie in A die Räume.
– Fragen Sie:

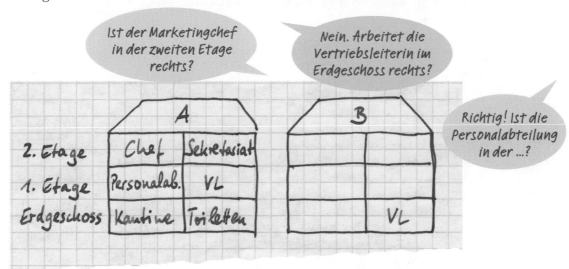

> Ist der Marketingchef in der zweiten Etage rechts?

> Nein. Arbeitet die Vertriebsleiterin im Erdgeschoss rechts?

> Richtig! Ist die Personalabteilung in der ...?

	A	
2. Etage	Chef	Sekretariat
1. Etage	Personalab.	VL
Erdgeschoss	Kantine	Toiletten

	B	
	VL	

8 Orientierung in der Sprachschule.
Fragen und antworten Sie.

> Entschuldigung, wo ist das Sekretariat?

> Das Sekretariat ist im Erdgeschoss.

3 *Wo ist mein Terminkalender?* Präpositionen + Dativ

1 Im Redaktionsbüro. **Was sehen Sie?**

im Regal   vor der Tür   an der Wand

auf dem Stuhl   hinter dem Buch   unter der Zeitung

2 **Lesen Sie die Tabelle. Wo sind die Sachen? Beschreiben Sie.**

Das Bild hängt an der Wand.

Die Fotos liegen unter der Zeitung.

Die Bücher stehen im Regal.

Minimemo

in dem = im
an dem = am
bei dem = beim

Grammatik

Präpositionen + Dativ: *Wo ...?*

Die Tasche *(Singular)*	ist	auf / unter	dem Tisch / einem Tisch.
	liegt	in / neben / an	dem Regal / einem Regal.
	steht	vor / hinter	der Wand / einer Wand.
Die Taschen *(Plural)*	sind		den Stühlen / den Regalen /
	liegen	zwischen *(Pl.)*	
	stehen		den Zeitungen.

Einheit 6

102

einhundertzwei

3 **Ein Schreibtisch in der Redaktion.** Ordnen Sie zu. Schreiben Sie Sätze.

- der Monitor
- die CD-ROM
- der Drucker
- die Tasse Kaffee
- das Buch
- die Tastatur
- das Telefon
- das Handy
- die Maus

Die CD-ROM liegt vor dem Monitor. Der Monitor steht ...

 4 **Suchen und finden.** Was ist wo? Hören Sie und schreiben Sie in die Zeichnung.

Paul und Paula gehen ins Theater. Paul sucht die Theaterkarten und den Autoschlüssel. Paula sucht die Brille und die Handtasche.

in der Handtasche

 5 **Ein Spiel im Kurs.** Wo ist das Buch / der Kuli / die Tasche / ...?

Eine/r fragt:

Ist das Buch unter dem Tisch?

... in der Tasche?

... neben ...

Die Gruppe antwortet mit:

Kalt!

Nein!

Warm!

Heiß!

4 Termine machen

 1 **Terminangaben verstehen**

1.74

a) Lesen Sie den Terminkalender.

b) Hören Sie das Telefonat und notieren Sie den Termin.

 2 Hören Sie das zweite Telefonat. Notieren Sie den alten und den neuen Termin.

1.75 Ü 7–8

3 **Zahlen und Ordnungszahlen.** Ergänzen Sie.

1	eins	1.	der **erste** Mai	am **ersten**	
2	zwei	2.	der zweite	am zweiten	
3	drei	3.	der **dritte**	am **dritten**	
6	sechs	6.	der sechste	....	
7	sieben	7.	der **siebte**	....	
8	acht	8.	der achte	....	
10	zehn	10.	der zehnte	....	
17	siebzehn	17.	der siebzehnte	....	
20	zwanzig	20.	der zwanzigste	....	
21	einundzwanzig	21.	der einundzwanzigste	....	

> **Minimemo**
>
> **Nominativ:**
> **Zahl + -te**
> Heute **ist** der zweite Mai.
>
> **Dativ:**
> **Zahl + -ten**
> Ich **habe am** zwei**ten** Mai Geburtstag.

4 **Geburtstage.** Wann sind Sie geboren? Machen Sie einen Geburtstagskalender.

Ü 9

Name	Geburtstag
Roberto Fabiani	22. 8. 1973

> Ich bin am zweiundzwanzigsten Achten neunzehnhundert- dreiundsiebzig geboren.

> Ich habe am elften Elften Geburtstag.

5 Die Stadt Leipzig

1 Leipzig und die Musik. Sammeln Sie Wörter zum Thema *Musik*.

Besuchen Sie Leipzig!

Leipzig ist eine Großstadt mit Tradition. Seit 1497 finden hier Messen statt. Seit 1409 gibt es die Leipziger Universität. Viele berühmte Leute lebten in Leipzig. Der Dichter Johann Wolfgang von Goethe war hier Student. Der Komponist Johann Sebastian Bach arbeitete und lebte hier. Er war Kantor an der Thomaskirche und dirigierte den berühmten Thomanerchor.

Heute ist Leipzig eine moderne Großstadt mit Industrie, Handel und viel Kultur. An der Universität studieren Studenten aus der ganzen Welt.

In Leipzig gibt es für jeden Besucher etwas. Das Stadtzentrum mit schönen alten Häusern, Geschäften und Restaurants lädt zum Bummeln ein. Musikfans besuchen die Oper, hören eine Sinfonie im Gewandhaus oder besuchen ein Konzert von den „Prinzen". Bücherfreunde kommen jedes Jahr im März zur Buchmesse. Und noch ein Tipp: Wenn Sie Leipzig besuchen, fahren Sie mit dem Zug! Der Leipziger Hauptbahnhof mit seinen vielen Geschäften zählt zu den schönsten in Europa.

Buchmesse & Literaturfestival

- 1 Eintrittskarte
  zur Leipziger Buchmesse
- 2-h Stadtrundgang
- 1 Abendessen
  (3-Gänge-Menü ohne Getränke in einem Innenstadtrestaurant)

Preis pro Person: 36,– €

Termin: 25.–28.03.2004

Osterstimmung in Leipzig

- 1 Eintrittskarte
  für die Aufführung der Matthäuspassion mit Thomanerchor und Gewandhausorchester in der Thomaskirche am 08.04.2004 (Preisgruppe II), am 09.04.2004 (Preisgruppe III), am 10.04.2004 (Preisgruppe IV)
- 2-stündiger Stadtrundgang
- 1 Abendessen
  im Restaurant Auerbachs Keller (3-Gänge-Menü ohne Getränke)

Preis pro Person: 08.04.04 69,– €
                  09.04.04 62,– €
                  10.04.04 53,– €

Ein langes Wochenende

LEIPZIG

2 Quiz online. Informationen über Leipzig finden.

a) Wer ist das?

Wann ist das?

Was ist das?

> **!** Internettipp
> www.leipzig-online.de

b) Finden Sie drei ...

... Kinofilme	... Sehenswürdigkeiten	... Museen
....	....	....
....	....	....

Übungen 6

1 **Arbeiten in Leipzig.**

a) Lesen Sie die Texte und ergänzen Sie.

1. ▦ Ute Schmitt studiert Medizin. Sie ....*wohnt*........ in einem Studentenwohnheim in der 12. Etage. Sie ....jeden Tag zu Fuß in die Uni.

2. ▦ Ludwig Frey wohnt in Borna und .... bei der Leipziger Volkszeitung. Er kommt jeden Tag mit der S-Bahn nach Leipzig. Er braucht 45 ....

3. ▦ Gert Brenner ist .... Er arbeitet in einem Krankenhaus: in der Uni-Klinik in der Riemannstraße. Herr Brenner wohnt in Delitzsch und .... mit dem Auto nach Leipzig. Er braucht eine Stunde.

4. ▦ Gisela Wagner ist Musikerin und arbeitet im Leipziger Gewandhausorchester. Sie wohnt in der Schletterstraße und .... 20 Minuten mit dem ....

b) Ordnen Sie die Fotos den Texten zu.

a

b

c

d

2 In der Stadt. Was kennen Sie? Notieren Sie mindestens acht Wörter mit Artikel.

das Taxi

....

....

....

....

....

....

....

3 Im Verlagshaus. Finden Sie neun Wörter. Schreiben Sie die Wörter mit Artikel.

marketing|sekretariatverlagshauskantinechefpersonalabteilungredakteurbürokon
ferenzräume

das Marketing

....

....

....

4 Hier sind die Antworten. Stellen Sie die Fragen.

1. *Entschuldigung, wo finde ich das Sekretariat?*
   Das Sekretariat ist in der ersten Etage links, Zimmer 103.

2. ....
   Die Toiletten? Gleich hier rechts, neben der Kantine.

3. ....
   Die Personalabteilung ist in der dritten Etage rechts.

4. ....
   Der Parkplatz ist vor dem Haus.

5 **Im Verlag. Was ist wo?** Hören Sie die Dialoge und notieren Sie.
1.76

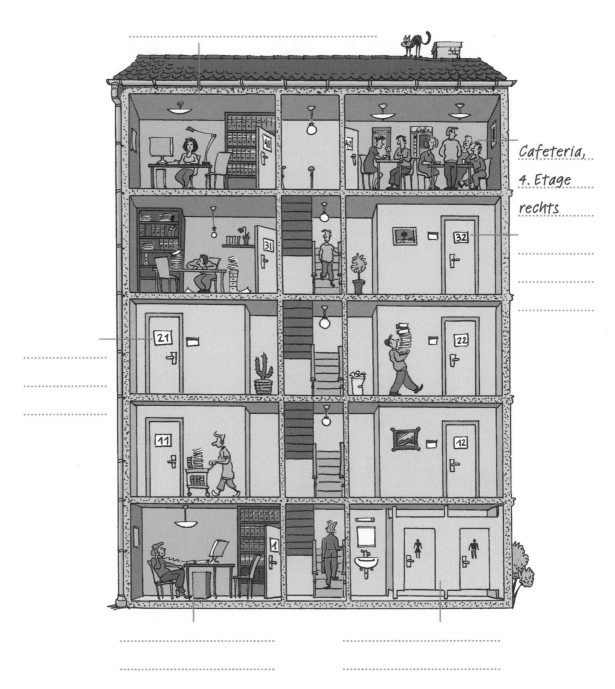

Cafeteria,
4. Etage
rechts

6 **Anja macht eine Party. Was ist wo?** Beschreiben Sie ihr Zimmer vor und nach der Party mit den Präpositionen *in, neben, unter, auf, vor, hinter, an, zwischen.*

vor der Party
Der Computer steht auf dem Schreibtisch.

nach der Party
Der Computer steht unter dem Schreibtisch.

7 **Ergänzen Sie die Artikel.**

1. Monika Schulze wohnt in Fulda und arbeitet in Frankfurt. Sie fährt meistens mit
   .... Zug. Manchmal fährt sie aber mit .... Auto.

2. Uwe Renschler wohnt in Stuttgart und arbeitet bei Mercedes. Er fährt oft mit
   .... S-Bahn. Manchmal fährt er mit .... Bus.

3. Victor Peres ist Student. Er fährt gern mit .... Fahrrad.

8 **Termine bei der Ärztin machen.** Hören Sie und tragen Sie die Termine von Herrn Martens, Herrn Wagner und Frau Seidel in den Kalender ein. Heute ist Montag.

Montag, 9. 8.	Dienstag, 10. 8.	Mittwoch, 11. 8.	Donnerstag, 12. 8.
8 00	8 00	8 00	8 00 Schulze
8 15	8 15	8 15 Köhler	8 15
8 30	8 30 Beckmann	8 30	8 30 Franz
8 45 Fröhlich	8 45	8 45	8 45
9 00	9 00	9 00 Höhne	9 00 Bauer
9 15 Hermann	9 15	9 15	9 15
9 30	9 30 Friedrich	9 30	9 30
9 45 Wagner	9 45	9 45	9 45
10 00	10 00	10 00	10 00
10 15 Steiner	10 15	10 15 Müller	10 15
10 30	10 30 Schütze	10 30	10 30
10 45 Finster	10 45	10 45	10 45 Ziegler
11 00	11 00	11 00	11 00
11 15	11 15	11 15	11 15
11 30	11 30	11 30 Schmidt	11 30
11 45	11 45	11 45	11 45
12 00	12 00	12 00	12 00

9 **Welche Sätze passen? Kreuzen Sie an.**

1. Können wir uns im Dezember noch treffen?
a) ▨ Ja sicher. Wann geht es bei Ihnen?
b) ▨ Prima, um zwölf geht es.
c) ▨ Morgen habe ich leider keine Zeit.

2. Wann geht es bei Ihnen?
a) ▨ Am ersten Vierten kann ich nicht.
b) ▨ In der Kantine.
c) ▨ Um 15 Uhr.

3. Wir müssen den Termin verschieben.
a) ▨ Nein, da kann ich nicht.
b) ▨ Tut mir leid, da habe ich schon einen Termin.
c) ▨ Ja, okay. Wann passt es bei Ihnen?

4. Am Dienstag um 10 Uhr geht es bei mir.
a) ▨ Ja, um 12 Uhr passt es mir gut.
b) ▨ Da kann ich leider nicht. Geht es bei Ihnen auch am Mittwoch?
c) ▨ Gut, dann bis Montag.

10 **Einige Feiertage in Deutschland, Österreich und der Schweiz**

Feiertage in (D), (A) und (CH)					
	Karfreitag	Ostermontag	Himmelfahrt / Auffahrt	Pfingstmontag	nationale Feiertage
					Tag der deutschen Einheit: 03. 10.
2005	25. 03.	28. 03.	05. 05.	16. 05.	
2006	14. 04.	17. 04.	25. 05.	05. 06.	**Nationalfeiertag Österreich:** 26. 10.
2007	06. 04.	09. 04.	17. 05.	28. 05.	
2008	21. 03.	24. 03.	01. 05.	12. 05.	**Nationalfeiertag Schweiz:** 01. 08.

a) **Ordnungszahlen trainieren. Ergänzen Sie: Wann ist ...**

1. ... Ostermontag 2007? *Am neunten Vierten.*

2. ... der Tag der deutschen Einheit 2008? ....

3. ... Himmelfahrt 2005? ....

4. ... Karfreitag 2008? ....

5. ... Pfingstmontag 2006? ....

b) **Welche Feiertage gibt es in Ihrem Land?**

....

....

Das kann ich auf Deutsch

sagen, wo Leute wohnen und arbeiten

Ich wohne in Leipzig.
Ich arbeite bei Aldi / bei der Volkszeitung / in einer Bank.

sagen, wie Leute zur Arbeit kommen

Ich fahre mit dem Auto / mit der Straßenbahn. / Ich gehe zu Fuß.

mich in einem Haus orientieren

■ Entschuldigung, wo ist bitte das Sekretariat?   ◆ In der dritten Etage links!

Termine machen, Zeitangaben verstehen

■ Können wir uns am 23.10.   ◆ Ja, das geht.
um 14 Uhr treffen?   ◆ Nein, da habe ich leider schon einen Termin.

Wortfelder

Büro

der Schreibtisch, das Regal, die Papiere ...

Verkehrsmittel

der Bus, das Rad, die Straßenbahn ...

Grammatik

Präpositionen *in, neben, unter, auf, vor, hinter, an, zwischen, bei* + **Dativ**

Die Bücher sind **im Regal**. / Der Schrank steht **neben einer Tür**.
Der Computer steht **unter dem Schreibtisch**. / Die Tasche steht **auf einem Stuhl**.
Der Kuli liegt **vor der Tasse**. / Die Brille liegt **hinter der Vase**.
Das Foto ist **an der Wand**. / Die Zeitung liegt **zwischen den Büchern**.
Sie arbeitet **bei der Zeitung**.

Ordnungszahlen

der **erste** Eingang / das **zweite** Büro / die **dritte** Tür
der vierundzwanzigste Zwölfte (24. 12.) / **am** vierundzwanzigst**en** Zwölften

Aussprache

Konsonanten *f, v, w*

zu Fuß, der Verlag, die Werbung, das Video ...

🎧 Laut lesen und lernen

1.78

Arbeitest du bei der Zeitung?
Gehst du zu Fuß oder fährst du mit dem Bus?
Geht es bei Ihnen auch am Mittwoch?

■ Können Sie auch am 17.8.?
◆ Tut mir leid, da hab' ich schon
einen Termin.

1 Was machen Sie beruflich?

1 **Berufe.** Ordnen Sie die Fotos zu.

1. ☐ der Bankangestellte   5. ☐ die Kellnerin
2. ☐ der Automechaniker   6. ☐ die Taxifahrerin
3. ☐ der Programmierer   7. ☐ die Krankenschwester
4. ☐ die Sekretärin   8. ☐ der Bäcker

2 **Fünf Interviews.** Welche Berufe haben die Leute?

2.1   Ü 1   Hören Sie und ordnen Sie die Fotos den Namen zu.

1. ☐ Sascha Romanov ist …
2. ☐ Dr. Michael Götte arbeitet als …
3. ☐ Sabine Reimann ist … von Beruf.
4. ☐ Stefanie Jankowski …
5. ☐ Jana Hartmann …

> Sascha Romanov ist Bäcker.

Hier lernen Sie

▸ über Berufe sprechen
▸ Tagesabläufe und Tätigkeiten beschreiben
▸ jemanden vorstellen (im Beruf)
▸ Modalverben *müssen, können* (Satzklammer)
▸ Possessivartikel und *kein* im Akkusativ
▸ eine Statistik auswerten
▸ Konsonanten: *n, ng* und *nk*

3 Und Sie?
Fragen und
antworten
Sie im Kurs.

Redemittel

nach dem Beruf fragen	seinen Beruf nennen
Was sind Sie von Beruf?	Ich bin ...
Was machen Sie beruflich?	Ich bin ... von Beruf.
Was machst du beruflich?	Ich arbeite als ...
Was ist dein Beruf?	
Und was machst du?	

4 Was man im Beruf hört.
Lesen Sie laut. Achten Sie
auf *ng* und *nk*.

2.2 Ü2

Frau Reimann, bringen Sie bitte die Basler Zeitung.

Bringen Sie bitte das Geld auf die Bank.

Bringen Sie mich bitte zur Commerzbank.

Sind die Videos im Schrank?

Bringen Sie bitte die Rechnung.

Hängen Sie bitte das Bild an die Wand.

2 Berufe und Tätigkeiten

26.1 Ü3

1 Berufsbezeichnungen. Ergänzen Sie. Wie ist die Regel?

👤 👤

der *Lehrer* .... die ....

der .... die *Taxifahrerin* ....

der .... die *Studentin* ....

Regel Feminine Berufsbezeichnungen haben meistens die Endung ....

> **Minimemo**
>
> **Lernen Sie:**
> der Bankangestellte – die Bankangestellte
> der Krankenpfleger – die Krankenschwester
> der Hausmann – die Hausfrau
> der Arzt – die Ärztin

2 Berufe, Tätigkeiten, Orte. Was Leute tun.

Ordnen Sie zu, ergänzen Sie die feminine Form und berichten Sie.

b repariert Autos — an einer Schule
unterrichtet Schüler/innen — im Krankenhaus
verkauft Schuhe — in einer Werkstatt
schneidet Haare — im Schuhgeschäft
schreibt Computerprogramme — im Büro
untersucht Patienten — im Frisörsalon

> *Ein Automechaniker / Eine Automechanikerin repariert Autos in einer Werkstatt.*

Plural — jemand

Lehrer *der;* -s, -; j-d, der an einer Schule Schüler/innen unterrichtet
a

Mechaniker *der;* -s,-; j-d, der beruflich Maschinen repariert / **Auto-**
b

Verkäufer *der;* -s, -; j-d, der beruflich Dinge verkauft / **Auto-, Möbel-, Schuh-**
c

Frisör *der;* -s, ; -e, j-d, der Haare schneidet / **-salon**
d

Arzt *der;* -es, Ärzte; j-d, der Patienten untersucht / **-praxis**
e

Programmierer *der;* -s, -; j-d, der beruflich Programme für Computer schreibt
f

3 Visitenkarten

Ü 4

a) Lesen Sie die Visitenkarten.
   Welche Informationen finden Sie?

Die Firma.

Cornelsen

DR. GUNTHER WEIMANN

Projektleiter Erwachsenenbildung | Cornelsen Verlag
Redaktion Romanische Sprach
Deutsch als Fremdsprache
Mecklenburgische Straße 53
14197 Berlin
Tel.: +49-(0)30 8 97 58-126
Fax: +49-(0)30 8 97 58-732
E-mail: wm@cornelsen.de

SIEMENS
mobile

Petra Winkler
Kundenberaterin Süd

**Siemens
Mobiltelefone**

Tel.: +49 89 688-00
Mobil: 0172 766543

Wittelsbacherplatz 2
D-80333 München

Fax.: +49 89 688-1011
petra.winkler@siemens.de

b) Sie haben keine Visitenkarte?
   Dann schreiben Sie eine!

Efes-Soft
Software und Systeme

Muhammad Al Thani · Programmierer

Herrenstraße 67 · D-76133 Karlsruhe
Tel.: 0721 / 913 77 86 · Fax: 0721 / 913 77 90
E-Mail: info@efessoft.de

c) **Spiel: Visitenkarten übergeben.**

Tauschen Sie die Visitenkarten mit Ihren
Lernpartnern. Stellen Sie sich vor (Name
und Beruf) und übergeben Sie die Karten.

Guten Tag, mein Name ist Muhammad
Al Thani. Ich bin Programmierer bei Efes-Soft
in Karlsruhe. Hier ist meine Karte.

4 Visitenkarten interkulturell. Vergleichen Sie.

5 Lesen Sie laut.
Achten Sie
besonders auf
ng.

2.3

Renger & Bonge GmbH

Inge Langer
Sanitär und Heizungen

Bad-Salzunger-Straße 48, 55411 Bingen

Ranke & Menke KG

FRANK HENKEL
Software-Lösungen

Anke-Heldrung-Straße 17 b
34127 Kaufungen

3 Neue Berufe

1 Lesen Sie den Text. Welche Aussagen sind richtig?

Susan Hein, 37 Jahre,
Callcenter-Agentin

Ich arbeite im Lufthansa-Callcenter in Kassel. Ich muss beruflich viel telefonieren. Ich kann Englisch und Spanisch sprechen, also bekomme ich die Anrufe aus Großbritannien, Spanien, Südamerika und den USA. Meine Kolleginnen und ich sitzen zusammen in einem Büro. Wir
5 beraten unsere Kunden am Telefon, informieren sie über Flugzeiten und reservieren Flugtickets. Wir müssen am Telefon immer freundlich sein, das ist nicht leicht. Unsere Arbeitszeit ist flexibel, aber wir müssen manchmal auch am Wochenende arbeiten. Ich habe dann wenig Zeit für meine Familie. Meine Tochter ist leider keine Hilfe im Haushalt –
10 sie kann stundenlang telefonieren, aber sie kann nicht kochen!

1. Susan Hein spricht zwei Fremdsprachen.
2. Sie arbeitet allein im Büro.
3. Susan Hein informiert die Kunden über die Flugzeiten.
4. Die Arbeitszeit ist flexibel.
5. Susan Hein arbeitet am Wochenende nicht.
6. Ihre Tochter telefoniert lange.

1: Das stimmt. Sie spricht ...

2 Lesen Sie den Text. Sammeln Sie die Informationen aus beiden Texten
Ü5 in einer Tabelle.

Ich arbeite in einem Fitness-Studio in Bochum. Mein Beruf ist sehr interessant. Ich bin Trainer und leite jeden Dienstag und Donnerstag einen Aerobic-Kurs. Ich kontrolliere die Sportgeräte und berate unsere Mitglieder. Ich schreibe einen Plan für die Sportkurse oder organi-
5 siere auch mal eine Party. Meine Arbeitszeit ist von 10 bis 20 Uhr mit zwei Stunden Mittagspause. Ich arbeite auch oft am Samstag, aber am Sonntag muss ich nicht arbeiten. Ich mag meinen Beruf, aber ich kann meine Freundin nicht oft treffen. Sie ist auch Aerobic-Trainerin. Im nächsten Jahr arbeiten wir zusammen als Animateure in einem Sport-
10 club in Spanien. Das ist unsere Chance! Wir können dort zusammen das Showprogramm organisieren und unsere Sportkurse planen.

Jan Jacobsen, 26 Jahre,
Sport- und Fitnesskaufmann

	Jan Jacobsen	Susan Hein
Was? (Beruf und Tätigkeiten)	*einen Aerobic-Kurs leiten,*	
Wo? (Arbeitsort)		
Wann? (Arbeitszeit)		
Plan im nächsten Jahr?		✓

3 **Berufe und Tätigkeiten. Was passt? Sammeln Sie.**

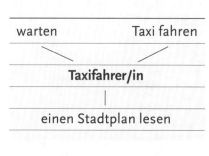

warten	Taxi fahren
	Taxifahrer/in
einen Stadtplan lesen	

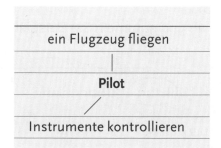

ein Flugzeug fliegen
Pilot
Instrumente kontrollieren

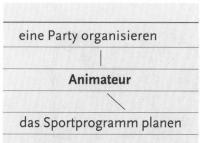

eine Party organisieren
Animateur
das Sportprogramm planen

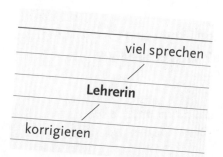

viel sprechen
Lehrerin
korrigieren

4 **Mein Traumberuf. Was ist wichtig für Sie? Schreiben Sie drei Aussagen und lesen Sie vor. Hier sind Ideen.**

Ü 6-7

Ich kann (oft)
Ich muss nie

- im Büro / in der Fabrik / zu Hause arbeiten.
- mit Kindern / mit Tieren arbeiten.
- viele Leute treffen.
- spät/früh anfangen.
- Menschen helfen.
- am Computer arbeiten.
- mit den Händen arbeiten.
- telefonieren.
- E-Mails schreiben.
- viel Geld verdienen.
- in andere Länder fahren.
- um sechs Uhr aufstehen.
- mit Kolleginnen und Kollegen zusammenarbeiten.
- allein arbeiten.
- bis 22 Uhr arbeiten.
- ...

Ich kann viele Leute treffen.
Ich kann oft mit den Händen arbeiten.
Ich muss nie allein arbeiten.

Mein Traumberuf ist Verkäufer!

Agentur für Arbeit

Der kompetente Partner für Arbeit und Beruf

Landeskunde

Die Arbeitslosigkeit ist ein Problem in Deutschland. Im Juli 2004 waren 4,36 Mio. Menschen arbeitslos (10,5 %). Arbeitslos ist in Deutschland, wer keine Arbeit hat, eine Arbeit sucht und sich bei der Arbeitsagentur arbeitslos meldet. Die Arbeitsagentur hilft bei der Suche nach Arbeit und bei der Orientierung auf dem Arbeitsmarkt. Für eine bestimmte Zeit bekommen Arbeitslose Geld von der Arbeitsagentur.

4 Satzklammer

20.2

1 Sehen Sie die Sätze an und sammeln Sie Beispiele auf Seite 116.

Ü 8

Modalverb   Verb (Infinitiv)

können   Sie   (kann)   stundenlang   (telefonieren).

müssen   Am Sonntag   (muss)   ich nicht   (arbeiten).

2 Tagesablauf von Paula und Frank Rausch.
Was tut Paula? Was tut Frank?
Schreiben Sie.

18   Ü 9

> Um 6.15 Uhr muss Paula aufstehen.
> Von 7.30 bis 12 Uhr arbeitet sie am ...

Paula Rausch, 35, Programmiererin	**Frank Rausch, 36, Lehrer, hat Ferien**
um 6.15 Uhr / Paula / muss / aufstehen	Frank / **bis** 7 Uhr / schlafen / kann
mit dem Bus zur Arbeit / fahren / sie / muss / um 7.15 Uhr	seinen Sohn in den Kindergarten / bringen / er / um 8.30 Uhr / muss
von 7.30 **bis** 12 Uhr / am Computer arbeiten / sie	das Auto in die Werkstatt / bringen / er / um 12.30 Uhr
um 16.30 Uhr / abholen / sie / muss / ihren Sohn vom Kindergarten	von 17.00 bis 18.30 Uhr / zum Fußballtraining / er / gehen
Paula / das Abendessen / machen / um 18.30 Uhr	seinen Sohn / um 19 Uhr / ins Bett / bringen / er

Paula und Frank / können von 20 bis 22 Uhr / fernsehen

3 Und Ihr Tagesablauf?
Fragen und antworten
Sie im Kurs.

> Wann musst du zur Arbeit fahren?

> Was machen Sie um 14 Uhr?

> Wann stehst du auf?

> Was machst Du am Abend?

4 Am Wochenende. Was machen Sie am Sonntag? Schreiben Sie.

Ich-Texte schreiben

Am Sonntag stehe ich um ... Uhr auf.
Ich muss (nicht) ...

...

5 Artikelwörter im Akkusativ

1 a) Lesen Sie die Tabelle. Markieren Sie die Artikelwörter im Akkusativ in den Texten von 3.1 und 3.2.

Ich mag meinen Chef!

Grammatik

Akkusativ

der	den	(k)einen	meinen	unseren	Brief
das	das	(k)ein	mein	unser	Büro
die	die	(k)eine	meine	unsere	Arbeit
(Pl.) die	die	keine	meine	unsere	Computer

interessant. Ich bin Trainer und leite jeden Dienstag und Donnerstag einen Aerobic-Kurs. Ich kontrolliere die Sportgeräte und berate unsere Mitglieder. Ich schreibe einen Plan für die Sportkurse oder organisiere auch mal eine Party. Meine Arbeitszeit ist von 10 bis

b) Ergänzen Sie die Regel.

Regel Akkusativendung im Maskulinum Singular ist immer ....

2 **Possessivartikel im Akkusativ.** Machen Sie Aussagen über sich und andere.

Ich	lesen	mein/e/en	Buch/E-Mail(s).
Wir	brauchen	unser/e/en	Tee/Kaffee.
Mein Bruder	kennen/suchen	ihr/e/en	Chef.
Meine Freundin	haben/trinken	sein/e/en	Auto.
...			Brille.
			Computer.
			...

Ich habe keinen Chef.

3 **Spiel: Koffer packen**

- Ich packe meinen Koffer. Ich packe mein Buch ein.
- Ich packe meinen Koffer. Ich packe mein Buch und meine Brille ein.
- Ich packe meinen Koffer. Ich packe mein Buch, meine Brille und meinen ...

4 **Mögen Sie Ihre Arbeit?** Sprechen Sie über die Statistik im Kurs.
Ü 10–11

	USA	Kanada	Israel	Australien	Großbritannien	Deutschland	Japan
ich liebe meine Arbeit	30	24	20	18	17	12	9
es ist nur ein Job	54	60	65	63	63	70	72
ich hasse meine Arbeit	16	16	15	19	20	18	19

Angaben in Prozent

30 von 100 Berufstätigen in den USA sagen: Ich liebe meine Arbeit.

Zwölf von 100 Berufstätigen in Deutschland lieben ihre Arbeit, 70 von 100 sagen: Es ist nur ein Job.

Übungen 7

1 Was sind die Leute von Beruf? Hören Sie die Aussagen.

2.4

Aussage Nr.

a) der Bankangestellte ▪

b) die Studentin ▪

c) der Arzt ▪

d) der Verlagskaufmann ▪

e) die Redakteurin ▪

2 Hören und ergänzen Sie *nk* oder *ng*.

2.5

▪ Welche Kra..........enkasse haben Sie bitte?

◆ Die AOK.

▪ Da..........e.

▪ Was sind Sie von Beruf?

◆ Ich arbeite bei der Allgemeinen Zeitu.......... .

▪ Wo ist die Kantine, bitte?

◆ Gleich hier li..........s .

Frau Schmidt, legen Sie bitte die Papiere in den Schra..........!

▪ Der Chef aus der Marketi..........abteilu..........spricht sehr gut E..........lisch.

◆ Ja, er war la..........e in E..........land.

3 Berufe. Ergänzen Sie die Tabelle.

👤	👤
der Lehrer	die Lehrerin
der Angestellte	....
der Verkäufer	....
....	die Frisörin
der Arzt	....
....	die Programmiererin
....	die Pilotin
der Redakteur	....
....	die Hausfrau
....	die Mechanikerin
....	die Krankenschwester

4 **Visitenkarten.** Welche Informationen finden Sie? Ergänzen Sie.

die Adresse – der Arbeitsplatz – die E-Mail-Adresse – die Faxnummer –
der Name – der Beruf – die Telefonnummer – ~~der Titel~~

.... ——

der Titel
....

....

Städtische Kliniken Jena
Allgemeinmedizin

....

Dr. med. Matthias Roth
Chefarzt ——

Eichplatz 32–34
07743 Jena ——————
.... —— Tel.   036 41 / 123-65 44-0
.... —— Fax   036 41 / 123-65 44-1——
.... —— E-Mail roth@klinikenjena.de

5 Was gehört zusammen? Verbinden Sie die Nomen mit den Verben.
Es gibt mehrere Möglichkeiten. Vergleichen Sie mit den Texten auf Seite 116.

Mitglieder – Flugtickets – Kurse – Sportgeräte – eine Party – die Freundin –
ein Showprogramm – Kunden

beraten – informieren – reservieren – leiten – kontrollieren – organisieren –
planen – treffen

Mitglieder beraten ....

....

....

....

....

....

....

....

....

....

....

6 Ergänzen Sie *müssen* oder *können*.

Ich bin Trainer in einem Fitness-Studio. Das ist mein Traumberuf.

Da .... ich morgens lange schlafen, denn meine

Arbeit beginnt erst um zehn Uhr. Ich .... die Sportgeräte

kontrollieren und den Plan für die Sportkurse schreiben. Am Samstag

.... ich auch arbeiten, aber am Sonntag und Montag

habe ich frei. Am Sonntag .... ich meine Freundin

treffen. Leider .... sie am Montag arbeiten.

Wir .... uns nicht oft sehen. Nächstes Jahr arbeiten wir

zusammen in Spanien. Wir .... dort auch viel privat

zusammen machen.

7 **Arbeit, Arbeit, Arbeit.** Wie heißen die Wörter? Schreiben Sie auch die Artikel.

~~agentur~~ – anweisung – losigkeit – markt – platz – zimmer – zeit

die Arbeitsagentur ....

....

....

Arbeits + ...

....

....

....

8 Notieren Sie die Sätze wie im Beispiel.

1. ~~kann – nicht – ich – bis – 19 Uhr – arbeiten – morgen~~

2. in andere Länder – kann – fliegen – eine Pilotin

3. haben? – einen Termin – kann – ich

4. musst – wann – am Montag – du – arbeiten?

5. gehen? – kann – früher – ich – heute

6. eine Sekretärin – schreiben – E-Mails – viele – muss

(...........) .... (...........)?

Morgen .... (kann) ich nicht bis 19 Uhr .... (arbeiten) .

.... (................) (................) .

.... (................) (................)?

(................) .... (................)?

.... (................) (................) .

9 Neue Berufe. Hören Sie den Text. Ergänzen Sie die Verben.

2.6

1. Ich .... im Lufthansa-Callcenter in Kassel.

2. Ich .... beruflich viel telefonieren.

3. Ich .... Deutsch, Englisch und Spanisch.

4. Ich .... die Telefonanrufe aus Großbritannien, Spanien, Südamerika und den USA.

5. Meine Kolleginnen und ich .... unsere Kunden und

.... sie über Flugzeiten.

6. Wir .... auch Flugtickets am Telefon.

7. Wir .... am Telefon immer freundlich sein.

8. Manchmal .... wir auch am Wochenende arbeiten.

9. Meine Tochter .... nicht kochen.

10 Lieblingsberufe. Lesen Sie den Text und die Grafik und notieren Sie die Berufe.

In Deutschland ist der Lieblingsberuf von Frauen Kauffrau. An zweiter Stelle steht bei Frauen Arzthelferin. Dann kommt Frisörin. Der Traumberuf von Männern ist Automechaniker. Viele junge Männer möchten auch Kaufmann werden. An dritter Stelle steht Elektriker.

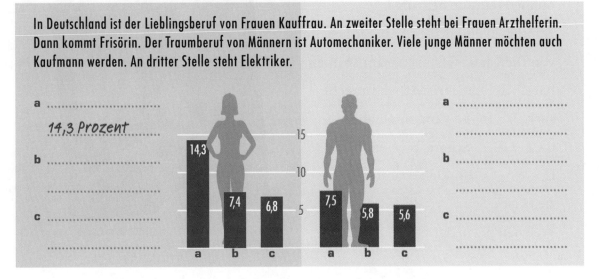

a ....

14,3 Prozent ....

b ....

....

c ....

....

a ....

....

b ....

....

c ....

....

11 **Berufe raten.** Setzen Sie die Artikelwörter im Nominativ oder Akkusativ ein.

1.

Meine Arbeitszeit ist flexibel. Ich arbeite in einem Büro mit anderen Kollegen. D................... Büro ist sehr groß. Ich habe e................... Schreibtisch mit einem Computer und einem Telefon. M................... Telefon ist sehr wichtig. Jetzt schreibe ich gerade e................... Text. Morgen können Sie m................... Text in der Zeitung lesen.

Welchen Beruf hat er? ....

2.

Das ist Petra May. Bei ihrer Arbeit braucht sie auch e................... Computer und e................... großen Schreibtisch. Sie schreibt Computerprogramme. D................... Telefon ist wichtig für sie. Sie muss i................... Kunden oft anrufen. Sie arbeitet allein im Büro.

Welchen Beruf hat sie? ....

3.

Meine Freundin begrüßt i................... Kunden in einem Geschäft. Sie arbeitet von Dienstag bis Samstag, am Montag hat sie frei. Bei ihrer Arbeit braucht sie k................... Computer, aber e................... Schere. Sie berät i................... Kunden. Dann schneidet sie Haare.

Welchen Beruf hat sie? ....

Das kann ich auf Deutsch

nach dem Beruf fragen

- Was sind Sie von Beruf? /
- Was machst du beruflich?

meinen Beruf nennen

- Ich bin Lehrerin/Pilot/Automechaniker von Beruf.
- Ich arbeite als Taxifahrerin/Kellner/Sekretärin.

mich vorstellen und die Visitenkarte übergeben

Guten Tag, mein Name ist Muhammad al Thani. Ich bin Programmierer bei Efes-Soft in Karlsruhe. Hier ist meine Karte.

sagen, was Leute tun

Ein Automechaniker / eine Automechanikerin repariert Autos in einer Werkstatt. Der Verkäufer / die Verkäuferin verkauft Schuhe im Schuhgeschäft.

Wortfelder

Berufe   Programmierer/in, Arzt/Ärztin, Krankenpfleger/Krankenschwester, Kaufmann/Kauffrau, Frisör/in ...

Tätigkeiten   informieren, telefonieren, organisieren, planen, reparieren, verkaufen, untersuchen, Haare schneiden ...

Orte   in einer Werkstatt, im Krankenhaus, im Callcenter, im Fitness-Studio, im Büro ...

Grammatik

Modalverben *können, müssen*

Satzklammer Modalverb + Verb (Infinitiv)
Um 16 Uhr **muss** ich meinen Sohn vom Kindergarten **abholen**. / Ich **muss** beruflich oft **telefonieren**.
Wir **können** um zwölf Uhr in der Kantine **essen**. / Er **kann** bis neun Uhr **schlafen**.

Possessivartikel im Akkusativ

Ich mag **meinen** Chef. / Dirk hasst **seinen** Computer. / Silke sucht **ihre** Brille.

Aussprache

Konsonanten *n, ng, nk*

Bringen Sie bitte die Rechnung! / Die Bücher stehen im Schrank.

Laut lesen und lernen

2.7

Ich muss um acht im Büro sein. / Ich habe keine Zeit. / Ich muss gleich weg!

8 Berlin sehen

1 Mit der Linie 100 durch Berlin

1 **Berlin.** Welche Fotos, welche Namen kennen Sie?

die Humboldt-Universität

das Sony Center auf dem
Potsdamer Platz

das Bundeskanzleramt

der Reichstag

2 **Die Berlin-Exkursion.** Lesen Sie den Text und den Busplan.
– Was wollen die Studenten machen?
– Zu welchen Fotos gibt es eine Haltestelle?

Die Berlin-Exkursion hat Tradition. Jedes Jahr fahren
Studenten aus Jena nach Berlin. Im Programm ist
immer ein Spaziergang durch das Regierungsviertel.
Die Studenten wollen das Parlament besichtigen, über
einen Flohmarkt bummeln, und am Abend wollen sie
ins Theater gehen. Ein Hit ist die Fahrt mit dem Bus
Linie 100. Man kann mit dem Bus vom Bahnhof Zoo
bis Alexanderplatz fahren. Viele Sehenswürdigkeiten liegen an der Linie 100.
Eine Stadtrundfahrt mit der Linie 100 ist billig. Aber der Bus ist oft sehr voll.
Besonders beliebt ist die erste Reihe oben. Hier kann man gut fotografieren.

BUS 100

Hertzallee 1 · S + U Zoologischer Garten DB 3 · Hardenbergstr. 5 · Breitscheidplatz 6 · Bayreuther Str. 8 · Schillstr. 9 · Lützowplatz 11 · Nord. Botschaften / Adenauer-Stiftg. 13 · Großer Stern 14 · Schloss Bellevue 16 · Haus der Kulturen der Welt 17 · Platz der Republik 19 · Reichstag/Bundestag 22 · S Unter den Linden 24 · Unter den Linden / Friedrichstr. 25 · Staatsoper 25 · Lustgarten 26 · Spandauer Str. 28 · S + U Alexanderplatz 30 · Memhardstr. 32 · S + U Alexanderplatz · durchschnittliche Fahrtzeit

Hier lernen Sie

▶ Berliner Sehenswürdigkeiten kennen
▶ nach dem Weg fragen, den Weg beschreiben
▶ von einer Reise erzählen
▶ eine Postkarte schreiben
▶ Präpositionen *in, durch, über* + Akkusativ; *zu, an ... vorbei* + Dativ
▶ das Modalverb *wollen*
▶ Konsonanten: *r* und *l*

die Staatsoper Unter den Linden

das Haus der Kulturen der Welt

der Fernsehturm am Alexanderplatz

Pariser Platz   Unter den Linden

3 Herr Bettermann leitet die Exkursion und erklärt die Route.
Hören Sie und nummerieren Sie die Sehenswürdigkeiten.

... rechts –
die russische
Botschaft ...

▢ das Brandenburger Tor **1** das Schloss Bellevue ▢ das Bundeskanzleramt

▢ der Reichstag ▢ die Friedrichstraße ▢ die Humboldt-Universität

▢ der Berliner Dom ▢ die Staatsoper ▢ die Alte Nationalgalerie

▢ der Potsdamer Platz ▢ der Fernsehturm ▢ das Sony Center

Das Exkursionsprogramm
26. Juni

8.30 Uhr	Abfahrt Busbahnhof Jena
14.00 Uhr	Ankunft Berlin Comfort-Hotel Lichtenberg
15.30 Uhr	Abfahrt zum Deutschen Theater, am Gendarmenmarkt Karten kaufen
bis 19.00 Uhr	frei, Stadtbummel, z. B. Friedrichstraße, Unter den Linden
19.30 Uhr	Theaterbesuch

4 Wortfeld Großstadt. **Sammeln Sie.**
Ü 1-2

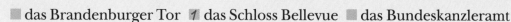

Hotel

Großstadt

2 Orientierung systematisch

 1

2.9

Der Nachmittag ist frei, Nadine und Steffi wollen einkaufen und suchen die Friedrichstraße. Sie sind am Brandenburger Tor. Sie müssen fragen.

a) Hören Sie die drei Dialoge.

b) Finden Sie den Weg in Dialog 3 auf der Karte.

c) Üben Sie die Dialoge mit Ihrer Partnerin / Ihrem Partner.

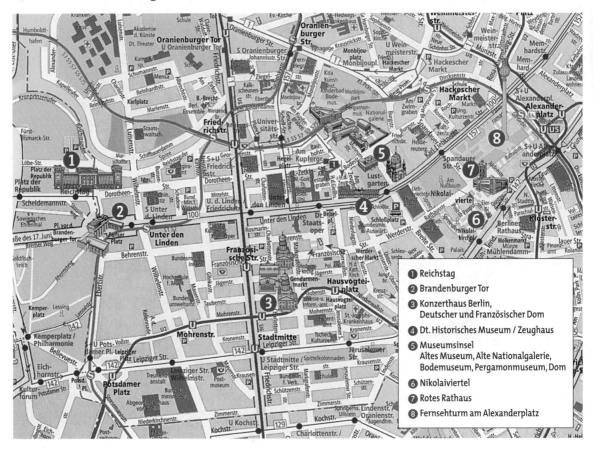

❶ Reichstag
❷ Brandenburger Tor
❸ Konzerthaus Berlin,
  Deutscher und Französischer Dom
❹ Dt. Historisches Museum / Zeughaus
❺ Museumsinsel
  Altes Museum, Alte Nationalgalerie,
  Bodemuseum, Pergamonmuseum, Dom
❻ Nikolaiviertel
❼ Rotes Rathaus
❽ Fernsehturm am Alexanderplatz

Dialog 1

■ Entschuldigung,
 wo geht's hier zur
 Friedrichstraße?
◆ Ich weiß nicht. Ich glaube, das ist ziemlich weit.
 Nehmen Sie den Bus.

Dialog 2

■ Entschuldigung. Wir
 wollen zur Friedrichstraße. Können Sie uns
 helfen?
◆ Oh, keine Ahnung, ich
 bin auch Tourist.

Dialog 3

■ Entschuldigung. Wo
 ist bitte die Friedrichstraße?
◆ Die Friedrichstraße?
 Das ist ganz einfach.
 Gehen Sie hier geradeaus durch das Brandenburger Tor, Unter den
 Linden entlang, und
 dann die dritte Querstraße, das ist die
 Friedrichstraße.
■ Vielen Dank.

 2

2.10

Hören Sie die zwei Dialoge und sehen Sie die Karte an.

Zeichnen Sie ein: Wo sind die Touristen? Wohin gehen sie?

3 Aussprache *r* wie *Reichstag* oder *r* wie *Fernsehturm*?
Hören Sie die Wörter und ordnen Sie sie zu.

r kann man hören	*r* kann man nicht hören
Reichstag	Fernsehturm

4 Aussprache *r* am Silbenende. Hören Sie und sprechen Sie nach.

hier – zur – Wo geht's hier zur Friedrichstraße?
hier – hier geradeaus – Gehen Sie hier geradeaus
das Brandenburger Tor – durch das Brandenburger Tor
die Querstraße – die zweite Querstraße – und dann die zweite Querstraße

5 Wegbeschreibung. Machen Sie ein Lernplakat mit Orten in Ihrer Stadt
Ü 3–5 und beschreiben Sie es.

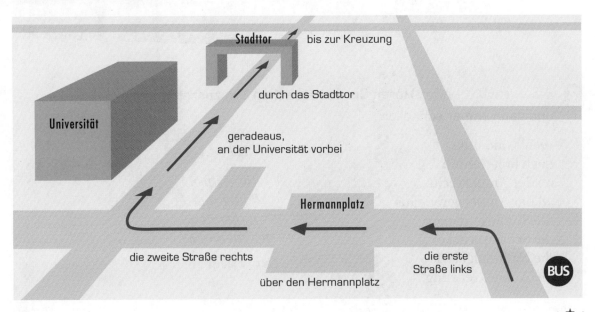

so kann man fragen		
	wir suchen	einen Flohmarkt / ein Café / eine Bank.
Entschuldigung,	wo ist	die Friedrichstraße? / der Reichstag?
	wie komme ich wo geht es	zum Alexanderplatz? / zur Schlossbrücke?
so kann man antworten		
Zuerst	gehen Sie hier	rechts/links; bis zur Kreuzung / zur Ampel. geradeaus die ... Straße entlang.
Dann		die erste/zweite/... Straße links/rechts.
Danach		links, an der/dem ... vorbei. Dann sehen Sie den/das/die ...

Redemittel

6 Nach dem Weg fragen. Dialoge üben.

2.13 Ü 6

a) Hören Sie die Dialoge 1 und 2 und lesen Sie die Notizen.

b) Hören Sie Dialog 3 und notieren Sie.

1. Zur Nationalgalerie?

Links durch den Garten, dann rechts die Burg-straße entlang bis zur Nationalgalerie.

2. Zum U-Bahnhof Friedrichstraße?

An der Universität vorbei, geradeaus über den Hegel-platz. An der ersten Ampel links.

3. Zur Humboldt-Universität?

Erst .... An der Ampel

.... Dann .... den

Bebelplatz und dann ....

 7 Aussprache *l* und *r*. Hören Sie und sprechen Sie, zuerst langsam

2.14 und dann immer schneller.

rechts und links
nach links fahren
an der Ampel rechts
an der Ampel geradeaus
die Straße entlang
die Schlossbrücke
die Nationalgalerie
die Ampelkreuzung

> *LICHTUNG*
>
> *manche meinen,*
> *lechts und rinks*
> *kann man nicht velwechsern,*
> *werch ein illtum*
>
> ernst jandl

8 Tourismus-Wortschatz systematisch. Sammeln Sie.

Ü 7–8

was Touristen sehen	was Touristen tun	was Touristen brauchen
die Kirche	besichtigen	eine Kamera
die Oper	suchen	den Bus
	einkaufen	eine Bank

9 Touristen in Ihrer Stadt.

Planen und spielen Sie die Dialoge.

Was besichtigen sie?
Wie fragen sie?

 Tourist-Information
Rathausplatz 3 · Neues Rathaus
Mo–Fr 8:30 –18 Uhr, Okt bis 17 Uhr
Sa, So, Feiertage 9–16 Uhr

3 Wohin gehen die Touristen?

1 **Wohin gehen die Touristen?** Lesen Sie die Tabelle und ergänzen Sie die Bildunterschriften.

Grammatik

in, durch, über **+ Akkusativ**

Die Touristen	gehen	in	den Park.
			das Museum.
			die Galerie.
Sie	laufen	durch	den Park.
			das Stadttor.
			die Fußgängerzone.
Sie	gehen	über	den Marktplatz.
			das Messegelände.
			die Schlossbrücke.

Minimemo

in das = **ins**
zu dem = **zum**
zu der = **zur**
an dem = **am**

zu, an ... vorbei **+ Dativ**

Sie	fahren	zum	Stadion.	
			Zoo.	
			Bahnhof.	
Sie	gehen	zur	Touristeninformation.	
			Schlossbrücke.	
Sie	fahren	an der	Universität	vorbei.
		am	Bahnhof	

Die Touristen gehen ...

ins ....

2 **Orientierungsspiel.**
Spielen Sie im Kurs.

Wie komme ich zur Sprachschule?

Die erste rechts, am Museum vorbei und dann wieder rechts.

3 **Mit einem Stadtplan üben.** Markieren Sie Start und Ziel. Spielen Sie die Dialoge.

Ü 9

Entschuldigung, wie komme ich zum Bahnhof?

zum Marktplatz – zur Goethestraße –
zum Theater – zum Schwimmbad ...

4 Die Exkursion

1 Zwei Interviews. Gute Tipps zu Berlin.

Ü 10 Lesen Sie die Texte und tragen Sie ein.
Wer ist wer?

Tanja Cherbatova

Tanja findet Berlin super. Die Exkursion
hat ihr Spaß gemacht, der Flohmarkt, die
Disko, der Potsdamer Platz. „Berlin ist
sehr modern", sagt sie. Das gefällt ihr. In
der Gruppe war eine tolle Atmosphäre.
Das ist auch gut für das Studium. Man
lernt die anderen Studenten gut kennen.
Tanja sagt, dass sie leider keine Berliner
kennt. Sie möchte bald wieder nach Berlin fahren.

Marcel Schreiber

Marcel findet die Berlin-Exkursion
auch toll, aber zu kurz. Man braucht
mehr Zeit für die Stadt. Er will wieder
nach Berlin fahren. Er interessiert sich
für Architektur. Modern, klassisch, alt,
neu – hier gibt es alles. Er hat ein Fahrrad gemietet und war abends unterwegs.
Marcel hat 200 Fotos gemacht.

M besichtigt gern Häuser. ▢ mag besonders das moderne Berlin.
▢ findet eine Exkursion für die Gruppe gut. ▢ ist sportlich und gern unterwegs.
▢ hat viel fotografiert. ▢ mag Musik und Diskos.

2 Postkarten

Ü 11

a) Lesen Sie die Karte und vergleichen Sie mit dem Programm.
Welcher Tag ist das?

Hallo Carla,
Berlin ist cool. Wir haben
heute eine Stadtrundfahrt
gemacht. Dann haben wir
den Reichstag besucht und
das Brandenburger Tor
besichtigt, dann waren wir
auf der Museumsinsel.
Und abends haben wir im
Club 21 gefeiert.
Und du warst nicht hier!
Schade!
        Liebe Grüße
            Dein Marcel

Carla Schmidt
Neugasse 22
07740 Jena

b) Schreiben Sie eine Postkarte an einen Freund, eine Freundin.
Die Informationen finden Sie im Programm.

Liebe(r) .... ,

Schöne Grüße aus Berlin! Heute haben

wir eine .... gemacht und

dann die .... besucht. Es war toll!

Wir haben viele Fotos gemacht.

Gestern waren wir im .... und

haben .... gemacht.

Dein/e ....

DEUTSCHLAND 45

Meine(e) Freund(in)

Musterstraße 4

12345 Musterstadt

Das Exkursionsprogramm

26. Juni

8.30 Uhr	Abfahrt Busbahnhof Jena
14.00 Uhr	Ankunft Berlin Comfort-Hotel Lichtenberg
15.30 Uhr	Abfahrt zum Deutschen Theater, am Gendarmenmarkt Karten kaufen
bis 19.00 Uhr	frei, Stadtbummel, z. B. Friedrichstraße, Unter den Linden
19.30 Uhr	Theaterbesuch

27. Juni

8.30 Uhr	Frühstück im Hotel
9.30 Uhr	Stadtrundfahrt: Mitte, Unter den Linden, Brandenburger Tor, Bundeskanzleramt, Museumsinsel, Schloss Bellevue, Reichstag
14.30 – 16.00 Uhr	Besuch im Reichstag
16.00 – 18.00 Uhr	Bummeln im Regierungsviertel
Abends	Freizeit

28. Juni

8.30 Uhr	Frühstück im Hotel
9.30 Uhr	Thematische Stadtführungen für Gruppen
	a) Bertolt Brecht in Berlin
	b) Jüdische Kultur in Berlin
	c) die Berliner Mauer
14.30 – 18.00 Uhr	Christopher Street Day, Besuch der Parade
Abends	Freizeit

29. Juni

8.30 Uhr	Frühstück im Hotel
9.30 Uhr	Museumsbesuch: Museumsinsel
14.00 Uhr	Rückfahrt

3 **Projekt: Internetrallye „Berlin sehen".**

Machen Sie einen virtuellen Spaziergang.

Internettipp

www.visitberlin.de

Notieren Sie: Welche Häuser sehen Sie?
Nennen Sie drei weitere Stadtviertel: Mitte, ...
Was kommt heute im Kino?
Finden Sie drei Theater. Vergleichen Sie das Programm. Was gefällt Ihnen heute?
Was kosten die Karten?
Gibt es diese Woche ein interessantes Konzert?

Übungen 8

1 **Häuser und Orte**

a) Finden Sie die fünf Wörter und ergänzen Sie die Artikel. Das Suchrätsel hilft.

1. Hier kann man studieren.

   ....

2. Hier fahren die Leute mit dem Zug ab.

   ....

3. Es ist ein Haus. Das Haus ist groß und hat

   viele Zimmer. ....

4. Hier gibt es oft viele Cafés und die Leute sitzen

   draußen. Oft gibt es auch einen Markt.

   ....

5. Hier hört man Musik. Nicht alle Leute mögen die Musik.

   ....

L	B	C	E	G	U	L	B	P	X	L
M	A	L	I	A	M	U	R	L	A	U
M	H	A	I	L	A	N	T	A	R	Z
U	N	I	V	E	R	S	I	T	Ä	T
S	H	O	N	R	E	C	U	Z	I	U
E	O	I	L	I	E	H	A	M	B	R
U	F	I	S	E	A	L	A	U	P	M
M	E	I	L	I	M	O	P	E	R	E
E	I	L	W	A	U	S	E	I	F	H
H	O	T	E	L	H	S	I	L	E	U

b) Es gibt noch vier andere Wörter. Finden Sie sie?

1. ....   3. ....

2. ....   4. ....

2 **Was ist richtig? Lesen Sie den Text und kreuzen Sie an.**

Am 12. August machen wir eine Fahrt nach Berlin. Wir fahren mit dem Bus um 8.30 Uhr ab und sind um 14 Uhr am Hotel in Berlin. Zuerst machen wir in Berlin eine Stadtrundfahrt mit der Linie 100 (Abfahrt 14.30 Uhr). Wir fahren mit dem Bus an vielen Sehenswürdigkeiten vorbei. Um 15.30 Uhr sind wir im Regierungsviertel. Das Bundeskanzleramt können wir leider nicht besuchen. Um 18 Uhr gehen wir gemeinsam essen. Danach haben alle Freizeit: Sie können z. B. ins Theater gehen oder in eine Disko. Am zweiten Tag gehen wir nach dem Frühstück zusammen auf einen Flohmarkt (ab 9 Uhr). Dort haben Sie zwei Stunden frei. Sie können sich alles in Ruhe ansehen. Danach fahren wir mit der U-Bahn zum Potsdamer Platz. Hier essen wir auch zu Mittag. Um 14 Uhr fahren wir mit dem Bus zum Hotel und von dort zurück nach Jena. Etwa um 19.30 Uhr sind wir wieder in Jena.

1. Die Studenten fahren mit dem Bus Linie 100 nach Berlin. ▪
2. Die Abfahrt aus Jena ist um 8.30 Uhr. ▪
3. Die Gruppe besucht das Bundeskanzleramt. ▪
4. Abends können alle ins Theater oder in die Disko gehen. ▪
5. Die Studenten frühstücken auf dem Flohmarkt. ▪
6. Die Gruppe isst am Potsdamer Platz zu Mittag. ▪
7. Am nächsten Tag fahren die Studenten wieder zurück nach Jena. ▪

3 **Orientierung in der Stadt.** Ordnen Sie die Bilder den Sätzen zu.

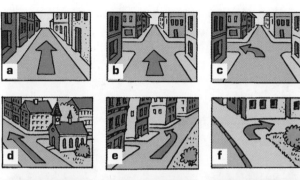

1. ⬜ Gehen Sie hier rechts.
2. ⬜ Gehen Sie hier links.
3. ⬜ Gehen Sie geradeaus.
4. ⬜ Gehen Sie die Straße entlang.
5. ⬜ Gehen Sie bis zur Ampel.
6. ⬜ Gehen Sie bis zur Kreuzung.
7. ⬜ Gehen Sie die zweite Straße links.
8. ⬜ Gehen Sie an der Kirche vorbei.
9. ⬜ Gehen Sie über den Platz.

4 **a)** **Wegbeschreibung.** Ergänzen Sie die Antwort. Das Bild hilft.

■ Entschuldigung, ich suche …

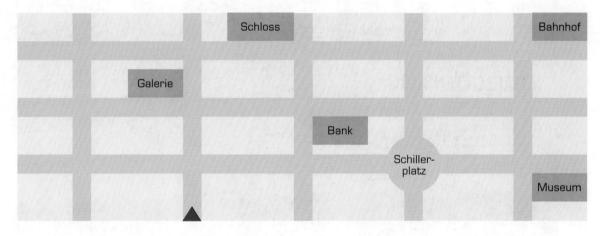

1. ◆ Gehen Sie geradeaus und die erste Straße rechts. Dann weiter über den

   Schillerplatz. .... ist an der nächsten Kreuzung rechts.

2. ◆ Gehen Sie geradeaus bis zur dritten Kreuzung. Dann gehen Sie rechts.

   .... ist an der nächsten Kreuzung auf der linken Seite.

3. ◆ Gehen Sie geradeaus und an der nächsten Kreuzung rechts. Dann die nächste

   Straße links. .... ist das große moderne Haus auf der

   rechten Seite.

b) Hören Sie die Wegbeschreibung und zeichnen Sie den Weg ein. Was ist das Ziel?

2.15

....

5 **Textkaraoke. Hören Sie und sprechen Sie die 👄-Rolle im Dialog.**
2.16

👂 ...

👄 Ja, gehen Sie geradeaus und an der nächsten Kreuzung rechts.
   Dann die nächste Straße links.

👂 ...

👄 Nein, an der nächsten Kreuzung rechts.

👂 ...

👄 Die Bank ist das große moderne Haus auf der rechten Seite.

👂 ...

👄 Na ja, etwa fünf Minuten.

👂 ...

6 **Orientierung mit dem Stadtplan.** Nadine und Steffi sind im Café am Savignyplatz.
Herr Bettermann will sie an der Deutschen Oper in der Bismarckstraße treffen.
Wie gehen sie? Notieren Sie den Weg.

Steffi und Nadine gehen die Grolmannstraße entlang bis

....

....

....

....

....

....

....

7 **Wiederholung: ein Foto beschreiben.** Im Hotel „Lichtenberg": Was ist wo? Schreiben Sie mindestens sechs Sätze.

das Hemd   die Krawatte

Das Handy liegt auf dem Buch.

die Hose   die Schuhe

8 **Was passt? Kreuzen Sie die richtigen Verben an.**

1. eine Kirche
   - ▢ besichtigen
   - ▢ fahren
   - ▢ einkaufen

2. nach dem Weg
   - ▢ sehen
   - ▢ gehen
   - ▢ fragen

3. eine Straße
   - ▢ entlang gehen
   - ▢ kommen
   - ▢ machen

4. den Bus
   - ▢ nennen
   - ▢ nehmen
   - ▢ sitzen

9 **Ergänzen Sie die Präpositionen.**

■ Entschuldigung, wie kommen wir .... Fernsehturm?

◆ Zuerst gehen Sie geradeaus bis .... nächsten Ampel. Dann rechts die Grunerstraße entlang bis .... Alexanderplatz. Gehen Sie .... den Platz bis .... Fernsehturm.

■ Verzeihung, gibt es hier eine Touristeninformation?

◆ Ja, gleich hier .... Bahnhof.

■ Entschuldigung, gibt es hier in der Nähe ein Café?

◆ Ja, gehen Sie .... das Brandenburger Tor und .... den Pariser Platz. Auf der linken Seite sehen Sie ein Café.

10 **Der Berlinbesuch.** Wer will was machen?

a) Ergänzen Sie die fehlenden Formen von *wollen* im Heft.

b) Ergänzen Sie die Sätze mit den Formen von *wollen*.

> ich will   wir ...
> du willst   ihr wollt
> er/es/sie ...   sie/Sie ...

1. Mirko sagt: „Ich .... in der Friedrichstraße einkaufen.

Natascha, ... du auch mitkommen?"

2. Natascha hat keine Lust. Sie .... lieber den Reichstag besichtigen.

3. Atsuko und Tetsuya fragen: „Fahren wir am Potsdamer Platz vorbei?

Wir .... Fotos machen."

4. Der Busfahrer antwortet: „Die Stadtrundfahrt ist am Sony-Center zu Ende. Dann

habt ihr frei. Ihr könnt dann machen, was ihr ...."

Der Busfahrer .... seine Ruhe haben.

11 Was wollen die Studentinnen und Studenten bei einer Exkursion alles machen?
Ordnen Sie zu.

1. ▨ ins Theater gehen
2. ▨ tanzen gehen
3. ▨ eine Ausstellung besuchen
4. ▨ eine Stadtrundfahrt machen
5. ▨ auf den Flohmarkt gehen
6. ▨ ein Konzert besuchen
7. ▨ ins Kino gehen

Das kann ich auf Deutsch

mich in der Stadt orientieren

- ■ Entschuldigung, wo geht's hier zur Goethestraße?
- ◆ Gehen Sie gleich hier rechts. Die erste Straße links ist die Goethestraße.
- ■ Wo ist der Marktplatz? / Wie komme ich zum Hotel „Schwarzer Bär"?
- ◆ Gehen Sie die zweite Straße links und dann geradeaus.

Wortfelder

Sehenswürdigkeiten in der Stadt

das Regierungsviertel, der Fernsehturm, die Oper, der Dom,
die Universität, der Marktplatz, das Museum, das Schloss ...

was Touristinnen und Touristen tun

die Touristeninformation suchen, eine Kirche besichtigen, durch die Stadt bummeln,
Geld wechseln, ins Theater gehen, Fotos machen ...

Grammatik

in, durch, über + Akkusativ

ins Museum, **durch den** Park, **über die** Brücke

zu, an ... vorbei + Dativ

zum Bahnhof, bis **zur** Kreuzung, **an der** Universität **vorbei**

Modalverb *wollen*

Nadine **will** einkaufen gehen, aber Steffi **will** ins Café. Die Studentinnen und
Studenten **wollen** den Dom besichtigen.

Aussprache

Konsonanten *r, l*

hier, zur, Reichstag, Turm, Hotel, links, Ampelkreuzung

Laut lesen und lernen

2.17

Wo ist hier die U-Bahn?
Welcher Bus fährt zum Schloss?
Können Sie mir helfen? Wie komme ich zur Touristeninformation?
Berlin finde ich super! Die Stadt ist cool!

Station 2

1 Berufsbilder

1 **a) Beruf *Sekretärin*. Wo arbeitet Frau Herbst? Kennen Sie die Firma?**

Ich bin Sarah Herbst. Ich arbeite als Sekretärin bei der Firma STEIFF in Giengen. STEIFF produziert Teddybären und Stofftiere. Meine Arbeit ist sehr interessant und ich habe immer viel zu tun. Ich mache alle typischen Büroarbeiten: Texte am Computer schreiben, Telefonate führen, E-Mails schreiben und beantworten, Faxe senden, für meinen Chef Termine machen und viel organisieren. Unsere Firma kooperiert mit vielen nationalen und internationalen Partnern. Für die Geschäftsreisen muss ich Termine koordinieren und Flüge und Hotelzimmer buchen. Oft kommen die Geschäftspartner auch in unsere Firma. Ich organisiere dann die Besprechungen gemeinsam mit meinem Chef, begrüße und betreue die Gäste und schreibe die Sitzungsprotokolle. Kommunikation, Organisation und Fremdsprachenkenntnisse sind wichtig für die Karriere.

b) Was machen Sekretärinnen? Lesen Sie den Text und notieren Sie die Tätigkeiten auf den Fotos.

a) *Texte* ....   b) ....

c) ....   d) ....   e) ....

2 **Frau Herbst am Telefon. Hier sind die Stichwörter. Spielen Sie das Gespräch.**

Termin mit Herrn Schneider? – Freitag, 11.12. um neun? – geht nicht – 13 Uhr? – okay

3 **a)** Beruf *Automechaniker.* Sehen Sie die Fotos an. Was kennen Sie?
Welche Wörter im Text passen zu den Fotos? Markieren Sie.

Mein Name ist Klaus Stephan. Ich arbeite als Automechaniker in einer Audi-Werkstatt in Emden. Wir
sind fünf Kollegen: ein Meister, drei Azubis und ich. Unsere Arbeitszeit ist von 7 Uhr 30 bis 17 Uhr.
Mittagspause ist von 12 bis 13 Uhr. Oft arbeiten wir bis 18 Uhr. Am Samstag müssen drei Kollegen bis
mittags arbeiten. Wir können wechseln.
Wir machen den Service für alle Audi-Modelle. Meine Aufgaben sind: Diagnose, Termine machen,
reparieren und Kunden beraten. Service schreiben wir groß! Die Kunden bringen morgens ihre Autos
und am Abend können sie sie meistens schon abholen.
Aber: Guter Service ist nicht billig. Manchmal gibt es Diskussionen mit den Kunden über die Kosten.

b) Vergleichen Sie die Texte. Drei Informationen sind nicht korrekt. Notieren Sie.

Ich bin Klaus Stephan und arbeite als Automechaniker bei Audi. Wir sind fünf
Kollegen: zwei Meister und drei Azubis. Wir arbeiten von Montag bis Freitag von
7 Uhr 30 bis 17 Uhr mit einer Pause von 12 bis 13 Uhr. Der Samstag ist frei. Die Meister
müssen auch am Samstag arbeiten. Wir machen den Service für alle Audi-Modelle.
Meine Aufgaben sind: Diagnose, Termine machen, reparieren, Kunden beraten.
Service schreiben wir groß! Die Kunden bringen morgens ihre Autos und am Abend
können sie sie meistens schon abholen. Aber: Guter Service ist teuer. Doch es gibt
keine Diskussionen über die Kosten.

c) In der Autowerkstatt. Was fragen Kunden? Notieren Sie die passenden Fragen.

1. Nein, die Reparatur <u>ist</u> nicht <u>teuer</u>,
   vielleicht 50 Euro.
2. Leider ist <u>der Motor</u> kaputt.
3. Ihr Auto ist <u>am Dienstagabend</u> fertig.
4. Das kostet <u>220 Euro</u>.
5. Nein, <u>am Samstag</u> geht es nicht.

> Ist die Reparatur teuer?

Was ...
Geht es auch ...

2 Wörter, Spiele, Training

1 a) **Mein Arbeitstag.** Bringen Sie die Sätze in die richtige Reihenfolge.

1. ▨ Am Nachmittag erledige ich die Büroarbeiten.
2. ▨ Um 17 Uhr macht die Praxis zu.
3. ▨ Ich fahre jeden Morgen 15 Minuten mit dem Bus in die Stadt.
4. ▨ Von 12 bis 13 Uhr haben wir Mittagspause.
5. *1* Ich bin Arzthelferin in einer Zahnarztpraxis. So sieht mein Tag aus:
6. ▨ Um acht bin ich in der Praxis.
7. ▨ Die Sprechstunde beginnt um neun Uhr.
8. ▨ Am Vormittag klingelt das Telefon besonders oft.

b) Schreiben Sie einen
   kurzen Text über
   Ihren Arbeitstag.

Ich-Texte schreiben

Ich bin ... / arbeite als ...
Ich komme um ...
Von ... bis ... / habe ich Pause.

2 Wortschatz wiederholen

a) Ordnen Sie die Wörter in die Tabelle. Vergessen Sie die Artikel nicht.

arbeiten – Bus – Computer – Drucker – fahren – Monitor – Balkon –
notieren – Rad – Bücherregal – Küche – Bad – schreiben – Taxi – kochen –
telefonieren – U-Bahn – Verkehr – Zug – Fax

Verkehrsmittel	Büro	Wohnung
der Bus		

b) Wählen Sie ein Wortfeld aus. Machen Sie ein Lernplakat.
   Vergleichen Sie die Plakate im Kurs.

1. mein Tagesablauf
2. mein Arbeitsplatz
3. in Berlin als Tourist

3 **Berufe raten.** Welche Berufe aus den Einheiten 5 bis 8 sind das?

> *Kursbuch, Tafel, Wörter erklären, ... – die Lehrerin / der Lehrer*

1. Computer, Software, Programme schreiben ....

2. Büro, Telefon, Termine machen ....

3. Speisekarte, Getränke, kassieren ....

4. Sport, Aerobic, Kurse planen ....

5. Maschine, Technik, reparieren ....

6. Patienten untersuchen, Praxis ....

7. Flugzeiten, Flugtickets, telefonieren ....

4 **Übungen selbst machen.** Arbeiten Sie in Gruppen.

a) Schreiben Sie zehn Aufgaben zu den Einheiten 5 bis 8.

Beispiele zu Einheit 7

1. Beruf Arzt. Wie heißt die feminine Form?
2. Was macht ein Programmierer? Nennen Sie zwei Tätigkeiten.
3. Herr Jacobsen organisiert Sportkurse. Welchen Beruf hat er?
4. Artikelwörter im Akkusativ, maskulin, Singular – wie heißt die Endung?
5. Nennen Sie drei Informationen auf Visitenkarten.
6. ...

b) Gruppe 1 spielt „Fußball" gegen Gruppe 2.

Gruppe 1 fragt, Gruppe 2 antwortet falsch. Der Ball geht ein Feld nach rechts. Gruppe 2 fragt, Gruppe 1 antwortet richtig. Der Ball geht ins Tor: „1 zu 0" für Gruppe 1. usw.

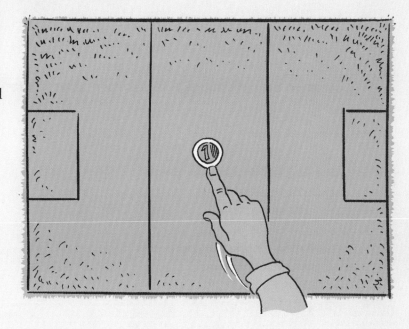

5 **Eine Wortschatzübung selbst machen.**

a) Schreiben Sie drei Wörterreihen auf ein Blatt, ein Wort passt nicht in die Reihe.

> *Tafel – Computer – Wörterbuch – ~~T-Shirt~~*
> *fragen – baden – antworten – schreiben*
> *hell – alt – zwei – modern*

b) Geben Sie das Blatt Ihrer Nachbarin / Ihrem Nachbarn. Sie/Er streicht durch.

3 Grammatik und Selbstevaluation

1 **Präpositionen üben.** Ergänzen Sie.

1. Am Wochenende fahren wir .... Berlin.

2. Ich fahre .... dem Rad zur Arbeit.

3. Ich kann leider nur .... Freitagmittag.

4. .... neun Uhr habe ich Zeit.

5. Die Besprechung ist .... der 3. Etage.

6. Die Buchhandlung ist .... 20 Uhr offen.

7. Dr. Specht hat .... 7.30 .... 16 Uhr Sprechstunde.

8. Die Praxis ist .... Ärztehaus.

2 **Fragen üben.** Wie heißen die Fragen zu den Aussagen?

> *Die Sprechstunde beginnt um 8.00. – Wann beginnt die Sprechstunde?*

1. Die Berlin-Exkursion ist am Wochenende. ....

2. Ich fahre mit dem Rad zur Arbeit. *Wie* ....

3. Ich kann leider nur am Freitagvormittag. ....

4. Um neun Uhr habe ich Zeit. ....

5. Die Besprechung geht von 14 bis 16 Uhr. ....

3 **Systematisch wiederholen – Selbsttest.**
Wiederholen Sie die Übungen. Was meinen Sie: ☺ oder ☹?

Ich kann auf Deutsch	Einheit	Übung	☺ gut	☹ noch nicht so gut
1. einen Tagesablauf beschreiben	7	4.2	✗	▪
2. die Uhrzeiten sagen	5	1.5	▪	▪
3. einen Termin machen	5	4.2	▪	▪
4. sagen, wo etwas ist	6	3.2	▪	▪
5. Berufe und Tätigkeiten nennen	7	2.3c	▪	▪
6. eine Postkarte schreiben	8	4.2b	▪	▪
7. Touristenziele in Berlin nennen	8	1.3	▪	▪
8. nach dem Weg fragen	8	3.2	▪	▪

4 **Über den Deutschkurs nachdenken.** Notieren Sie und sprechen Sie über die Notizen.

hat Spaß gemacht / war super	war nicht so interessant	war schwer
die Videoübungen, S. ...		

4 Phonetik intensiv

1 Konsonantentraining. **Hören, lesen und laut sprechen.**

a) *p* und *b*

die Bahn und die Post – Passau und Bremen – Briefe beantworten und Post prüfen –
Paris besuchen – den Preis bezahlen – Probleme bearbeiten

halb acht – Gib Peter auch etwas! – gelb – Ich hab' dich lieb.

b) *t* und *d*

dreihundert, dreiunddreißig – Dativ testen – Tee trinken – der Tisch und die Tür –
Deutsches Theater – tolle Türkei – Touristen dirigieren – danach telefonieren

c) *k* und *g*

im Garten Karten spielen – Kalender kontrollieren – kalte Getränke kaufen –
Grammatik korrigieren – großer Kurs – kommen und gehen

der Geburtstag – der Weg nach Nürnberg

d) [f] und [v]

Wie viel? – Wohin fahren wir? – nach Wien fahren – in Frankfurt wohnen –
viel Wein trinken – vier Flaschen Wasser

e) [f], [v] und [b]

viele Fernseher funktionieren nicht – wir wollen vier Bier – viele Berliner
frühstücken Frankfurter – Freunde in Warschau besuchen – viele Flüge finden

Ein Zungenbrecher:
Wenn Fliegen hinter Fliegen fliegen,
fliegen Fliegen Fliegen nach.

f) *r* am Silbenende

Berlin – Görlitz – Nürnberg – Querfurt – Hamburg – Düsseldorf – Dortmund

g) *r* und *l*

links und rechts – richtig liegen – reden und lieben – rote Lampen,
eine lange Reise – ein lautes Radio – großes Glück

Ein Zungenbrecher:
Blaukraut bleibt Blaukraut,
und Brautkleid bleibt Brautkleid.

5 Videostation 2

1 **Katja in Berlin.** Lesen Sie den Text. Drei Informationen sind nicht richtig. Sehen Sie das Video an und korrigieren Sie.

Katja fährt von Jena nach Berlin. Sie kommt am Bahnhof Zoologischer Garten an. Zuerst macht sie eine Stadtrundfahrt. Dann ruft sie Frau Meinberg an. Das ist die Tante von Justyna. Sie kann bei Frau Meinberg übernachten. Frau Meinberg wohnt am Nollendorfplatz. Die Stadtrundfahrt mit dem Bus Linie 100 macht Katja Spaß. Im Bus sitzt sie oben und hört eine Musik-CD. Sie fährt durch den Bezirk Berlin-Mitte. Sie sieht den Reichstag, das Bundeskanzleramt, die Friedrichstraße, das Brandenburger Tor und das Marlene-Dietrich-Museum. Dann fragt sie nach dem Weg und fährt mit dem Bus und mit der U-Bahn zu Frau Meinberg.

Track 17/17:33

2 **Katja fragt nach dem Weg.** Ergänzen Sie die Dialoge.

Katja: Entschuldigen Sie, wie komme ich vom Ku'damm zum Viktoria-Luise-Platz?

Mann: Am besten fahren Sie .... bis zum Nollendorfplatz und dort steigen Sie dann in die .... Richtung Innsbrucker Platz.

Katja: Moment, zuerst nehme ich den Bus ....

Mann: Nein, nein, es ist der Bus .... vom Ku'damm bis zum Nollendorfplatz! Es sind circa .... Stationen.

Katja: Gut, ... , und dann die ....

Mann: Ja, genau.

Katja: Vielen Dank, auf Wiedersehen!

3 Frau Meinberg zeigt Katja ihre Wohnung.

Was ist wo? Ordnen Sie zu und ergänzen Sie.

Das Regal **1**
Die Kaffeemaschine **2**   **a** steht in der Küche.
Die Uhr **3**   **b** steht im Wohnzimmer.
Der Fernseher **4**   **c** ist im Bad.
Das Sofa **5**   **d** steht im Arbeitszimmer.
Der Spiegel **6**   **e** ist im Gästezimmer.
Katjas Bett **7**   **f** steht im Schlafzimmer.
Der Computer **8**

4

Katja hat einen Termin im Verlag mit Frau Dr. Garve.
Sehen Sie die Szene und spielen Sie den Dialog.

Mein Name ist Katja Damsch.
Ich möchte ...

Haben Sie ...?

5 **Ein Büro im Verlag.** Notieren Sie Gegenstände.

Möbel	auf dem Tisch	im Regal
der Stuhl		

6 **Ein Interview im Verlag.**
Notieren Sie zwei Fragen von
Frau Dr. Garve und schreiben
Sie die Antworten von Katja
in Stichworten.

1 Urlaub in Deutschland

1 Sehen Sie die Fotos an. Was kennen Sie?

2 Lesen Sie die Texte
Ü 1–2 und ordnen Sie das richtige Foto zu.

Topreiseziele in Deutschland

1 ▨
Sonne, Strand und Meer – viele Urlauber machen im Juli und August Ferien an der Ostsee, zum Beispiel auf der Insel Rügen. Die Insel ist im Norden besonders schön.

2 ▨
Die Insel Sylt in der Nordsee ist auch sehr beliebt. Aus dem Flugzeug kann man die Insel gut sehen. Sie ist lang und schmal und es gibt viele Rad- und Wanderwege.

3 ▨
Für Stadturlauber ist Heidelberg immer ein Reiseziel. Touristen aus dem In- und Ausland besuchen gern die Altstadt am Neckar und das Schloss.

4 ▨
Im Allgäu erholen sich viele Urlauber. In den Bergen kann man wandern, und das Schloss Neuschwanstein ist eine Touristenattraktion. Aber eine Besichtigung kostet viel Zeit. Es gibt fast immer Warteschlangen vor dem Schloss.

Hier lernen Sie

▶ über Ferien und Urlaub sprechen
▶ einen Unfall beschreiben
▶ das Perfekt: regelmäßige und unregelmäßige Verben
▶ lange und kurze Vokale markieren

 3 **Urlaub in Deutschland. Wer macht wo Urlaub? Hören und notieren Sie.**

	Frau Rode	Susanna	Katja und Sven	Max
WO?	....	....	....	....

4 **Über Urlaub sprechen. Fragen und antworten Sie.**
Ü 3

> Wo waren Sie im Urlaub?

> Ich war auf Sylt. Es war super!

Redemittel

so kann man fragen		so kann man antworten
Wo waren Sie im Urlaub / in den Ferien?	Ich war / Wir waren	an der Nordsee / am Bodensee / in den Bergen / in Heidelberg / auf (der Insel) Rügen.
Und wie war es?	Es war	toll / super / sehr schön / langweilig / nicht so schön.
Wie war das Wetter?	Das Wetter war	prima / gut / nicht so gut / schlecht. Es hat oft geregnet.

 5 **Ein Lautdiktat. Langer oder kurzer Vokal? Hören Sie die Wörter aus Aufgabe 4. Schreiben Sie und lesen Sie laut.**

kurzer Vokal: _toll,_ ....

langer Vokal: ....

2 Ein Urlaub – vier Länder

1 **Der Donau-Radweg.**
Durch welche Länder
geht er? Arbeiten Sie
mit einer Europakarte.

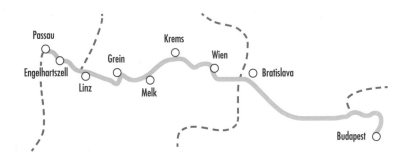

2 **Aus dem Urlaubstagebuch der Familie Mertens.**

Lesen Sie die Texte und ordnen Sie die Fotos den Tagen zu.

Unser Sommerurlaub – Von Passau über
Wien und Bratislava nach Budapest

1. Tag: 29. Juni
Vormittags Ankunft in Passau und
Stadtbesichtigung. Unsere Radtour
beginnt. Die erste Etappe ist kurz, 27 km
bis Engelhartszell.

2. Tag: 30. Juni
Heute haben wir 71,5 km geschafft – von
Engelhartszell nach Linz.
Mittags haben wir erst eingekauft und
dann an der Donau Picknick gemacht.
In Linz haben wir in einer Pension
übernachtet, wir waren sehr müde!

3. Tag: 1. Juli
Vormittags haben wir einen Bummel
durch Linz gemacht. Ich habe Linzer
Torte probiert, sehr gut! Mittags
Weiterfahrt Richtung Melk. Dort haben
wir das Kloster besucht.

7. Tag: 5. Juli
Hurra, nach 326 km haben wir Wien
erreicht! Das Riesenrad im Prater haben
wir schon angeschaut und fotografiert.
Morgen machen wir einen Tag Fahrrad-
pause und besichtigen die Stadt.

9. Tag: 7. Juli
Von Wien weiter nach Bratislava, 68 km!
Die Stadt ist interessant, die Menschen
sind sehr gastfreundlich. Wir haben die
Burg besichtigt und hatten einen schönen
Blick auf die Stadt und die Donau.

20. Tag: 18. Juli
Budapest – nach 660 km haben wir
unser Ziel erreicht! Die Kinder sind
besonders stolz. Die Tour war toll und
Budapest ist super!

a *1. Tag: Passau* ....

b ....

c ....

d ....

e ....

f ....

3 **Ferienwörter. Finden Sie zwölf Kombinationen?**

eine Pause
eine Radtour
ein Picknick besichtigen
ein Schloss kaufen
einen Reiseführer machen
Fotos planen
Ferien
eine Stadt

1. *eine Pause machen* .... 7. ....
2. .... 8. ....
3. .... 9. ....
4. .... 10. ....
5. .... 11. ....
6. .... 12. ....

4 **Fragen und antworten Sie.**

Haben Sie schon mal : eine Radtour gemacht?
in der Ostsee gebadet?
am Meer gezeltet?
Budapest besucht?
eine Städtereise geplant?
den Stephansdom in Wien besichtigt?

Ja, das habe ich schon gemacht.

Haben Sie schon mal Urlaub in Deutschland gemacht?

Ja, na klar!

Nein, noch nie.

5 **Das Perfekt mit *haben***

0.1 Ü 4
3.1

a) Markieren Sie die Perfektformen in Aufgabe 2.2 und machen Sie eine Tabelle.

ge...(e)t	...ge...t	...(e)t
geschafft	eingekauft	übernachtet

Minimemo Verben mit der Endung *-ieren* (z. B. *probieren*) bilden das Partizip II ohne *ge-*: „Bei Verben mit *-ieren* kann nichts passieren."

b) Ergänzen Sie die Regel.

Grammatik

Die Familie (hat) am zweiten Tag 71,5 km (geschafft).
Partizip II

Wann (hat) Familie Mertens (eingekauft)?
Partizip II

(Haben) sie in Linz (übernachtet)?
Partizip II

Regel Das Perfekt mit *haben* bildet man so: .... wird konjugiert
und das .... steht am Satzende.

c) Wie heißt das Partizip II? Ergänzen Sie.

1. anschauen .... 5. erklären *erklärt* ....
2. arbeiten .... 6. telefonieren ....
3. bauen .... 7. beantworten ....
4. spielen .... 8. zuhören ....

3 Was ist passiert?

1 **Ein Unfall.** Bringen Sie die Zeichnungen in die richtige Reihenfolge.

2 **Aus dem Urlaubstagebuch von Anja Mertens.**
Ü 5 Lesen Sie und kontrollieren Sie die Reihenfolge in Aufgabe 3.1.

> *6. Tag: 4. Juli*
> *Was für ein Tag! Heute bin ich vom Rad gefallen. Kurz vor Wien haben*
> *Kinder auf der Straße Ball gespielt. Plötzlich ist der Ball in mein Rad*
> *geflogen. Der Schreck war groß. Aber es ist nicht viel passiert und ich*
> *bin gleich wieder aufgestanden. Thomas hat die Polizei angerufen. Sie ist*
> *schnell gekommen, wir haben also nicht viel Zeit verloren. Sie haben ein*
> *Protokoll geschrieben und uns geholfen. Dann haben wir erst mal eine*
> *Pause gemacht. Nach einer Stunde sind wir weitergefahren.*

3 **Lange und kurze Vokale.** Markieren Sie die Partizipien II
2.27 in Aufgabe 2. Lesen Sie dann den Text laut.

gefallen – gespielt

4 Anja ruft abends ihre Freundin Britta an. Was antwortet Anja auf Brittas Fragen?
Ergänzen Sie und üben Sie mit Ihrer Partnerin / Ihrem Partner.

■ Hallo Britta, hier ist Anja.
◆ Hallo, Anja, wie geht's auf eurer
 Radtour?
■ Ganz gut, aber heute ...
◆ Oh je, ist dir etwas passiert?
■ ...
◆ Wie ist es denn passiert?
■ ...

◆ Habt ihr die Polizei gerufen?
■ ...
◆ Und was habt ihr dann gemacht?
■ ...
◆ Wann seid ihr denn weitergefahren?
■ ...
◆ Na, dann viel Spaß noch!
■ Danke, tschüss, bis bald!

5 Das Perfekt mit unregelmäßigen Verben

3.2 Ü 6–7 **a) Die Perfektformen in Aufgabe 2. Was ist neu?**

Heute bin ich vom Rad gefallen. [...] Thomas hat die Polizei angerufen.

b) Tragen Sie die neuen Partizip-II-Formen in die Tabelle ein.

ge...en	...ge...en	...en
fallen –	aufstehen – aufgestanden	verlieren –
fliegen –	anrufen –	
kommen –	weiterfahren –	
schreiben –		
helfen –		

 Minimemo

Die meisten Verben bilden das Perfekt mit *haben*.
Lernen Sie das Perfekt mit *sein*:
🚲 fahren – ist gefahren, 🏃 laufen –
ist gelaufen, ✈ fliegen – ist geflogen,
bleiben – ist geblieben, passieren –
ist passiert, sein – ist gewesen

6 Drei Interviews. Was haben Manja, Herr Demme und Frau Biechele im Urlaub
gemacht? Hören Sie und ergänzen Sie die Tabelle.

28

	Manja	Herr Demme	Frau Biechele
Wo?			
Was?			

7 Was haben Sie im Urlaub gemacht? Fragen Sie im Kurs.

Ü 8–9

8 Mein Urlaub. Schreiben Sie einen kurzen Text.

Wann? – Wo? – Wie war das Wetter? – Was haben Sie gemacht?

Ich-Texte schreiben

Ich war vom ... bis zum ... im Urlaub.
Ich war ...
Das Wetter war ...
Ich habe viel ... und ich bin oft ...

4 Urlaubsplanung und Ferientermine

1 **Die Monate.** Sehen Sie die Kalender an und ergänzen Sie die Monatsnamen im Text.

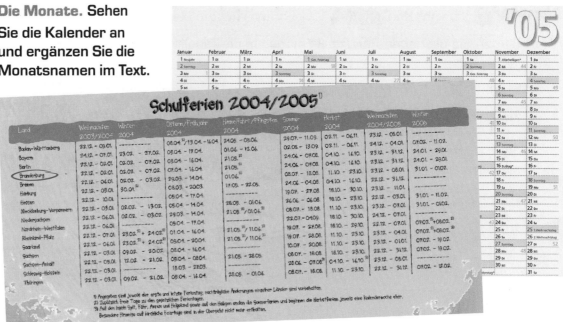

Familie Mertens aus Brandenburg hat zwei Kinder. Sie muss bei ihrer Urlaubsplanung die Ferientermine beachten. Im .... haben die Kinder Weihnachtsferien und im .... gibt es Winterferien. Die Osterferien sind im Frühling, im .... Die Sommerferien liegen in den Monaten .... , ... und .... Im .... gibt es nochmal zwei Wochen Herbstferien.

2 **Monatsnamen üben.** Fragen und antworten Sie.

Wann machen Sie Ferien? Wann hast du Geburtstag?
Wann ist der Deutschkurs zu Ende?
Was ist dein Lieblingsmonat?

3 **Hören Sie das Lied und lesen Sie den Text. Welche Wörter sind für Sie Urlaubswörter? Unterstreichen Sie.**

2.29

Ab in den Süden – ein Sommerhit

OHHH Willkommen, willkommen, Sonnenschein.
Wir packen unsre sieben Sachen in den Flieger rein.
Ja wir kommen, wir kommen, wir kommen, macht euch bereit,
reif für die Insel, Sommer, Sonne, Strand und Zärtlichkeit.

Raus aus dem Regen ins Leben,
ab in den Süden der Sonne entgegen, was erleben, ...

4 **Machen Sie ein Wörternetz zum Thema *Urlaub*.**

5 Urlaub mit dem Auto

1 Lesen Sie den Text und die Statistik. Welche Aussagen sind richtig?

Ü 10–11

1. Italien ist als Urlaubsland sehr beliebt.   ✗
2. Österreich ist der Urlaubsfavorit. ▪
3. Viele deutsche Autourlauber fahren nach Ungarn. ▪
4. Frankreich hat den 4. Platz in den Top Ten. ▪
5. Die Toskana, Venetien und Südtirol sind Attraktionen in Italien. ▪
6. Auf Platz 1 bei den deutschen Autourlaubern liegt Deutschland. ▪
7. Kroatien liegt als Urlaubsziel auf Platz 2. ▪

Wohin fahren die deutschen Autourlauber?

Viele deutsche Urlauber fahren gern mit dem Auto in die Ferien. Italien und Österreich sind Topreiseziele. Mit rund einer Million Urlaubsreisen liegt Deutschland bei den Autourlaubern aber auf Platz 1. Besonders gern fahren die Deutschen an die Ostsee, die Mecklenburger Seenplatte, nach Oberbayern und in das Allgäu. In Italien sind die Toskana, Venetien und Südtirol *die* Attraktionen. Die Österreich-Touristen fahren in die Berge, aber auch die Seen in Kärnten sind sehr beliebt. Frankreich-Urlauber lieben nicht nur die gute Küche. Sie machen Urlaub in der Bretagne, an der Atlantik- und Mittelmeerküste oder in der Provence. Viele Autourlauber entscheiden sich auch für Kroatien und fahren z. B. nach Istrien.

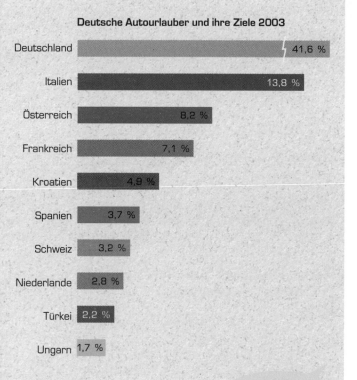

Deutsche Autourlauber und ihre Ziele 2003

Land	Prozent
Deutschland	41,6 %
Italien	13,8 %
Österreich	8,2 %
Frankreich	7,1 %
Kroatien	4,9 %
Spanien	3,7 %
Schweiz	3,2 %
Niederlande	2,8 %
Türkei	2,2 %
Ungarn	1,7 %

2 Wohin fahren Sie am liebsten? Erzählen Sie im Kurs.

Nach Österreich.

In die Schweiz.

Übungen 9

1 **Urlaub.** Ordnen Sie die Wörter den Fotos zu.

Kultur – auf dem Land – Sport – Stadtbummel – Meer – Aerobic-Kurs – Strand – Museum – schlafen – wandern – lesen – Besichtigung – Tiere – Berge – Theater – laufen

a) ....

....

c) ....

....

b) ....

....

d) ....

....

2 **Urlaubsfavoriten.** **Was passt? Ergänzen Sie.**

1. in den Bergen – im Schloss Neuschwanstein – am Strand / toll – langweilig – super

■ Im Sommer war ich an der Ostsee. Ich habe den ganzen Tag .... gelegen und gelesen. Es war toll!

◆ Urlaub am Meer? Das mag ich nicht. Das finde ich ....! Ich wandere lieber in den Bergen.

2. den Strand – die Berge – viele Museen / Strandurlaub – Stadturlaub – Wanderurlaub

■ Wollen wir dieses Jahr mal nach Berlin fahren? Ich möchte .... besuchen und das Sony Center sehen!

◆ ....? Nicht mit mir. Ich will ans Meer fahren.

3. jeden Tag ins Museum gehen – jeden Tag Fahrrad fahren – jeden Tag Auto fahren / Strand – Kultur – Sport

■ Im Sommer fahre ich mit meiner Familie nach Rügen. Wir wollen viel Sport

machen und ....

◆ .... im Urlaub? Das ist nichts für mich. Ich bleibe im Urlaub lieber zu Hause und sehe fern.

3 Textkaraoke. Hören Sie und sprechen Sie die 💬Rolle im Dialog.

🔊 ...
💬 Guten Tag, Herr Marquardt.
   Waren Sie im Urlaub?
🔊 ...
💬 Wo waren Sie denn?

🔊 ...
💬 Und wie war es?
🔊 ...
💬 Und wie war das Wetter?
🔊 ...

4 Ergänzen Sie das Partizip II.

1. Im Sommer haben wir eine Radtour ....(machen).

2. In Linz haben wir ein Museum ....(besuchen) und Linzer Torte ....(probieren).

3. Ich habe in Wien den Prater ....(fotografieren).

4. Morgens haben wir ....(einkaufen) und dann eine Pause ....(machen).

5. In Bratislava haben wir die Burg ....(besichtigen).

6. In Budapest haben wir unser Ziel ....(erreichen).

5 Wer sagt was? Schreiben Sie die Aussagen in die Sprechblasen.

1. Entschuldigung, ...Ihnen etwas ....?

2. Ich ....vom Rad ....

3. Der Ball ....ins Rad ....

4. Ich ....Sie ....

5. Wie ....das genau ....?

a)
(passieren) ....
....

c)
(anrufen) ....
....

b)
(fliegen) ....
....

d)
(passieren) ....
....

e)
(fallen) ....
....

6 *Haben* oder *sein*? Ordnen Sie die Verben und ergänzen Sie das Partizip II.

~~fallen~~ – ~~spielen~~ – fliegen – aufstehen – anrufen – kommen – verlieren – schreiben – helfen – fahren

haben		sein	
spielen	hat gespielt	fallen	ist gefallen

7 **Ein Unfall.** Hier sind die Antworten. Fragen Sie nach den unterstrichenen Teilen.

1. ■ *Was hat Anton gestern gemacht ?* ◆ Anton hat gestern <u>eine Radtour</u> gemacht.

2. ■ .... ◆ Er hat <u>einen Unfall</u> gesehen.

3. ■ .... ◆ Ja, <u>die Polizei</u> ist schnell <u>gekommen</u>.

4. ■ .... ◆ Die Polizisten haben <u>ein Protokoll</u> geschrieben.

8 **Grüße aus Rügen.** Ergänzen Sie die Perfektformen.

besichtigen – besuchen – fotografieren – baden – übernachten – machen – fahren

Liebe Maria,

wir machen seit zwei Wochen Urlaub auf der Insel Rügen. In der

ersten Woche .... wir in Putbus in der Jugendherberge

.... Wir .... einen Segelkurs ....

und wir .... mit dem Fahrrad um die Insel ....

Es war toll! Jetzt wohnen wir in Sassnitz. Gestern .... wir

die Kreidefelsen .... und in der Ostsee ....

Danach waren wir in Putbus und .... dort das Theater

.... Ich .... schon viel ....

Zu Hause zeige ich dir die Bilder.

Viele Grüße

        Lilian

9 Ferien auf „Balkonien" – für viele Deutsche ganz normal

Diese drei Menschen haben etwas gemeinsam: Sie waren im Urlaub auf „Balkonien".
Das klingt wie Tunesien oder Australien oder Polynesien – warm, weit weg und exotisch. Es ist aber nicht weit, nicht exotisch und auch nicht teuer. Ferien auf „Balkonien"
heißt Ferien zu Hause – ganz normal für sechs von zehn Menschen in Deutschland.
Erkan Zaimoglu, Cora Clausen und Claudine Fischer waren in den Ferien zu Hause
und berichten.

Erkan Zaimoglu, 32, aus München hat im Mai den Arbeitsplatz gewechselt. Er hat im Juli nur ein paar Tage Urlaub bekommen. Er hat bis Mai für ein Designbüro gearbeitet und verkauft jetzt Softwarelösungen für Arztpraxen. Im Juli hat er schon 25 Kunden in Süddeutschland besucht und beraten. Er hat fünf Systeme verkauft. Sein Chef findet das toll. Erkan sagt: „Mein Urlaub? Ich hatte nur drei Tage frei und habe in der Sonne auf dem Balkon gesessen und viel gelesen. Das war okay."

a

Cora Clausen, 72, aus Schwäbisch Hall arbeitet nicht mehr. Letztes Jahr sind sie und ihr Mann im Urlaub auf Mallorca gewesen. Sie sind viel gewandert und haben oft in Restaurants gegessen. Cora hat Postkarten an alle Freundinnen geschrieben. Aber es war sehr heiß und laut. Das hat sie nicht gut gefunden. Sie und ihr Mann sind dieses Jahr zu Hause geblieben. Sie haben im Garten gearbeitet und oft in der Sonne gelegen. „Das war billig und hat Spaß gemacht. Wir sind spät aufgestanden und haben uns gut erholt."

b

a) Wer ist das? Ordnen Sie zu.

1. ◻ sucht einen Job.

2. ◻ hat im Moment nicht viel Geld.

3. ◻ hat nicht viel Zeit.

4. ◻ ist lieber zu Hause als im Ausland.

5. ◻ muss beruflich viel reisen.

6. ◻ hat einen Garten.

Claudine Fischer, 27, aus Halle ist im Moment arbeitslos. Sie hat eine Tochter, Nadja (4). Sie bekommt 440 Euro Arbeitslosengeld. Urlaub? „Nur auf Balkonien", sagt sie. Im Sommer hat sie Nadja oft früher aus dem Kindergarten abgeholt. Sie sind dann mit der Bahn nach Röblingen gefahren. Dort gibt es einen See. Sie sind geschwommen und hatten viel Spaß. Einmal haben sie im Zelt am See übernachtet.

c

b) Ergänzen Sie die Gründe für die Ferien auf „Balkonien".

1. Erkan hat ....

2. Cora: „Mallorca ....

3. Claudine ....

**c) Markieren Sie die Partizip-II-Formen in den Texten.
Schreiben Sie die Formen in eine Tabelle.**

ge...(e)t	...ge....t	... (e)t	ge...en	...ge...en	..en
....	....	....	*gesessen*	....	....

Einheit 9

159

einhundertneunundfünfzig

10 **Urlaub mit dem Auto.** Sehen Sie die Bilder an und schreiben Sie einen Text. Die Wörter unten helfen.

im Stau stehen – falsch fahren – Autobahn – Picknick machen – langweilig – im Hotel ankommen – im Restaurant fantastisch essen – im Auto schlafen – müde sein.

Letztes Jahr sind wir ...

11 **Urlaubszeit!** Welche Wörter passen nicht?

1. Ostsee – Atlantik – Nordsee – ~~Schwimmbad~~
2. Autobahn – Auto – Küche – Stau
3. Ski fahren – Strand – schwimmen – Meer
4. Urlaub – Freizeit – Spiele – Arbeit
5. Flugzeug – Auto – Flugticket – Flugzeit

Das kann ich auf Deutsch

sagen, wo ich im Urlaub war

Ich war an der Nordsee / in den Bergen / in Heidelberg / auf der Insel Sylt.

sagen, wie es im Urlaub war

Es war prima! Das Wetter war schön!
Es war langweilig. Es hat oft geregnet.

sagen, was ich im Urlaub gemacht habe

Wir haben eine Radtour gemacht. Wir haben gezeltet.

Wortfelder

Ferien/Urlaub

die Berge, das Meer, wandern, baden, ein Schloss besichtigen ...

Unfall

- ■ Was ist passiert?   ◆ Ich bin gefallen.

helfen, die Polizei anrufen, ein Protokoll schreiben

Grammatik

Perfekt mit *haben*	**Perfekt mit *sein***
Wir **haben** an der Donau **gezeltet.**	Ich **bin** mit dem Rad **gefahren.**
Sie **haben** im Hotel **übernachtet.**	Ich **bin** jeden Tag früh **aufgestanden.**
Ich **habe** Linzer Torte **probiert.**	Es **ist** ein Unfall **passiert.**

unregelmäßige Verben

Anja hat eine Postkarte geschr**ieb**en.
Sie ist vom Rad gefall**en.**
Wir haben nicht viel Zeit verl**oren.**

Aussprache

lange und kurze Vokale

tǫll, sūper, schlẹcht, gūt, schö̲n, prı̲ma

Laut lesen und lernen

2.31

Der Urlaub war super!
Es war so langweilig!
Das Wetter war prima!

Essen und trinken

1 Lebensmittel auf dem Markt und im Supermarkt

1 **Auf dem Markt.** Welche Lebensmittel kennen Sie?

2 **Auf dem Markt oder im Supermarkt?**
Welche Lebensmittel kaufen Sie wo?

Auf dem Markt kaufe ich Äpfel und Orangen.

auf dem Markt	im Supermarkt
Äpfel	Fleisch

Fleisch kaufe ich im Supermarkt.

Reichelt
So lässt sich's leben

Hähnchen
Hkl. A, frisch
1 kg
€ 2,99

Ketchup
750-ml-Flasche
€ 2,19

Schokolade
100-g-Tafel
Milch-Schokolade
Milch-Nuss
€ 0,39

Bauernweißbrot
geschnitten,
500-g-Packung
€ 1,15

**Deutsche
Markenbutter**
250-g-Stück
€ 0,99

**Original
Thüringer
Leberwurst**
im Ring
€ 3,99

**Paprika Mix
»Tricolor«**
Spanien, Hkl 1
(1 kg = 1,98)
500-g-Packung
€ 0,99

Naturreis
500-g-Packung
€ 1,29

Eier
HKL. A
Gewichtsklasse M
10er Packung
€ 0,79

frische Vollmilch
3,5 % Fett, 1-l-Packung
€ 0,89

**Mildessa
Weinsauerkraut**
580-ml-Dose
€ 0,99

**Chipsfrisch
ungarisch**
175-g-Beutel
€ 1,79

Spaghetti
500-g-Packung
€ 0,95

GUT & GÜNSTIG

---

3 **Wortschatz trainieren.**

Ü 1-2 **Was kaufen Sie jeden Tag? Welche Lebensmittel kaufen Sie manchmal? Machen Sie eine Tabelle und sprechen Sie im Kurs.**

> *Ich kaufe jeden Tag Milch. Manchmal kaufe ich Fleisch. Fisch kaufe ich nie.*

> *Ich kaufe nichts – Ich brauche nichts.*

jeden Tag	manchmal	nie
Milch	Fleisch	Fisch

4 **Fünf wichtige Lebensmittel in Ihrem Land. Machen Sie eine Liste. Arbeiten Sie mit dem Wörterbuch. Wie heißen die Lebensmittel auf Deutsch?**

5 **Einkaufen in Deutschland, Österreich und der Schweiz – einkaufen in Ihren Ländern. Was kaufen Sie ein? Was gibt es nicht?**

> *In Deutschland gibt es keine ...*

> *Sauerkraut kenne ich nicht. Was ist das?*

> *Bei uns zu Hause kaufe ich Weißbrot.*

> *Gibt es in Deutschland auch ...?*

2 Einkaufen

 1 **Was haben die Leute gekauft? Hören Sie und kreuzen Sie an.**

2.32

■ Erdbeeren ■ Kartoffeln ■ Äpfel ■ Sauerkraut ■ Eier ■ Brötchen ■ Bananen

2 **Wochenendeinkauf. Welche Lebensmittel brauchen Sie?**
Schreiben Sie einen Einkaufszettel.

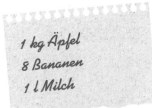

1 kg Äpfel
8 Bananen
1 l Milch

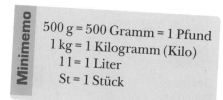

Minimemo

500 g = 500 Gramm = 1 Pfund
1 kg = 1 Kilogramm (Kilo)
1 l = 1 Liter
St = 1 Stück

Lerntipp

Wartezeit = Lernzeit
Sie warten an der Kasse im
Supermarkt und nennen alle
Sachen in Ihrem Einkaufs-
wagen auf Deutsch. Sehen Sie
auch in die anderen Wagen.

 3 **Einkaufsdialoge. Fragen und sagen, was man möchte. Üben Sie.**

Ü 3

Was darf es sein?   Ich hätte gern   2 Kilo Kartoffeln / 5 Äpfel /
Sie wünschen?   Geben Sie mir bitte   einen Liter Milch/
Bitte schön?   Ich möchte   200 g Käse / 4 Brötchen /
                           Ich nehme   eine Flasche Ketchup.

 4 **Aussprache -e und -en oder -el am Wortende. Hören Sie und sprechen Sie nach.**

2.33

bitte, bitte schön, ich hätte gern, ich hätte lieber, ich möchte, ich nehme,
der Käse, eine Flasche, welche Flasche?

Regel -e am Wortende spricht man sehr schwach.

wünschen, Sie wünschen?, welchen Käse wünschen Sie?, geben, geben Sie mir bitte,
der Apfel, die Äpfel, ein Brötchen, die Tomaten, kosten, was kosten die Lebensmittel?

Regel -en und -el am Wortende spricht man fast ohne e.

5 **Preise.** Sehen Sie nochmal auf die Seiten 162 und 163. Fragen und antworten Sie und kommentieren Sie die Preise.

- ▪ Was kostet das Hähnchen?
- ◆ Das Kilo kostet 2 Euro 99.
- ▪ Was kosten ...?

- ▪ Wie viel kosten die Tomaten?
- ◆ 3 Euro das Kilo.

Der Käse ist billig!

Die Bananen 3,49 – das ist aber teuer!

6 **Wortschatz systematisch**

a) Wörternetz. Sammeln Sie Wörter zum Thema *Lebensmittel.*

Lerntipp

! Machen Sie Wörternetze!

b) Wortfelder. Sammeln Sie Wörter und Redemittel in Wortfeldern.

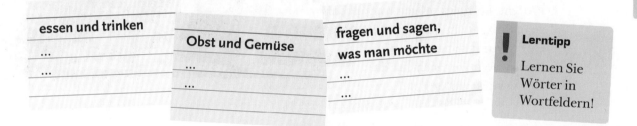

essen und trinken
...
...

Obst und Gemüse
...
...

fragen und sagen, was man möchte
...
...

Lerntipp

! Lernen Sie Wörter in Wortfeldern!

.34

c) Wörter zusammen mit ihrer Aussprache trainieren. Hören Sie und sprechen Sie nach.

Achten Sie auf das lange *e:* Welchen T<u>ee</u> trinken Sie gern?

7 **Einkaufen spielen.** Arbeiten Sie mit einem Lernpartner / einer Lernpartnerin.

Ü 4

Redemittel

fragen, was jemand möchte	**sagen, was man möchte**
Bitte schön? / Sie wünschen bitte?	Ein Kilo / einen Liter ..., bitte.
Was darf es sein? / Noch etwas?	Ich hätte gern ... / Ich möchte ... / Ich nehme ...
	Haben Sie ...? Gibt es (heute) ...?
Darf es sonst noch etwas sein?	Danke, das ist alles.
nach dem Preis fragen	**Preise nennen**
Was kostet ... / Wie viel kosten ...?	100 g kosten 2,99. / 98 Cent das Kilo.
Was macht das?	Das macht zusammen 23 Euro 76. / 3,80 bitte.

3 „Spinat? Igitt!" – über Essen sprechen

1 **Was essen Jugendliche heute gern?** Der Artikel aus einer Schülerzeitung informiert über das Lieblingsessen von Schülerinnen und Schülern in Berlin.

a) Markieren Sie alle Lebensmittel.

Currywurst ist bei Berliner Schülern nicht mehr „in" – Lieblingsessen: Pizza und Döner

Jugendliche essen gern Fastfood. Dies hat viele Gründe. In unserer Schule haben wir 100 Schülerinnen und Schüler im Alter von 13 bis 16 Jahren befragt. Unsere Frage: Was ist dein Lieblingsessen? Das Ergebnis: Pizza, Döner, Hamburger und Pommes sind sehr beliebt bei Jugendlichen. 29 Prozent erklären die Pizza zu ihrem Lieblingsessen, auf dem zweiten Platz landet der Döner mit 27 Prozent, danach folgt der Hamburger mit elf Prozent. Pommes mögen nur zehn Prozent am liebsten, die Currywurst sogar nur fünf Prozent! Wie man sieht, ist die Currywurst unter Schülern nicht mehr so beliebt wie früher. Gemüse mögen nur zwei Prozent lieber als Fastfood. Fastfood ist beliebt. Es ist billig und schmeckt gut. Es ist eben „in".

b) Welche Antworten geben die Jugendlichen? Machen Sie eine Hitliste. Was ist „in"?

Platz	Essen	Prozent
1	Pizza	
2		

2 **Textzusammenfassung. Ergänzen Sie die Lebensmittel.**

Berliner Schülerinnen und Schüler essen gern

.... Sie mögen ....

lieber als Hamburger und .... Pommes .... lieber als

.... Am liebsten essen sie ....

> **Minimemo**
> Ich mag Pommes so gern wie Pizza.
>
> Ich mag Döner lieber als Hamburger.

3 Was essen Jugendliche in Ihrem Land gern? Vergleichen Sie.

> Ich glaube, Jugendliche essen bei uns auch gern Pizza.

> Meine Kinder essen am liebsten Spaghetti mit Tomatensoße!

4 **Welches Ei ist frisch?** Lesen Sie den Haushaltstipp. Was passiert? Wie alt sind die Eier? Ordnen Sie zu.

 a   b   c

Haushaltstipp

Eier-Test

Im Ei ist Luft. Ist das Ei frisch, ist wenig Luft im Ei. In einem alten Ei ist mehr Luft. Geben Sie das Ei in ein Glas mit Wasser.

1. ▨ Das Ei ist frisch.
2. ▨ Das Ei ist mehr als zwei Wochen alt.
3. ▨ Das Ei ist mehr als drei Wochen alt.

 5 **Fragewort welch-.** Sehen Sie sich die Einheit 10 genau an und sammeln Sie Beispiele. Ergänzen Sie die Tabelle.

	der Käse	das Ei	die Wurst
Nominativ	welcher Käse	welches Ei	.... Wurst
Akkusativ	.... Käse	welches Ei	welche Wurst
Plural	Welche Äpfel/Eier/Bananen kaufst du?		

Grammatik

> Ich kaufe nur Bioeier.

 6 **Komparation: *viel – gut – gern***

27 Ü 5–6

a) Viel. Ordnen Sie die Bilder zu.

 a b c

1. viel ▨
2. mehr ▨
3. am meisten ▨

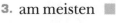

b) Gut und gern. Diskutieren Sie im Kurs.

> Ich finde, Fisch mit Reis schmeckt gut.

> Ich finde, Currywurst mit Pommes schmeckt besser als Fisch.

> Ich finde, Schokoladentorte schmeckt am besten, oder?

> Ich esse gern Fisch mit Reis.

> Ich esse lieber Currywurst mit Pommes als Fisch.

> Ich esse am liebsten Schokoladentorte.

 7 **Ausssprache -*er* am Wortende.** Hören Sie und sprechen Sie nach.

2.35

lieb<u>er</u> – Hamburg<u>er</u> – Dön<u>er</u> – Ei<u>er</u> – welch<u>er</u> / Hamburg<u>er</u> esse ich lieb<u>er</u> als Dön<u>er</u>.

Regel Am Wortende spricht man -*er* wie ein schwaches *a*.

4 Was ich gern mag

1 **Ein Menü. Was passt zusammen?**
Ü 7

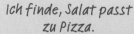

Ich finde, Salat passt zu Pizza.

Fleisch	Kartoffeln	Salat	Käse	Wein
Fisch	Reis	Sauerkraut	Schinken	Bier
Pizza	Nudeln	Tomaten	Ketchup	Wasser
Brot	Pommes	Paprika	Schokolade	Orangensaft

 2 **Magst du …? Üben Sie.**

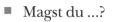

- Magst du Nudeln?
- Ja, am liebsten mit Ketchup.

- Magst du …?
- Ja, am liebsten mit … / Nein, mag ich nicht.

3 **Smalltalk. In Deutschland sprechen viele Leute gern über das Thema *Essen*.**
Ü 8–9 **Fragen Sie, was Ihr Partner / Ihre Partnerin gern isst. Machen Sie Notizen und berichten Sie.**

> Björn isst gern Döner. Er mag keine Kartoffeln.
> Natalia isst lieber Salat als Fleisch. Am liebsten isst sie Tomaten.

 Redemittel

fragen, was jemand gern isst/trinkt

Magst du … / Mögen Sie …	Spaghetti?
Isst du gern … / Essen Sie gern …	Salat?
Trinkst du gern … / Trinken Sie gern …	Milch? Bier?
Was magst du / mögen Sie lieber?	Äpfel oder Bananen?
Was ist dein / Ihr Lieblingsessen?	Gemüse oder Fleisch?

sagen, was man (nicht) gern mag/isst/trinkt

	… mag/esse/trinke ich gern / ist mein Lieblingsessen.
Bratwurst	… schmeckt/schmecken super.
Tomatensaft	… mag ich gar nicht / schmeckt/schmecken mir nicht.
Pommes frites	… kenne ich nicht. Was ist das?

Ist das Schweinefleisch? / Ananas aus der Dose – ist da Zucker drin?
Apfelkuchen, lecker! Sind da Rosinen drin?
Ist das vegetarisch? Ich esse kein Fleisch.

5 Ein Rezept

1 Lesen Sie das Rezept und bringen Sie die Fotos in die richtige Reihenfolge.

Ü 10–11

Nudelauflauf

Zutaten (für 4 Personen)

250 g Nudeln
150 g Schinken
1–2 Zwiebeln
300 g Tomaten
150 g Bergkäse
1 Becher süße Sahne
Pfeffer, Salz

Zubereitung

Nudeln kochen, Schinken in Streifen schneiden, Zwiebel und Tomaten in Würfel schneiden, Zwiebeln in einer Pfanne anbraten. Drei Viertel ($^3/_4$) der Nudeln in eine Form geben, dann Schinken, Zwiebeln und Tomaten dazu geben. Mit etwas Käse bestreuen. Den Rest Nudeln darauf geben. Sahne, Salz und Pfeffer und den Käse verrühren und auf den Auflauf geben. Im Backofen bei 200 Grad ca. 30 Minuten backen.
Guten Appetit!

backen

anbraten

verrühren

schneiden

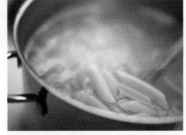

kochen

! Internettipp

www.chefkoch.de
www.schweizer-kochrezepte.ch
www.gutekueche.at

Landeskunde

Essenszeiten in Deutschland

In Deutschland gibt es drei Hauptmahlzeiten: *das Frühstück* zwischen 6 und 10 Uhr, *das Mittagessen* zwischen 12 und 14 Uhr und *das Abendessen* zwischen 18 und 20 Uhr. Zum Frühstück gibt es Kaffee oder Tee, Brot oder Brötchen, Butter, Marmelade, Käse und Wurst. Wer früh aufsteht und zur Arbeit geht, macht oft ein zweites Frühstück am Arbeitsplatz. Mittags isst man gern warm, zum Beispiel Fleisch mit Kartoffeln und Gemüse. Abends essen viele lieber kalt. Dann gibt es Brot, Butter, Käse oder Wurst und Tee, Saft oder ein Bier. In vielen Familien gibt es am Sonntag zwischen 15 und 17 Uhr Kaffee oder Tee und Kuchen. Zum Essen in einem Restaurant oder bei Freunden zu Hause trifft man sich meistens zwischen 19 und 20 Uhr.

1 **Lebensmittel im Supermarkt**

Machen Sie eine Tabelle und ordnen Sie zu.

Milchprodukte	Obst und Gemüse	Fleisch und Wurst
	der Salat	

2 **a)** Welches Wort passt nicht?

1. .... Banane – .... Kirsche – .... ~~Kartoffel~~ – .... Orange

2. .... Hähnchen – .... Wurst – .... Butter – .... Fisch

3. .... Reis – .... Kartoffel – .... Spaghetti – .... Schokolade

4. .... Ei – .... Käse – .... Butter – .... Milch

5. .... Schokolade – .... Eis – .... Chips – .... Torte

b) Ergänzen Sie die Artikel.

3 **Einkaufen. Herr Bauer kauft Bananen, Brot, Butter, Wasser, Chips und Schokolade.**
In der Zeichnung sind vier Fehler. Finden Sie die Fehler und schreiben Sie einen Dialog.

■ Guten Tag, was darf es sein? ....

◆ Ich hätte gern ....

■ ....

◆ ....

■ ....

◆ ....

■ ....

◆ ....

■ ....

◆ ....

4 **Textkaraoke. Hören Sie und sprechen Sie die ☞Rolle im Dialog.**

36

🎧 ...
☞ Ich hätte gern 200 g Schinken, bitte.
🎧 ...
☞ 100 g Leberwurst, bitte.
🎧 ...
☞ Nein, bitte nicht mehr.
🎧 ...
☞ Was kostet das Hähnchen?
🎧 ...
☞ Gut, dann nehme ich ein Hähnchen.
🎧 ...
☞ Danke, das ist alles. Auf Wiedersehen.
🎧 ...

5 **Landeskunde: Essen in Deutschland, Österreich und in der Schweiz.**
Ergänzen Sie *viel, mehr* oder *mehr ... als*.

1. Döner ist „in". In Berlin gibt es .... Döner-Lokale .... in Istanbul.

2. In Deutschland und Österreich essen die Menschen .... Wurst, in der

Schweiz isst man .... Käse.

3. Die Menschen essen in Deutschland, Österreich und in der Schweiz ....

Kartoffeln .... in Südeuropa.

4. In Österreich gibt es .... Dessertvariationen .... in Deutschland.

5. In Deutschland, Österreich und in der Schweiz kocht man .... zu Hause.

6 **Nachdenken über Essen. Was meinen Sie? Notieren Sie acht Aussagen und**
vergleichen Sie im Kurs.

Ich esse/trinke		Fisch/Schweinefleisch.
Die Deutschen/Schweizer /	viel / mehr ... als	Currywurst mit Pommes.
Österreicher essen/trinken	gern / lieber ... als / am	Kartoffeln/Reis/Nudeln.
In meinem Land essen/	liebsten / kein(en)	Schokoladentorte.
trinken die Menschen		Bier/Wein/Wasser.

7 **Beruf Kellner. Lesen Sie den Text und beantworten Sie die Fragen.**

Andreas Stein ist Kellner und arbeitet im Restaurant „Am Schlosspark" in Nürnberg. Er arbeitet von Dienstag bis Sonntag von 17 bis 24 Uhr. Am Montag hat er frei. Herr Stein bringt den Gästen zuerst die Speisekarte. Oft haben die Gäste Fragen zum Essen und er berät sie. Er erklärt die Zutaten oder empfiehlt einen Wein. Dann schreibt er die Bestellungen auf. Am liebsten bestellen die Gäste „Fisch im Gemüsebett", das ist eine Spezialität im Restaurant „Am Schlosspark". Herr Stein bringt das Essen und die Getränke und am Ende die Rechnung. In die Küche geht Herr Stein nicht gern, da findet er es zu chaotisch. Im Restaurant ist es ruhig. Die Gäste trinken gern nach dem Essen noch einen Kaffee. Gestern sind sie bis ein Uhr geblieben. Die Kellner müssen dann auch so lange bleiben. Aber Herr Stein mag seine Arbeit und er isst gern! Am liebsten mag er die asiatische Küche.

1. Wie ist die Arbeitszeit von Andreas Stein? ....

2. Was muss ein Kellner tun? ....

3. Welches Lieblingsessen haben die Gäste? ....

4. Was machen die Gäste oft nach dem Essen? ....

5. Wie lange hat Herr Stein gestern gearbeitet? ....

6. Was isst er am liebsten? ....

8 Fragewort *welch-.* Ergänzen Sie die Fragen.

1. ▪ .... Käse möchten Sie?

   ◆ Den Bergkäse, bitte.

2. ▪ .... Lebensmittel kaufen Sie oft ein?

   ◆ Brot, Milch und Käse.

3. ▪ .... Fleisch ist heute billig?

   ◆ Schweinefleisch.

4. ▪ .... Wurst magst du am liebsten?

   ◆ Leberwurst.

5. ▪ .... Tee schmeckt dir besser: Vanilletee oder Früchtetee?

   ◆ Früchtetee.

9 Über Essen sprechen. Bringen Sie die Sätze in die richtige Reihenfolge und kontrollieren Sie mit der Tonaufnahme.

- ▪ Das stimmt. Magst du kein Fleisch?
- ▪ ~~Mmh, das sieht ja lecker aus!~~
- ▪ Mein Lieblingsessen ist Hähnchen mit Pommes. Und dazu eine Cola! Und dein Lieblingsessen?
- ▪ Hm. Ich glaube, wir passen nicht zusammen!
- ◆ Fisch und dazu ein großer Salat. Cola mag ich nicht. Ich trinke lieber Wasser.
- ◆ Ja, sehr lecker. Aber es gibt so viel Fleisch ...
- ◆ Nein, ich esse lieber Fisch als Fleisch. Was isst du am liebsten?

▪ *Mmh, das sieht ja lecker aus!* ....

◆ ....

▪ ....

◆ ....

▪ ....

◆ ....

▪ ....

10 **In der Küche.** Ordnen Sie die Wörter den Bildern zu. Manche Wörter passen mehr als einmal.

Wasser – Fleisch – Nudeln – Zwiebel –Fisch – Ei – Kuchen – Kartoffeln – Auflauf – Brot – Reis

kochen	braten	backen
....	....	....
....	....	....
....	....	....
....	....	....
....	....	....

11 **Wer isst was?** Hören Sie den Text und ergänzen Sie.

2.38

	Frühstück	Mittagessen	Abendessen in der Familie	Familien-frühstück am Wochenende
Bernd	....	....	....	....
	....	....	....	....
	....	....	....	....
	....	....	....	....
Fernanda und Lisa	....	....	....	....
	....	....	....	....

Das kann ich auf Deutsch

über Essen sprechen	Ich esse gern Äpfel. Ich esse lieber Obst als Gemüse. Welchen Kuchen magst du am liebsten?
einkaufen	■ Was darf es sein? ◆ Ich hätte gern ein Kilo Kartoffeln. ■ Noch etwas? ◆ Vier Orangen, bitte.
nach dem Preis fragen und antworten	■ Was kosten die Bananen? ◆ 1,99 das Kilo. Das ist günstig.

Wortfelder

Lebensmittel	Obst, Gemüse, Fleisch, Käse, Fisch, Brot, Milch ...
das Verb *mögen*	Katja mag Bananen. ■ Magst du Cola? ◆ Nein, lieber Wasser.

jeden Tag – manchmal – nie

Viele Leute essen **jeden Tag** Kartoffeln. **Manchmal** kaufe ich Obst und Gemüse auf dem Markt. Ich habe noch **nie** Fleisch gegessen.

Grammatik

Komparation:
gern – viel – gut

Nudeln esse ich **gern**. Ich esse **lieber** Pommes **als** Nudeln. Kartoffelchips esse ich **am liebsten**.
Kartoffeln schmecken **gut**, aber Pommes schmecken **besser**.
Am besten schmecken Pommes mit Ketchup.
Justyna isst heute **viel**. Sie isst **mehr als** Matthias.
Aber Katja isst **am meisten**.

Fragewort *welch-*

Nominativ	*Akkusativ*
■ Welch**er** Käse ist aus der Schweiz?	■ Welch**en** Tee magst du am liebsten?
◆ Der Bergkäse.	◆ Vanilletee.

Aussprache

Endungen *-e* und *-en* oder *-el* und *-er*	Ich nehme den Käse. Was kosten die Äpfel? Hamburger esse ich lieber als Döner.

🎧 Laut lesen und lernen

2.39

■ Essen Sie gern Fleisch? ◆ Nein, ich bin Vegetarier.
Ist da Schweinefleisch drin?
Fisch schmeckt mir nicht.

1 Aus der Modezeitung

1 Mode für Männer und Frauen

a) Lesen Sie. Welche Wörter zum Thema *Kleidung* kennen Sie schon?

„Du siehst gut aus! Das steht dir prima!" – Wer freut sich nicht über so ein Kompliment? Frauen und auch Männer ziehen sich gern modisch an. Die Kleidung muss modern, gut kombinierbar und preiswert sein. Beliebt sind Hosen, besonders Jeans. Alexander trägt dazu einen blauen Rollkragenpullover und eine braune Jacke, Jette hat ein weißes T-Shirt an. Im Sommer tragen Frauen gern einen leichten Rock, ein T-Shirt oder ein Top, so wie Jana. Der Mann von Jana, Rolf, trägt eine helle Sommerhose und ein rotes T-Shirt – die ideale Urlaubskleidung. Claudia trägt zur Hose braune Stiefel, eine weiße Bluse und eine dunkle Jacke. Jöran zeigt elegante Männermode. Er trägt einen schwarzen Anzug, ein weißes Hemd und eine rote Krawatte. Dazu trägt er einen langen Mantel und natürlich schwarze Schuhe.

das Top

braun

**b) Lesen Sie noch einmal.
Wer ist ...?**

Jana und Rolf sind auf Bild a.

c) Wie heißen die Kleidungsstücke? Ergänzen Sie.

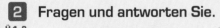

Hier lernen Sie

▶ über Kleidung sprechen / Kleidung kaufen
▶ Farben und Größen angeben
▶ Adjektive im Akkusativ – unbestimmter Artikel
▶ Wetterinformationen verstehen / über Wetter sprechen
▶ Demonstrativa: *dieser – dieses – diese / der – das – die*
▶ Wetterwort *es*
▶ Vokale und Umlaute: *ie – u – ü* und *e – o – ö*

rot

au

weiß

schwarz

2 Fragen und antworten Sie.

Ü 1–2

Was hat Alexander an?

Eine Jeans, einen blauen Rollkragenpullover und eine braune Jacke.

Was trägt Jana?

Einen leichten Rock.

2 Kleidung und Farben

1 **Ein Spiel. Kleidung und Farben im Kurs.**
Nennen Sie eine Farbe und ein passendes Kleidungsstück.

Rot!

Das T-Shirt von Marina.

Schwarz!

Die Hose von Jannek!

rot
blau
gelb
grün
braun
orange
türkis
violett
grau
rosa
schwarz
weiß
bunt
hellgrün
dunkelblau

2 **Über Farben sprechen. Fragen Sie im Kurs.**
Ü 3

Trägst du / Tragen Sie gern Blau?

Ja, Blau mag ich.

Nein, lieber Rot.

3 **Fragen und antworten Sie.**

die Anzüge – die Pullover – die Hosen – die Hemden – die Blusen –
die Röcke – die Kleider – die Jacken – die Mäntel

- ■ Ziehst du / Ziehen Sie gern Hemden an?
- ◆ Nein, lieber T-Shirts.
- ● Ja, Hemden zieh' ich gern an. / Hemden? Ja, die zieh' ich gern an.

4 **Umlaut oder nicht? Hören Sie und sprechen Sie nach.**
2.40

der Anzug – die Anzüge; der Mantel – die Mäntel; der Rock – die Röcke

5 **Über Kleidung sprechen. Sagen, was gefällt / nicht gefällt.**
Ü 4 **Spielen Sie im Kurs.**

Redemittel	so kann man fragen	so kann man antworten
	Wie gefällt Ihnen/dir das T-Shirt?	Das gefällt mir gut / sehr gut. Das gefällt mir nicht / gar nicht / überhaupt nicht.
	Wie finden Sie / findest du den Mantel?	Den finde ich schön/schick/ altmodisch/hässlich.
	Tragen Sie / trägst du gern Pullover?	Ja, ich trag' gern Pullover. Nein, ich trag' lieber Hemden.
	Was ziehen Sie / ziehst du gern an?	Ich zieh' gern Hosen an. Ich zieh' am liebsten Röcke an.

3 Adjektive vor Nomen: Akkusativ

1 Was tragen Sie gern? Kombinieren Sie.

Ich mag	weiße	Röcke		blaue	Hemden.
Ich trage gern	braune	Hosen		graue	Pullover.
	schwarze	Jeans	und	bunte	T-Shirts.
	helle	Schuhe		schwarze	Mäntel.
	...	...		...	...

2 Weltmeister. Lesen und vergleichen Sie.

Das ist Ronaldo.
Sein T-Shirt ist gelb.
Er trägt **ein gelbes** T-Shirt.
Seine Hose ist blau.
Er trägt **eine blaue** Hose.

Das ist der Trainer.
Sein Trainingsanzug
ist schwarz.
Er trägt **einen
schwarzen** Anzug.

Das ist die Frauen-Nationalmannschaft
aus Deutschland.
Ihre T-Shirts sind weiß.
Sie tragen **weiße** T-Shirts.
Ihre Hosen sind schwarz.
Sie tragen **schwarze** Hosen.

3 Adjektive im Akkusativ mit unbestimmtem Artikel

Ü5

a) Ergänzen Sie die Tabelle mit Beispielen aus dem Text in Aufgabe 1.1.

Grammatik

		den	*das*	*die*
	Singular	einen schwarzen Trainingsanzug	ein gelbes T-Shirt	eine blaue Hose
		...	...	...
	Plural	schwarze Anzüge/T-Shirts/Hosen		

b) Welche Farben trägt Ihre Lieblingsmannschaft? Ergänzen Sie.

Meine Lieblingsmannschaft ist ....

Die Spieler tragen .... T-Shirts und .... Hosen.

4 Ein Spiel im Kurs.
Ü6 Wer ist das?

Sie trägt eine grüne Bluse und einen schwarzen Rock.

Das ist Marina!

5 Umlaut oder nicht? Lesen Sie laut und achten Sie auf: *ie – u – ü* und *e – o – ö*.

Ich trage lieber grün. – Ich zieh' gern grüne Blusen an. – Ich liebe bunte Anzüge.
Die Hose ist sehr schön. – Ich trag' gern gelbe Röcke. – Nein, ich trag' lieber rote Röcke.

4 Einkaufsbummel

1 Einkaufsdialoge

2.42

a) Sehen Sie die Fotos an und hören Sie zu. Ordnen Sie die Fotos den Texten zu.

b) Lesen Sie die Dialoge mit verteilten Rollen. (■ = Kunde/Kundin, ◆ = Verkäufer/in)

1. ■
- ■ Entschuldigung, wo finde ich hier Jacken und Mäntel?
- ◆ In der ersten Etage.
- ■ Können Sie mir bitte helfen, ich suche einen Wintermantel.
- ◆ Welche Größe bitte?
- ■ Oh, ich glaube 40 oder 42.
- ◆ In Größe 40 habe ich diesen hellen. Möchten Sie den mal anprobieren?
- ■ Nein, die Farbe steht mir nicht. Haben Sie den auch in Dunkelrot oder Blau?
- ◆ Ja, aber leider nur in Größe 42.
- ■ Gut, dann probier' ich den dunkelroten an.

2. ■
- ■ Wo ist hier die Herrenabteilung?
- ◆ Das ist hier, gleich rechts.
- ■ Ich suche Hemden.
- ◆ Wie gefällt Ihnen dieses rote?
- ■ Ja, ganz gut. Kann ich das mal anprobieren?
- ◆ Ja natürlich, das steht Ihnen bestimmt sehr gut.
- ■ Aber die Ärmel sind zu lang!
- ◆ Moment, ich gebe Ihnen eine andere Größe.

3. ■
- ■ Guten Tag.
- ◆ Guten Tag, Sie wünschen bitte?
- ■ Ich suche eine Jeans.
- ◆ Suchen Sie eine bestimmte Marke?
- ■ Nein, das ist egal. Haben Sie etwas Preiswertes da?
- ◆ Ja, probieren Sie mal diese dunkelblaue, die ist reduziert.
- ■ Eigentlich möchte ich lieber eine schwarze.
- ◆ Dann nehmen Sie diese hier.
- ■ Aber die ist doch sicher teuer!
- ◆ Nein, die ist auch reduziert.
- ■ Super, die passt gut.

 2 Dialoge üben:
andere Kleidung,
andere Farben,
andere Größen.

3 Einkaufsdialoge. **Kaufen Sie Kleidung für den Urlaub und fürs Büro.**

Ü 7–8

das sagt die Verkäuferin / der Verkäufer	das sagt die Kundin / der Kunde
Kann ich Ihnen helfen?	Ich suche ein Kleid /
Kann ich Ihnen etwas zeigen?	einen Anzug / eine Hose.
Sie wünschen bitte?	Ich hätte gern ...
Das ist jetzt sehr modern.	in Größe 40?
Das ist / die sind sehr bequem.	Haben Sie das in meiner Größe?
Die Größe haben wir leider nicht mehr.	in Grün?
Grün steht Ihnen sehr gut / nicht so gut.	Das passt nicht. Das ist mir zu klein / groß.
Wollen Sie das anprobieren?	Wie steht mir das? / Das steht mir nicht.
Wie gefällt Ihnen das?	Kann ich das anprobieren?

4 Demonstrativa. **Lesen Sie und ergänzen Sie die Tabelle.**

24   Ü 9

Lange Röcke, T-Shirts und Jeans sind schick.

Dieses nicht.
Das ist zu bunt, das
mag ich nicht!

Dieser nicht.
Der ist zu lang, den
mag ich nicht!

Aber ich mag diesen
Rock und dieses T-Shirt
und diese Jeans!

Diese nicht.
Die sind zu alt, die
mag ich nicht!

	Nominativ		Akkusativ	
der Rock	dieser Rock		den Rock	.... Rock
das T-Shirt	....		....	*dieses T-Shirt*
die Jeans	....		....	....

5 Fragen üben. **Wie fragen Sie? Die Dialoge in Aufgabe 4.1 helfen.**

Sie denken:

– Schwarze Hemden gefallen mir nicht.
– Die Bluse passt nicht.
– Das Hemd steht mir nicht.
– Ich möchte einen Anzug anprobieren.

Sie sagen:

Haben Sie die Hemden
auch in Blau?

6 Projekt: Einkaufen mit dem Onlinekatalog

Sie haben 100 Euro. Kaufen Sie mit dem Onlinekatalog
Kleidung für den Sommer- oder Winterurlaub.
Machen Sie eine Liste und berichten Sie.

Ich habe ... gekauft.

Kleidungsstück	Preis	Farbe

! **Internettipp**

www.otto.de
www.quelle.de

5 Es gibt kein schlechtes Wetter ...

... nur falsche Kleidung!

1 **Das Wetter in Deutschland und in anderen Ländern.**
Ü 10 **Lesen Sie. Markieren Sie alle Wörter zum Thema *Wetter.***

Wie ist das Wetter? Diese Frage hört man in Deutschland sehr oft. Das Wetter ist nicht immer gleich. Darum ist es ein beliebtes Gesprächsthema. Viele Freizeitaktivitäten hängen vom Wetter ab. Hurra, es schneit, der Schnee ist super! Das sagen die Wintersportler. Im Sommer bei einer Grillparty ist immer die Frage: Ist es sonnig oder bewölkt? Hoffentlich regnet es nicht! In Deutschland sitzen die Leute gern in der Sonne, in Parks und Straßencafés oder auf dem Balkon. In Südeuropa geht man lieber ins Haus. Die Sonne ist dort zu heiß. Schönes Wetter heißt in Deutschland Sonne und wenig Regen. Aber in Nordafrika ist der Regen sehr wichtig. In Deutschland ist es im Herbst oft kalt und windig. In Norwegen ist der Winter sehr lang und es ist schon am Nachmittag dunkel. Dort feiern die Menschen den Sommer. Und wie ist gutes Wetter in Ihrem Land?

2 **Wetterwörter. Ordnen Sie zu und arbeiten Sie mit dem Minimemo.**
21

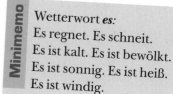

Minimemo

Wetterwort *es:*
Es regnet. Es schneit.
Es ist kalt. Es ist bewölkt.
Es ist sonnig. Es ist heiß.
Es ist windig.

Sonne ■ Wolken ■ Regen ■ Kälte ■ Wind ■ Hitze ■ Schnee ■

3 **Städtewetter**
2.43 Ü 11

a) Hören Sie und kreuzen Sie an.

	sonnig/ heiter	bewölkt	Regen	Schnee
Athen	■	■	■	■
Berlin	■	■	■	■
London	■	■	■	■
Madrid	■	■	■	■
Moskau	■	■	■	■
Rom	■	■	■	■
Lissabon	■	■	■	■

b) Fragen und antworten Sie.

Wie ist das Wetter bei euch in Rom?

Bei uns ist es sonnig.

4 **Aussprache _i-ü_ oder _e-ö_?** Sprechen Sie deutlich.

2.44

Es regnet in Ber<u>li</u>n und Z<u>ü</u>rich. – Es ist sonnig in B<u>e</u>rn und K<u>ö</u>ln. –
In Par<u>i</u>s und M<u>ü</u>nchen schneit es. – Es ist bew<u>ö</u>lkt in J<u>e</u>na. –
Das Wetter in Ath<u>e</u>n ist sch<u>ö</u>n. – In K<u>ie</u>l und N<u>ü</u>rnberg ist es heiter.

5 **Drafi Deutscher: Welche Farbe hat die Welt?** Hören Sie und lesen Sie mit.

2.45 Ü 12

Als ich klein war, ging ich zum Vater
mit dem Malbuch in der Hand und ich fragte:
Welche Farbe hat die Welt?

Welche Farbe hat die Welt?
Ist sie schwarz oder grün?
Ist sie blau oder gelb?
Ist sie rot wie die Rosen oder braun wie die Pferde,
oder ist sie so grau wie des Schäfers große Herde?

Grün sind die Bäume und die Gräser und das Laub.
Bäume tragen Früchte und vertilgen den Staub.
Blau ist das Meer, das die Sonne immer küsst,
blau ist der Himmel,
der dir zeigt, wie klein du bist.

Rot, das ist die Liebe, sie darf niemals vergeh'n,
wenn du erst einmal groß bist, wirst du das versteh'n.
Denn bist du ohne Liebe, dann fehlt dir auch das Glück,
wenn du sie später findest, denk an mein Wort zurück!

Welche Farbe hat die Welt ...

6 **Farben und Bedeutung.** Welche Bedeutung haben die Farben im Text?
Welche Assoziationen haben Sie?

die Liebe

rot

der Himmel

blau

Übungen 11

1 **Was ziehe ich wann an?** Ordnen Sie die Kleidungsstücke.

Beruf	Freizeit	Party
das Jackett		das Abendkleid

2 **Mode für Männer und Frauen.** Welches Bild passt? Hören Sie und kreuzen Sie an.

2.46

1. ☐ a ☐ b

2. ☐ a ☐ b

3. ☐ a ☐ b

3 Farben mischen. **Wie macht man die Farben?**

grau: *schwarz und weiß*   orange: ....

hellblau: ....   türkis: ....

dunkelblau: ....   dunkelrot: ....

rosa: ....   braun: ....

grün: ....   violett: ....

4 **Wie finden Sie ...? Schreiben Sie Fragen und Antworten.**

altmodisch – schick – modern – langweilig – elegant – schön – hässlich – cool

■ *Wie finden Sie die Hose auf Bild d?* ....

◆ *Die finde ich schick.* ....

■ *Wie gefällt dir das* ....

◆ ....

■ *Wie* ....

◆ ....

■ ....

◆ ....

■ ....

◆ ....

5 Die Polizei sucht diese Personen. **Wie sehen sie aus? Beschreiben Sie.**

Der Mann trägt ....

....

....

....

....

Die Frau trägt ....

....

....

....

....

6 Die Mode im Herbst. **Schreiben Sie den Text und ergänzen Sie die Adjektive im Akkusativ.**

Die Herbstmode ist in den Geschäften. Hier sehen Sie einen (modisch) Mann.
Er trägt eine (grau) Hose und ein (braun) Jackett. Und dazu ein (blau) Hemd.
Frauen zeigen in diesem Herbst (elegant) Röcke und (modisch) Hosen.
Unser Model trägt einen (lang) Rock und (kurz) Stiefel. Dazu hat sie einen (leicht) Pullover aus Cashmere an.

7 Kleidung kaufen. **Ordnen Sie die Dialoge.**

Blau steht mir nicht. Haben Sie vielleicht einen in Grün? – Ja, danke. Die sind
sehr bequem, die nehme ich. – Die Umkleidekabine ist dort rechts. – Größe 39. –
~~Guten Tag, ich hätte gerne einen Mantel, Größe 42.~~ – Guten Tag, Sie wünschen
bitte? – Ich hätte gern ein Paar schwarze Winterschuhe. – In Größe 42 habe ich hier
diesen blauen. – Ja, diesen hier. Gefällt er Ihnen? – Ja, der ist schön. Kann ich ihn
mal anprobieren? – Möchten Sie diese hier anprobieren? – Welche Größe bitte?

Dialog 1

■ *Guten Tag, ich hätte gern einen Mantel, Größe 42.* ....

◆ ....

■ ....

◆ ....

■ ....

◆ ....

Dialog 2

■ ....

◆ ....

■ ....

◆ ....

■ ....

◆ ....

8 **Textkaraoke. Hören Sie und sprechen Sie die ∽-Rolle im Dialog.**

👂 ...

∽ Ich suche eine Hose.

👂 ...

∽ Größe 40. Haben Sie eine schwarze Hose fürs Büro?

👂 ...

∽ Kann ich die in Blau mal anprobieren?

👂 ...

∽ Hmm ... die gefällt mir gut. Sie ist auch sehr bequem. Steht sie mir?

👂 ...

∽ Gut, dann nehme ich sie.

9 **Dialoge im Kaufhaus. Ergänzen Sie *welch-*, *dies-* und *der/das/die*.**

1. ■ ....Stiefel

sind Größe 38?

◆ ....hier.

2. ■ ....Kleid

gefällt Ihnen?

..............................oder

..............................hier?

3. ■ Gefällt Ihnen ....

Pullover?

◆ Nein, ...

gefällt mir nicht, aber

..............................hier ist sehr schön.

4. ■ ....Hose möchten

Sie anprobieren?

◆ ....da, bitte.

10 Welche Kleidung passt zum Sommer und welche passt zum Winter?

das Sommerkleid – das T-Shirt – ~~die Mütze~~ – der Schal – die Handschuhe –
das Top – die kurze Hose – der Rollkragenpullover – der Mantel – die Stiefel –
das leichte Hemd

Sommer

Winter

die Mütze

....

....

....

....

....

....

11 **Wetterwörter.** Was gehört zusammen? Verbinden Sie.

Es schneit. **1**   **a** der Wind
Es regnet. **2**   **b** die Sonne
Es ist windig. **3**   **c** die Wolken
Es ist bewölkt. **4**   **d** der Schnee
Es ist sonnig. **5**   **e** der Regen

12 Lesen Sie den Text. Verbinden Sie die Sätze.

Kein Schnee in den Alpen. Statt Skifahren: Sonnenbaden

(Kitzbühel, 23. Dezember 2003, pid) Die Skifahrer sitzen vor dem Restaurant auf dem Berg und trinken Bier oder Limonade. Wohin man auch sieht: kein Schnee, kein Eis, nur grünes Gras. Der Winter in diesem Jahr fällt aus. Stattdessen: Sonne pur! Die „Skifahrer" tragen keinen Anorak und keine Handschuhe, sondern T-Shirts und leichte Hosen. Familie

Weiermann kommt jedes Jahr in die Alpen: „So etwas haben wir noch nie erlebt. Letztes Jahr war der Schnee hier einen Meter hoch." Die Kinder sind sehr traurig: „Wir möchten Ski fahren und einen Schneemann bauen." Der Skilehrer Seppl Huber meint: „In diesem Winter bin ich arbeitslos. Es ist schrecklich. Wir alle warten auf den Schnee."

Die Skifahrer **1**   **a** keinen Schnee.
Es gibt **2**   **b** T-Shirts und leichte Hosen.
Die Skifahrer tragen **3** **c** ist arbeitslos.
Es ist **4**   **d** sitzen in der Sonne.
Der Skilehrer **5**   **e** warm.

Das kann ich auf Deutsch

sagen, was jemand trägt/anhat	Marco trägt eine schwarze Jeans. Jana hat einen leichten Sommerrock an.

fragen und antworten, was gefällt / nicht gefällt

- Wie gefällt dir die Jacke?
- Wie findest du den Anzug?

◆ Die gefällt mir sehr gut.
◆ Den finde ich altmodisch.

über Kleidung und Farben sprechen	Trägst du gern schwarze Röcke und rote Blusen? Ich trage gern blaue Hosen und weiße T-Shirts.
Kleidung einkaufen	Ich suche einen Wintermantel. Haben Sie die schwarze Jacke in meiner Größe? Wo finde ich hier Jeans? Können Sie mir helfen, ich hätte gern eine Bluse. Steht mir diese Farbe?

nach dem Wetter fragen, Wetterinformationen verstehen

- Wie ist das Wetter bei euch in Athen? ◆ Bei uns ist es sonnig.

Wortfelder

Kleidung	der Rock, das Hemd, die Hose, die Jacke ...	**Wetterwörter**
		der Wind, der Regen, die Sonne ...
Farben	rot, grün, hellblau ...	Es ist windig. Es regnet.

Grammatik

Adjektive im Akkusativ: **unbestimmter Artikel**	Sie trägt einen **roten** Rock, ein **blaues** T-Shirt, eine **weiße** Hose.
Demonstrativa	■ Wie findest du **diese** Jacke? ◆ **Die** ist zu lang.

Aussprache

Vokale	
$i - \ddot{u} - u / e - \ddot{o} - o$	viele Anzüge, dunkle Blusen, schöne Hosen

Laut lesen und lernen

2.48

Dein neues Kleid steht dir super!

- Wie gefällt Ihnen die blaue Jeans?
- Möchten Sie den Rock anprobieren?
- Wie ist das Wetter bei euch in Wien?

◆ Ich hätte lieber eine schwarze.
◆ Ja. Haben Sie den in meiner Größe?
◆ Hier regnet es.

1 Der Körper

1 **Körper und Sport**

a) Lesen Sie die Texte. Ordnen Sie das passende Foto zu.

1. ▨ Jedes Jahr fahren Urlauber zum Skifahren in die Alpen. Nicht alle kommen gesund nach Hause. 2003 hatten in der Schweiz ca. 42 000 Skifahrer einen Unfall. Für Ulrike Weniger war der Wintersport mit dem Gipsbein vorbei, der Urlaub zum Glück nicht.

2. ▨ Beim Bodybuilding trainieren die Sportler die Muskeln an Armen, Beinen, am Bauch und am Rücken. Bodybuilder müssen viel trainieren und gesund essen. Arne Hövel braucht täglich 5000 Kilokalorien. Für ihn heißt das: jeden Tag Fisch, Fleisch, Reis und Gemüse – und zwei Stunden Training im Fitness-Studio.

3. ▨ Im Sommer in die Berge? Das ist für Sebastian Hachinger keine Frage. Für ihn sind besonders die Felsen interessant. Er ist Steilwandkletterer und braucht starke Finger und Arme. Sebastian trainiert vor dem Urlaub zu Hause in Innsbruck. Er geht dann nicht auf Berge, er klettert Wände hoch.

4. ▨ Maria Otto macht jeden Tag Tai Chi. Der Sport ist für sie Entspannung. Tai Chi ist gut für den Körper und den Kopf. Konzentration ist sehr wichtig. Jeder kann Tai Chi lernen – auch Senioren. Für sie gibt es spezielle Kurse.

b) Sprechen Sie über die Fotos.

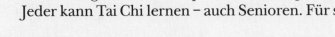

Ich mag ...

Bodybuilding finde ich ...

Klettern ist ein Trendsport.

2 **Ein „Wörterkörper".**
Zeichnen Sie weiter und ergänzen Sie *Knie, Fuß* und die Körperteile aus den Texten in Aufgabe 1.

Hier lernen Sie

▶ Körperteile benennen
▶ beim Arzt: sagen, was man hat und was wo weh tut
▶ Empfehlungen und Anweisungen geben
▶ Imperativ
▶ Modalverb *dürfen*
▶ Personalpronomen im Akkusativ

3 **Zwei Augen, zehn ... Notieren Sie die Körperteile im Plural.**
Arbeiten Sie mit der Wörterliste auf Seite 231.

4 **Körperteile von oben nach unten nennen.**
Ü 1-2 Ordnen Sie und sprechen Sie schnell.

a) die Nase, das Bein,
das Knie, der Fuß,
das Auge, der Bauch

b) der Mund, der Bauch,
die Haare, der Hals,
die Ohren, die Füße

5 **Körperteile und Tätigkeiten. Was passt? Ergänzen Sie.**

_____ essen

küssen

_____ laufen

2 Bei der Hausärztin

  1 **Herr Aigner hat Fieber und Halsschmerzen.** Er macht einen Termin
2.49 bei seiner Hausärztin. Hören Sie und notieren Sie den Termin.

  2 **Anmeldung in der Arztpraxis**
2.50

a) Hören Sie und lesen Sie mit. Was ist anders?

- Guten Morgen, mein Name ist Aigner.
  Ich hatte einen Termin.
- Morgen, Herr Aigner. Waren Sie in
  diesem Quartal schon mal bei uns?
- Nein, in diesem Quartal noch nicht.
- Dann brauche ich Ihre Kranken-
  versicherungskarte.
- Hier, bitte. Muss ich warten?
- Ja, aber nicht lange. Hier ist Ihre Karte.
  Sie können im Wartezimmer Platz
  nehmen.

b) Sprechen Sie den Dialog laut. Achten Sie auf Aussprache und Betonung.

Landeskunde

Krankenversicherung

Seit über 100 Jahren gibt es in Deutschland
die Krankenversicherung. Arbeitnehmer
müssen sich gegen Krankheit versichern.
Alle Versicherten bekommen eine
Krankenversicherungskarte. Beim Arzt
muss man sie zeigen. Auf der Karte sind
Informationen über die Versicherten
gespeichert. Die Krankenversicherung
bezahlt nicht alle Arztkosten. Medikamente
kauft man in der Apotheke. Man braucht
ein Rezept vom Arzt. Tabletten gegen Kopfschmerzen und Hustensaft kann man auch
ohne Rezept kaufen.

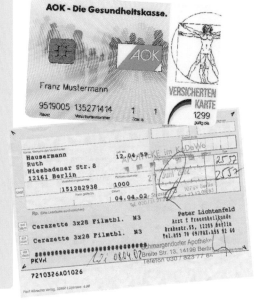

3 **Bei der Ärztin. Was sagt Herr Aigner?** Ergänzen Sie die Sätze und kontrollieren Sie mit der Tonaufuahme.

Darf ich rauchen? – Tag, Frau Doktor. Ich habe seit zwei Tagen Fieber und mein Hals tut weh. – Hust-hust. Ist es schlimm? – Ja, mach ich. Danke, Frau Doktor. Auf Wiedersehen. – Aaaaa!

▨ Guten Tag, Herr Aigner. Was fehlt Ihnen denn?

◆ ....

▨ Sagen Sie mal „Aaaa"!

◆ ....

▨ Ja, Ihr Hals ist ganz rot. Husten Sie mal!

◆ ....

▨ Na ja, Sie haben eine Erkältung. Ich schreibe Ihnen ein Rezept.

◆ ....

▨ Nein, und Sie dürfen auch keinen Alkohol trinken! Ich schreibe Sie eine Woche krank. Und kommen Sie bitte nächste Woche wieder.

◆ ....

▨ Gute Besserung, Herr Aigner!

4 **Dialoge üben.** Wählen Sie eine Rollenkarte aus. Schreiben und spielen Sie Dialoge mit dem Partner / der Partnerin.
Ü 3–5

Herr Wondrak fühlt sich nicht gut. Er arbeitet 14 Stunden am Tag. Der Arzt schreibt ihn drei Tage krank. Herr Wondrak muss sich ausruhen und darf nicht mit der Firma telefonieren.

Frau Beier hat seit einer Woche Schnupfen und Husten. Der Arzt verschreibt Hustensaft. Frau Beier muss viel trinken. Sie darf nicht schwimmen gehen.

Tobias hat Fußball gespielt. Jetzt tut sein Bein weh. Die Ärztin verschreibt eine Sportsalbe. Tobias muss sein Bein dreimal täglich einreiben. Er darf keinen Sport machen.

Redemittel

das sagt die Ärztin / der Arzt

Was fehlt Ihnen? / Wo haben Sie Schmerzen? / Tut das weh?
Haben Sie auch Kopf-/Hals-/Rückenschmerzen?
Ich schreibe Ihnen ein Rezept.
Nehmen Sie die Tabletten dreimal am Tag vor/nach dem Essen.
Sie dürfen keinen Alkohol trinken. / Sie dürfen nicht rauchen.
Bleiben Sie im Bett. Ich schreibe Sie ... Tage krank.

das sagt die Patientin / der Patient

Ich fühle mich nicht gut. / Mir geht es nicht gut.
Ich habe Bauch-/Magenschmerzen. / Mein Arm/Knie/... tut weh.
Wie oft / wann muss ich die Medikamente nehmen?
Darf ich rauchen? / Wann darf ich wieder Sport machen?
Wie lange muss ich im Bett bleiben?
Ich brauche eine Krankschreibung für meinen Arbeitgeber.

3 Empfehlungen und Anweisungen

1 Tipps aus der Apothekenzeitung

a) Lesen Sie den Text schnell durch (eine Minute!).
Was ist das Thema? Kreuzen Sie an.

- ■ Tipps für neue, interessante Medikamente
- ■ Tipps für die Gesundheit im Herbst und im Winter
- ■ Tipps für die Ernährung von Sportlern

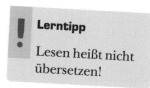

Lerntipp

Lesen heißt nicht
übersetzen!

APOTHEKEN **Umschau** 15. September 2004 B

Das Gesundheits-Magazin · Bezahlt von Ihrer Apotheke

Im Herbst das Immunsystem stärken

Falsche Kleidung bei Regen, Schnee und Kälte und schon tun
Hals und Kopf weh – Sie haben eine Erkältung. Im Herbst und
Winter nehmen Erkältungen zu. Was kann man dagegen tun?
Sport und Bewegung sind gut für das Immunsystem. Gehen
Sie spazieren oder joggen Sie – auch im Winter! Duschen Sie
abwechselnd heiß und kalt oder gehen Sie in die Sauna.
Wichtig: kein Stress! Machen Sie autogenes Training, Yoga
oder Gymnastik und denken Sie daran: Energie tanken!
Trinken Sie viel und oft, am besten Tee und Mineralwasser.
Nehmen Sie sich Zeit zum Essen. Essen Sie viel Obst
und Gemüse und trinken Sie frischen Orangensaft. Er hat viel
Vitamin C. Brot, Nudeln und Kartoffeln machen Sie fröhlich.
Essen Sie wenig Fleisch, aber zweimal in der Woche Fisch.
Dann bleiben Sie auch im Herbst und Winter gesund!

Energie tanken

Internettipp

www.gesundheitpro.de

b) Lesen Sie den Text noch einmal. Sammeln Sie die Tipps gegen
Erkältung. Haben Sie andere Tipps?

Gehen Sie ...

2 Aussagesatz – Imperativsatz.

Wo steht das Verb? Vergleichen Sie.

Sie ⟨trinken⟩ Tee.

⟨Trinken⟩ Sie Tee!

Arzneitee Nr.26
Heilkräuter nur aus Ihrer Apotheke

H&S Salbei-
blätter

Bei Entzündungen der Mund- und Rachenschleimhaut

3 Probleme und Ratschläge. Sammeln Sie Probleme und passende Ratschläge. Schreiben Sie jeden Satz auf eine Karte. Suchen Sie im Kurs die passende Karte.

Ich bin immer müde.

Geh doch mal früh schlafen.

Iss doch Gemüse.

Mach doch mehr Sport.

Kauf nicht so viel.

Ich habe Halsschmerzen.

Nimm doch eine Halstablette.

Ich mag kein Fleisch.

Ich habe kein Geld.

Ich bin zu dick.

4 Imperative

32 Ü 6

a) Finden Sie weitere Formen im Text zu Aufgabe 1 und ergänzen Sie die Tabelle.

Infinitiv	Imperativ (3. Pers. Pl.)	2. Pers. Sg.	Imperativ (2. Pers. Sg.)
nehmen	Nehmen Sie eine Tablette!	du nimmst	Nimm eine Tablette!
gehen	Gehen Sie zum Arzt!	du gehst	Geh zum Arzt!
...	...	...	...

Grammatik

Minimemo Du bist zu laut. Sei bitte ruhig!

b) Vergleichen Sie die 2. Person Singular und den Imperativ. Ergänzen Sie die Regel.

Regel Imperativ = 2. Person Singular minus .... !

5 Drei Tipps für den Rauchstopp. Christina hat es geschafft!

Ü 7

Hier ihre Tipps für Hermann und Silke.

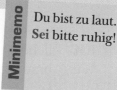

1. Wählt eine Zeit ohne Stress für den Rauchstopp, zum Beispiel den Urlaub.
2. Geht nicht auf Partys oder in Kneipen. Oder: Geht mit Nichtrauchern aus.
3. Verändert typische Rauchsituationen – nehmt nicht Kaffee mit Zigarette, trinkt lieber Tee und lest Zeitung dazu.

a) Haben Sie weitere Tipps? Welche funktionieren gut? Welche nicht?

b) Ergänzen Sie die Tabelle.

32

Infinitiv	2. Pers. Pl.	Imperativ (2. Pers. Pl.)
gehen	Ihr geht nicht auf Partys.	Geht nicht auf Partys!
...	...	...

Grammatik

4 Personalpronomen im Akkusativ

1 **Wer sagt was?** Ordnen Sie die Sätze den Zeichnungen zu.

1. ▦ Wo bleibst du? Ich warte auf dich!
2. ▦ Es ist aus, aber ich liebe ihn noch!
3. ▦ Wie findest du sie?
4. ▦ Holst du uns am Bahnhof ab?

2 **Dichten mit Akkusativpronomen.** Schreiben Sie ein Gedicht.

	höre(n)	mich	
	sehe(n)	dich	nicht.
Ich	liebe(n)	ihn, sie, es	heute.
Wir	brauche(n)	uns	, oder?
	kenne(n)	euch	, aber ...
	verstehe(n)	sie	

> Ich höre dich.
> Ich sehe dich.
> Ich liebe dich,
> aber wir kennen uns nicht.

3 **Ein Liebesbrief.** Ergänzen Sie die Personalpronomen im Akkusativ.

Ü 8

Liebe Jenny,

du kennst ...., wir sehen ....jeden Morgen im Bus. Ein Morgen

ohne ....ist wie ein Morgen ohne Sonne! Manchmal siehst du ....

an, das macht ....sehr glücklich. Mein Herz klopft dann sehr laut –

kannst du ....hören? Ich denke oft an..................... Deine Augen, deine

Haare – du bist für ....eine Traumfrau! Ich möchte ....kennen

lernen. Kommst du morgen um 19.30 Uhr ins Café Bohème?

Viele liebe Grüße, dein Pjotr

4 Schreiben Sie einen Antwortbrief für Jenny. Die Baukästen helfen.

Ü9 Lesen Sie Ihren Brief laut vor.

5 Sätze mit Emotionen – das Emotionsthermometer

a) Ordnen Sie die Sätze von links nach rechts und vergleichen Sie im Kurs.

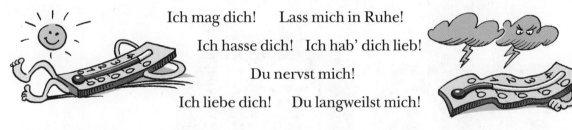

Ich mag dich!   Lass mich in Ruhe!

Ich hasse dich!   Ich hab' dich lieb!

Du nervst mich!

Ich liebe dich!   Du langweilst mich!

b) Was denken die beiden?

1 Morgengymnastik. Die fünf Tibeter. Hören Sie und ordnen Sie zu.

2.52

2 Was passt? Schreiben Sie die Körperteile zu den Gegenständen.

1. *die Nase, die Augen*   2. ....   3. ....

4. ....   5. ....   6. ....

7. ....

8. ....

9. ....

3 **Arztbesuche**

a) Zu welchem Arzt gehen Sie? Ordnen Sie die Sätze zu.

Dr. med. Annette Mätzer
praktische Hausärztin

Mo, Di, Do 10 –13 u. 14 –18 Uhr
Mi + Fr 10 –14 Uhr
Tel.: 626 65 45

a

Innere Medizin, Kardiologie

Dr. med. Lutz Pannier

Mo.–Fr. 9 –12
Mo. u. Do. 14 –16 Uhr
Tel.: 55 66 78 94

b

Dr. med. B. Sendler
Augenärztin

Sehschule und Kontaktlinsen

Mo, Di, Do 10 –13 u. 14 –18 Uhr
Mi + Fr 9 –13 Uhr
alle Kassen

c

Dr. med. Andrea Frisch
*Facharztin für Kinderheilkunde
und Allergologie*

Mo–Fr 10 –12 u. 15 –17 Uhr,
Sa n. Vereinb.

d

Dr. med. dent. A. Lange
Zahnarzt

Mo.–Fr. 9 –12,
Mo. u. Do. 14 –19 Uhr
Tel.: 56 32 75 88

e

1. ▨ Mein Kind hat Fieber.
2. ▨ Ich habe Zahnschmerzen.
3. ▨ Ich habe Halsschmerzen und Schnupfen.
4. ▨ Ich habe Magenschmerzen.
5. ▨ Ich kann nicht gut sehen.

b) Anmeldung in der Zahnarztpraxis. Ergänzen Sie den Dialog.

Nein, leider nicht. – Guten Tag, ich habe starke Zahnschmerzen. – Hier, bitte. –
Ja, mein Name ist Marianowicz. Muss ich lange warten? – Gut, mache ich. Danke.

▪ Guten Tag.

◆ ....

▪ Haben Sie einen Termin?

◆ ....

▪ Waren Sie schon mal bei uns?

◆ ....

▪ Leider ja. Wir haben heute viele Patienten. Ich brauche Ihre
Krankenversicherungskarte.

◆ ....

▪ Danke ... So, hier ist Ihre Karte. Bitte nehmen Sie im Wartezimmer Platz.

◆ ....

4 **Bei der Hausärztin.** Was fehlt Ihnen?
Ergänzen Sie.

Was fehlt Ihnen denn?

1. ....

2. ....

3. ....

4. ....

5. Ich habe Hals-
schmerzen. /
Mein Hals tut weh.

6. ....

5 **Verboten**

a) Was darf man / dürfen Sie hier nicht? Schreiben Sie Sätze.

parken – fotografieren – ~~ins Wasser springen~~ – weiterfahren – Fußball spielen –
essen und trinken – Ski fahren

1. *Hier dürfen Sie nicht* ....

2. ....

3. ....

4. *Hier darf man nicht ins Wasser springen.* ....

5. ....

6. ....

7. ....

b) Suchen Sie auf Seite 193 die fehlenden Formen von *dürfen* und ergänzen Sie im Heft.

> ich ...
> du darfst
> er/sie/es ...
> wir dürfen
> ihr dürft
> sie/Sie ...

6 **Herr Gabel ist krank. Was sagt der Arzt?** Hören Sie den Dialog und kreuzen Sie an.

.53

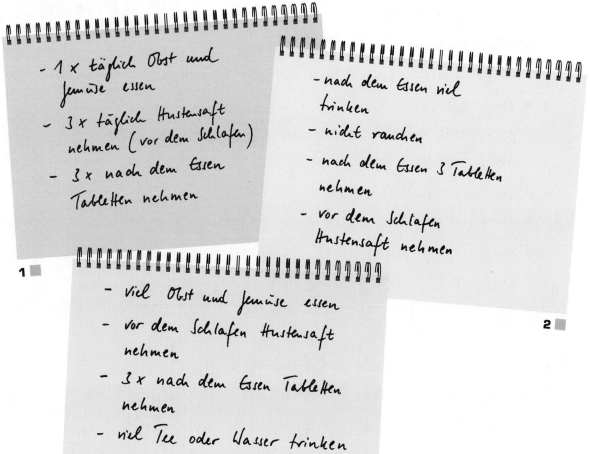

1 – 1 x täglich Obst und Jemüse essen
– 3 x täglich Hustensaft nehmen (vor dem Schlafen)
– 3 x nach dem Essen Tabletten nehmen

2 – nach dem Essen viel trinken
– nicht rauchen
– nach dem Essen 3 Tabletten nehmen
– vor dem Schlafen Hustensaft nehmen

3 – viel Obst und Jemüse essen
– vor dem Schlafen Hustensaft nehmen
– 3 x nach dem Essen Tabletten nehmen
– viel Tee oder Wasser trinken

7 **Imperative.** Was sagen Sie?

1. morgen pünktlich kommen (ihr)
Bitte kommt morgen pünktlich!

2. etwas lauter sprechen (Sie)
Sprechen Sie bitte etwas lauter!

3. das Wörterbuch geben (du)
Gib mir bitte das Wörterbuch!

4. einen Moment warten (ihr)

5. die Regel erklären (Sie)

6. das Auto reparieren (Sie)

7. den Brief noch einmal vorlesen (du)

8. noch ein Stück Kuchen nehmen (du)

🎧 **8** **Partygespräche. Hören Sie die Gespräche und**
2.54 **ergänzen Sie die Personalpronomen im Akkusativ.**

1. ■ Siehst du den tollen Typ da drüben?

   ◆ Den Blonden? Das ist Peter! Findest

   du .... gut?

   ■ Ja, er sieht super aus!

   ◆ Ich habe seine Telefonnummer.

   Ruf .... doch mal an.

2. ■ Bist du noch mit Ulla zusammen?

   ◆ Nein, ich habe .... schon seit einem halben Jahr nicht mehr getroffen.

3. ■ Hallo! Ich glaube, ich habe .... schon einmal gesehen.

   ◆ Ja, natürlich! Am Montag haben wir .... in der Galerie getroffen.

   Wie geht es Ihnen denn?

4. ■ Du hast ja ein tolles Kleid an!

   ◆ Danke. Ich habe .... letzte Woche gekauft.

5. ■ Ihr habt .... im Café am Markt getroffen, du und ein junger Mann.

   Du liebst .... nicht mehr!

   ◆ Natürlich liebe ich .... noch. Er ist mein Kollege. Wir hatten ein Arbeitsessen.

9 **Finden Sie die zehn Wörter.**

1. Ein toller Mann: ....

2. Diesen Brief bekommt jeder gern:

   ....

3. Bodybuilder trainieren die

   ....

4. Damit gehen wir: ....

5. Etwas tut weh. Ich habe ....

6. Das bekommt man vom Arzt und bringt es

   zur Apotheke: ....

7. Eine Medizin: ....

8. Das Gegenteil von Bauch: ....

9. Ein Raum in der Arztpraxis: ....

10. Eine leichte Krankheit: ....

R	M	U	S	K	E	L	N	F	T	S	M
L	D	W	T	R	A	U	M	M	A	N	N
I	N	R	E	Z	E	P	T	A	D	R	O
E	O	T	A	B	L	E	T	T	E	N	H
B	P	X	I	R	Ü	C	K	E	N	V	T
E	Z	I	R	K	K	U	L	V	G	W	Q
S	K	O	M	B	U	N	O	L	M	D	J
B	S	X	O	H	W	W	V	O	G	M	L
R	S	S	C	H	M	E	R	Z	E	N	G
I	W	A	R	T	E	Z	I	M	M	E	R
E	R	K	Ä	L	T	U	N	G	J	Q	U
F	W	A	D	Q	B	E	I	N	E	F	K

Das kann ich auf Deutsch

beim Arzt sagen, was ich habe und was wo weh tut

Ich habe Kopfschmerzen/Halsschmerzen/Rückenschmerzen. / Ich habe Fieber.
Ich fühle mich nicht gut. / Mein Kopf tut weh.

fragen, wie es jemandem geht

Wie geht es Ihnen? / Wie geht es dir? / Wie fühlen Sie sich? / Wie fühlst du dich?

Fragen und Informationen beim Arzt verstehen

Wo haben Sie Schmerzen? / Sagen Sie mal Aaaa! /
Ich schreibe Sie drei Tage krank. / Ich schreibe Ihnen ein Rezept.
Brauchen Sie eine Krankschreibung?

Anweisungen und Empfehlungen geben

Nehmen Sie die Tabletten nach dem Essen. / Rauch nicht so viel! /
Geht doch heute mal früher ins Bett!

Wortfelder

Körperteile	der Kopf, die Nase, das Bein, die Augen ...
beim Arzt / in der Apotheke	die Halsschmerzen / Kopfschmerzen / Rückenschmerzen die Erkältung, das Medikament, das Rezept

Grammatik

Imperativ

Ruf mich an! / **Nehmen** Sie die Tabletten vor dem Essen! / **Arbeitet** zusammen!

Modalverb *dürfen*

Darf ich hier rauchen? / Hier **dürfen** Sie nicht parken.

Personalpronomen im Akkusativ

Du verstehst **mich** nicht. Ich liebe **dich**. Ich kenne **ihn/es/sie**. Sie besuchen **uns** heute. Wir rufen **euch** an. Triffst du **sie** heute? Ich kann **Sie** nicht gut hören.

🎧 Laut lesen und lernen

2.55

Aua, das tut weh!
Ich bin erkältet. Meine Nase läuft.
Ich fühle mich nicht gut. / Mir geht es schlecht. / Mir geht es gar nicht gut.
Nimm eine Tablette! / Essen Sie mehr Obst und trinken Sie weniger Alkohol.

1 Berufsbilder

1 Beruf *Reiseverkehrskauffrau*. Sehen Sie die Fotos an.
Was machen Reiseverkehrskaufleute?

Jenny Manteufel, Reiseverkehrskauffrau

Jenny Manteufel arbeitet im Reisebüro Ikarus in Kassel. Sie ist Reiseverkehrs-
kauffrau und organisiert Urlaubs- und Geschäftsreisen. Reiseverkehrskaufleute reservieren Zimmer in Hotels und informieren Kunden über Reiseziele.
Frau Manteufel muss viele Länder sehr gut kennen. Sie ist Spezialistin für
Reisen nach Kanada. Mit dem Computer recherchiert sie Reiseziele oder
Fahrpläne. Sie muss viel organisieren, z. B. Exkursionen planen und dann die
Hotels buchen. Manchmal macht sie auch eine Qualitätskontrolle in Hotels
oder sie informiert sich über neue Reisetrends auf einer Messe. Letzte Woche
war sie in Friedrichshafen zur Internationalen Touristikmesse „Reisen und
Freizeit". Im Trend sind Trekking-Touren.

2 a) Lesen Sie den Text und sammeln Sie Informationen im Wörternetz.

recherchieren /
Informationen sammeln

reservieren/buchen

Reiseverkehrskaufleute

Reiseziele/Trends

organisieren

2.56

b) Was erzählt Jenny Manteufel noch? Hören Sie das Interview
und ergänzen Sie das Wörternetz.

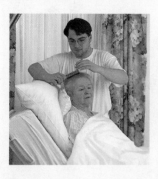  

3 Beruf *Gesundheits- und Krankenpfleger.* **Lesen Sie den Text und sammeln Sie die Informationen in einer Tabelle.**

Roland Sänger, Gesundheits- und Krankenpfleger

Gesundheits- und Krankenpfleger/innen pflegen, beobachten und beraten Patientinnen und Patienten. Wir müssen z. B. die Patienten waschen oder Essen und Medikamente verteilen. Wir helfen den Ärzten auch bei Untersuchungen. Bei Operationen kontrollieren wir medizinische Apparate und Instrumente. Meistens arbeiten wir in Krankenhäusern, aber auch in ambulanten Stationen, dann pflegen wir die Patienten auch zu Hause. Meine Ausbildung hat drei Jahre gedauert. Im Moment arbeite ich im Schichtbetrieb im Krankenhaus. Meine Arbeit beginnt mal um sechs Uhr morgens, mal um zwei Uhr mittags oder um zehn Uhr abends.

Aufgaben	Arbeitszeiten	Arbeitsorte
Patienten pflegen		

4 Dialoge im Beruf. **Wer sagt was? Ordnen Sie die Dialoge im Heft. Kontrollieren Sie mit der Tonaufnahme und spielen Sie die Dialoge.**

~~Was kann ich für Sie tun?~~ – Kein Fieber? Wir messen aber noch einmal vor dem Frühstück. – Wie viel kostet der Flug? – 278 Euro, inklusive Steuern. – Guten Morgen, Frau Otto. Wie geht es Ihnen? – Ich muss am 27. September in Istanbul sein. – Wann gibt es Frühstück? – Um 14.10 Uhr. – In zwei Minuten, danach nehmen Sie bitte die Tabletten, okay? – Also, es gibt einen Flug am 27.09. um 11.35 Uhr. – Danke, besser. Ich habe kein Fieber. – Wann bin ich dann in Istanbul? – Gut, aber geben Sie mir bitte noch ein Glas Wasser. – Ja, der ist gut, den nehme ich.

Im Reisebüro

Was kann ich für Sie tun? ....

....

....

....

Im Krankenhaus

Guten Morgen, Frau Otto. Wie ....

....

....

....

2 Themen und Texte

1 **a)** **Deutsch und Deutschland im Alltag.** Kennen Sie Produkte „Made in Germany"? Sammeln Sie.

b) Lesen Sie den Text. Welche Überschrift passt am besten?

a **In einem Labor in Hamburg**

b **Creme und Body Lotion aus Öl, Wasser und Eucerit**

c **Nivea – eine Creme geht um die Welt**

Wer kennt sie nicht, die blaue Cremedose mit der weißen Schrift? Nivea-Creme ist seit 1911 auf dem Markt. Der Apotheker Dr. Oskar Troplowitz hat sie schon um 1900 in seinem Labor in Hamburg entwickelt. Troplowitz hat Öl und Wasser mit Eucerit gemischt und so eine stabile Hautcreme erfunden. Der Name Nivea kommt von „nivis", lateinisch für Schnee. Die blaue Dose gibt es seit 1924. Sie symbolisiert Frische und Sauberkeit. Nivea – das ist heute nicht nur Creme und Body Lotion, es ist die größte Kosmetik- und Körperpflegemarke der Welt.

c) **Zahlen und Wörter.** Notieren Sie Informationen aus dem Text.

1911 ....

Labor ....

blaue Dose ....

2

Wählen Sie eine Person aus und schreiben Sie ihre Biografie.

Ideen:

- Name, Alter, Herkunft, Beruf, Hobbys
- Was hat die Person gestern Abend / letzten Sommer / am Freitag gemacht?
- Wie ist/war ihr Tagesablauf?
- Was macht sie (nicht) gern?
- Welche Kleidung trägt sie gern / nicht gern?
- Was isst/trinkt sie gern?

3 Grammatik und Phonetik intensiv

1 Modalverb *dürfen*. In der Bibliothek, im Park, im Theater, im Kino, im Museum ... Was darf man, was darf man nicht? Sammeln Sie Beispiele aus Ihrem Land.

Bei uns darf man im Kino ...

In Deutschland darf man im Park nicht grillen.

Bitte beachten

Grillen verboten

2 Lange und kurze Vokale. Hören, markieren und lesen Sie laut.

geregnet – gezeltet; gebadet – gemacht; gespielt – besichtigt; geplant – übernachtet

Ich habe eine Radtour gemacht. Du hast dich an der Ostsee erholt.
Er hat am Meer gezeltet.

3 Aussprache -e, -en, -el, -er. Hören Sie. Dann lesen Sie laut.

Ich habe heute keine Sahnetorte. / Am liebsten möchten wir einen Kuchen essen.
Äpfel und Kartoffeln sind Lebensmittel. / Eier esse ich lieber, aber Eier sind teuer.

4 Aussprache i, ü, e, ö. Hören Sie die Wortpaare und sprechen Sie nach.

vier – für, lesen – lösen, der Vogel – die Vögel, drücken – drucken

5 Drei lange Vokale nebeneinander. Hören Sie und sprechen Sie nach.

vier – für – ich fuhr, das Tier – die Tür – die Tour, Kiel – kühl – cool

6 Ihr Lieblingstext. Wählen Sie einen Text aus *studio d* und lesen Sie ihn laut vor.

7 Reflexion „Unser Deutschkurs"

a) Schreiben Sie Sätze über den Kurs auf Papierstreifen. Die Stichwörter helfen.

Lesen kann ich gut.   *Wir müssen mehr Spiele machen.*

schreiben – sprechen – hören – lesen – Hausaufgaben – Spiele – Grammatik –
Wörter – Dialoge – Aussprache – Fotos – Video – Internet – Übungen

... kann ich gut / sehr gut / gar nicht.
... hat viel/wenig Spaß gemacht.
... mag ich gar nicht.
Das Thema ... finde ich ...
Probleme habe ich mit: ...

... müssen wir mehr machen.
... können wir weniger machen.
Langweilig/interessant war ...
Meine Lieblingseinheit war ...

b) Sammeln Sie die Sätze und ordnen Sie sie. Machen Sie ein Plakat
für den Kursraum.

4 Videostation 3

1 **Justyna lädt Da und Andrick ein.** Ergänzen Sie die Karte
mit Informationen aus dem Video.

Liebe Da,

Katja ist aus .... zurück! Das wollen wir ....

Du bist herzlich eingeladen!

Wann? Am 18. Juni, abends um .... Uhr!

Bitte iss vorher nichts, es gibt .... und ....!

Liebe Grüße und bis dann
Justyna

2 Der Einkaufszettel von Justyna.
Was kauft sie auf dem Markt? Streichen Sie durch.

1 Gurke
Kirschen
Paprika
6 Äpfel
1 Schale Erdbeeren
Nudeln
3 Flaschen Mineralwasser
2 Flaschen Rotwein
1 Brot
Salat
1 kg Tomaten

3 **Was gibt es auf dem Markt?**

a) Sammeln Sie Produkte.

Obst	Gewicht/ Preis	Gemüse	Gewicht/ Preis	Käse	Gewicht/ Preis
Äpfel	1 kg / 1,99€	Gurken			
Erdbeeren					

b) Gewicht? Preise? Sehen Sie
die Marktszene noch einmal
und ergänzen Sie Ihre Tabelle.

4 **Katja schreibt einen Brief an ihren Vater und erzählt von Berlin.**
Was hat sie gemacht? Korrigieren Sie die Reihenfolge.
Schreiben Sie den Brief. Verwenden Sie *zuerst, dann,*
danach.

1. ▨ Später bin ich dann noch am Potsdamer Platz
   gewesen.
2. ▨ Frau Garve hat mich nach dem Studium gefragt.
3. ▨ Im September kann ich in Berlin anfangen!
4. ▨ Im Verlag habe ich eine Besucherkarte bekommen.
5. ▨ Ich habe in der Friedrichstraße eingekauft.
6. ▨ Ich habe eine Stadtrundfahrt mit der Linie 100
   gemacht.

5 **In die Alpen oder ans Meer?** **Sehen Sie die Urlaubsvideos von Justyna an.**
Ordnen Sie die Wörter.

Ruhe – Sonnenschein – Fitnessurlaub – Beachvolleyball – wandern – klettern –
Natur – Schnee – Insel Rügen – Abenteuer – Bewegung – Caspar David Friedrich –
Nord- und Ostsee – Bergführer – schwimmen

Berge	Meer	Berge und Meer
....	....	....
....	....	....

6 **Beim Wandern in den Alpen gibt es am Ende immer eine Brotzeit.**
Beschreiben Sie, was das ist.

7 **Ferienpläne.** **Wer sagt was? Katja (K), Justyna (J) oder Matthias (M)?**

1. ▨ Ich muss bis zum Sommer noch drei Referate
   halten und dann fahre ich in die Berge.

2. ▨ Ich fahr' lieber ans Meer.

3. ▨ Genau: Sonne, Strand, baden ...

4. ▨ Ich finde die Alpen besser.

5. ▨ Egal, Hauptsache endlich Ferien!

5 Endspurt: Eine Rallye durch *studio d*

Dieses Spiel führt Sie durch den ersten Band von *studio d*.
Wer ist zuerst am Ziel?

Spielregeln

Sie brauchen:
zwei bis vier Spieler, einen Würfel, eine Münze pro Spieler.

Was Sie tun:
richtige Antwort = zwei Kästchen weiter
falsche Antwort = zwei Kästchen zurück

 Wörter-Joker =
pro richtige Antwort
ein Feld weiter

Sie haben zehn Sekunden Zeit
pro Antwort.

Start

1
Was haben Sie
gestern gemach
Nennen Sie
drei Dinge.

11
Wie heißt der Satz?

seinen Sohn
um 17 Uhr
Peter Löscher
ab
vom Kindergarten
holt

10
**Fragen Sie
einen Spielpartner
nach seinem
Traumberuf.**

9
**Ergänzen Sie
den Dialog.**

Guten Tag,
ich hätte gerne ...
Darf es sonst ...?
Haben Sie auch ...?

8
**Wortfeld Stadt:
vier Nomen**

12
**Welche Körperteile
haben wir nur
einmal?**

13
Wie spät ist es?

14
**Wortfeld Wohnung:
fünf Zimmer**

15
**Sie suchen eine
Bank. Fragen Sie**

Ziel

24
Welche Frage passt?

Antwort:
„Im dritten Stock links, Zimmer 321."

23
Wann sind Sie geboren?

22
Buchstabieren Sie den Vornamen Ihres Spielpartners.

2
Wie heißt der Plural?

der Stuhl
das Radio
der Mann
die Straße

3
Wie heißen die Artikel?

Postkarte
Autobahn
Berufsplan
Toilettenpapier

4
Berlin: fünf Sehenswürdigkeiten

21
Nennen Sie vier Berufe.

7
Was ist das Gegenteil?

lang
teuer
alt
spät
dunkel

6
Fragen Sie nach der Uhrzeit.

5
Langer oder kurzer Vokal? Sprechen Sie laut.

Nudeln
Saft
Tasche
wohnen
viel

20
Sie kommen zu spät. Was sagen Sie?

16
Wie heißt das Partizip II?

gehen
arbeiten
hören
aufstehen

17
Sie haben eine Grippe. Was sagen Sie dem Arzt?

18
Wo sind ...?

der Eiffelturm
das Kolosseum
das Brandenburger Tor

19
Länder/Sprachen. Ergänzen Sie.

Italien/...

.../Polnisch

.../Chinesisch

die Türkei/...

Modelltest Start Deutsch 1

Wenn Sie den Band **studio d** A1 durchgearbeitet haben, können Sie Ihre Deutschkenntnisse mit der Prüfung „Start Deutsch 1" dokumentieren. Damit können Sie nachweisen, dass Sie sich auf einfache Weise auf Deutsch verständigen können und dass Sie die Niveaustufe A1 des Gemeinsamen europäischen Referenzrahmens erreicht haben. Der Test besteht aus vier Teilen: Hörverstehen, Leseverstehen, Schreiben und Sprechen.

Hören

 1 Hören Sie jeden Text zweimal und kreuzen Sie an.

2.62
–2.67

1. Wann kommt Herr Hübner?
   a) ■ Gegen 10.30 Uhr.
   b) ■ Gegen 11.30 Uhr.
   c) ■ Gegen 11.15 Uhr.

2. Welche Zimmernummer hat Frau Dr. Kunz?
   a) ■ 244.
   b) ■ 224.
   c) ■ 242.

3. Wie kommt der Mann zur Oper?
   a) ■ Er geht an der Kreuzung nach links.
   b) ■ Er geht an der Kreuzung nach rechts.
   c) ■ Er geht geradeaus bis zur Kreuzung.

4. Wo war Herr Düllmann im Urlaub?
   a) ■ In den Bergen.
   b) ■ Am Meer.
   c) ■ Auf der Insel Sylt.

5. Herr Kaminski hat ...
   a) ■ Kopfschmerzen.
   b) ■ Bauchschmerzen.
   c) ■ Halsschmerzen.

6. Was wollen die Frau und der Mann Nina schenken?
   a) ■ Ein Kleid.
   b) ■ Einen Mantel.
   c) ■ Einen Pullover.

 2 Hören Sie jeden Text einmal. Kreuzen Sie an.

2.68
–2.71

	richtig	falsch
7. Auf der linken Seite ist die Humboldt-Universität.	■	■
8. Die Erdbeeren kosten 1,99 Euro.	■	■
9. Im Herbst soll man Vitamin C nehmen.	■	■
10. Die Vorwahl von Japan ist 0088.	■	■

3 Sie hören jeden Text zweimal. Kreuzen Sie an.

.72
.76

11. Wohin fährt der Mann?
 a) ▨ Nach Hause.
 b) ▨ Ins Büro.
 c) ▨ Nach Köln.

12. Wann kann man Dr. Mocker dienstags erreichen?
 a) ▨ Von 11 bis 19 Uhr.
 b) ▨ Von 8 bis 13 Uhr.
 c) ▨ Von 8 bis 12 Uhr.

13. An welchem Tag will die Frau einen Termin haben?
 a) ▨ Am Samstag.
 b) ▨ Am Donnerstag.
 c) ▨ Am Dienstag.

14. Wie war das Wetter im Norden?
 a) ▨ Bewölkt.
 b) ▨ Sonnig.
 c) ▨ Heiß.

15. Wie viel kosten die T-Shirts?
 a) ▨ 29,95 Euro.
 b) ▨ 9,95 Euro.
 c) ▨ 19,95 Euro.

Lesen

1 Sind die Sätze richtig oder falsch? Kreuzen Sie an.

1. Silke kommt um 15.00 Uhr an.
 ▨ richtig ▨ falsch

2. Peter soll sie zwischen fünf und sechs Uhr anrufen.
 ▨ richtig ▨ falsch

Lieber Peter,
komme heute Nachmittag gegen drei zurück. Gehen wir heute Abend essen? Ruf mich an. Zwischen fünf und sechs bin ich aber beim Arzt.
Deine Silke

3. Pia und Holger sind umgezogen.
 ▨ richtig ▨ falsch

4. Das Wohnzimmer ist sehr hell.
 ▨ richtig ▨ falsch

5. Die Küche ist nicht sehr groß.
 ▨ richtig ▨ falsch

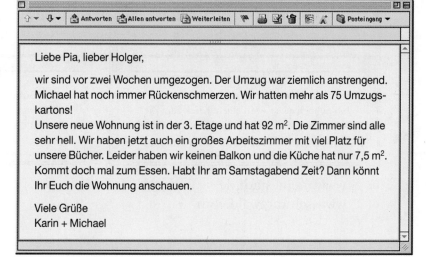

Liebe Pia, lieber Holger,

wir sind vor zwei Wochen umgezogen. Der Umzug war ziemlich anstrengend. Michael hat noch immer Rückenschmerzen. Wir hatten mehr als 75 Umzugskartons!
Unsere neue Wohnung ist in der 3. Etage und hat 92 m². Die Zimmer sind alle sehr hell. Wir haben jetzt auch ein großes Arbeitszimmer mit viel Platz für unsere Bücher. Leider haben wir keinen Balkon und die Küche hat nur 7,5 m². Kommt doch mal zum Essen. Habt Ihr am Samstagabend Zeit? Dann könnt Ihr Euch die Wohnung anschauen.

Viele Grüße
Karin + Michael

6. Sie möchten Polnisch lernen. Wo finden Sie Informationen?

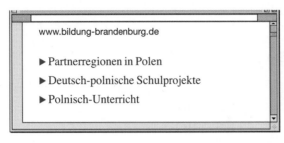
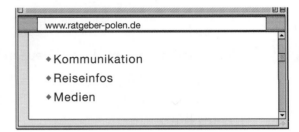

a) ☐ www.bildung-brandenburg.de

b) ☐ www.ratgeber-polen.de

7. Sie suchen einen neuen Kleiderschrank. Wo finden Sie Informationen?

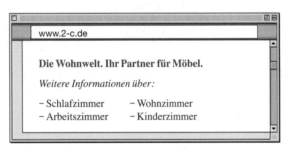
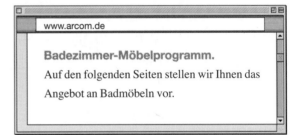

a) ☐ www.2-c.de

b) ☐ www.arcom.de

8. Sie möchten in Österreich auf der Donau eine Schiffsreise machen. Wo bekommen Sie Informationen?

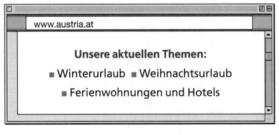
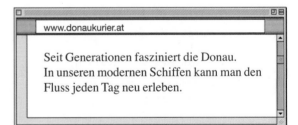

a) ☐ www.austria.at

b) ☐ www.donaukurier.at

9. Sie möchten im Schwarzwald arbeiten. Wo finden Sie Informationen?

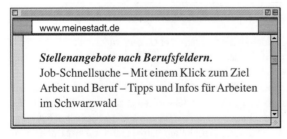
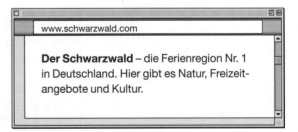

a) ☐ www.meinestadt.de

b) ☐ www.schwarzwald.com

10. Sie möchten einen Kletterkurs für Anfänger machen.
Sie können aber nur nachmittags. Wo rufen Sie an?

Sport- und Kletterclub Buch
geöffnet: jeden Abend
☎ 949 78 25

Alpinclub Essen
geöffnet: 12.00 – 22.00 Uhr
Telefon: 879 85 126

a) ■ Tel. 949 78 25.
b) ■ Tel. 879 85 126.

3 Lesen Sie die Texte und die Aufgaben. Kreuzen Sie an.

11. An einer Arzttür:

Es ist Mittwochvormittag.
Sie können bei Dr. Steffens
jetzt einen Termin
bekommen.
■ richtig ■ falsch

Dr. Kai-Alexander Steffens

Sprechzeiten:

Mo	Di	Mi	Do	Fr
9 –12	9 –12		9 –12	11–14
15 –19	15 –18	15 –18	15 –18	

12. In der S-Bahn:

Heute fahren die S-Bahnen
nur bis zum Hauptbahnhof.
■ richtig ■ falsch

Die S-Bahn-Linie S1 fährt
heute nur zum Hauptbahnhof.
Zur Weiterfahrt nach Gries-
heim nehmen Sie bitte die S2.

13. An der Tür einer Bäckerei:

Schon heute können Sie Brot
und Brötchen in der Herren-
bergerstraße 22 kaufen.
■ richtig ■ falsch

WIR SIND UMGEZOGEN!
Die Bäckerei Blank finden Sie ab sofort
in der Herrenberger Straße 22.

14. Eingang von einem Geschäft:

Ihr Tisch ist kaputt. Sie können
ihn in das Geschäft bringen.
■ richtig ■ falsch

Wir kaufen, verkaufen
und reparieren alte Möbel.

15. In der Sprachschule:

Die Teilnehmer können
mittags einkaufen gehen.
■ richtig ■ falsch

Das Exkursionsprogramm für den Kurs Deutsch II am 8.10.

7.57 Uhr Abfahrt Hauptbahnhof Tübingen
9.53 Uhr Ankunft Heidelberger Hauptbahnhof
10.00 – 14.00 Uhr Stadtbesichtigung (Universität, Heidelberger
Schloss usw.)
15.00 – 19.00 Uhr frei (Stadtbummel, Einkaufen in der
Hauptstraße)
19.30 Uhr Theaterbesuch

Schreiben

1 Ihre Freundin, Jitka Staňková, spricht kein Deutsch. Sie möchte einen Deutschkurs an der Volkshochschule machen (Deutschkurs, Stufe 1, Anfänger). Im Kursprogramm finden Sie folgenden Kurs für sie:

```
Deutsch — Stufe I
Kursnummer: 4017-40
Mo + Di + Do + Fr 9.00—12.00 Uhr
€ 192,—
```

Familienname:	
Vorname:	
Straße, Hausnummer:	
Postleitzahl, Wohnort:	
Telefon:	*0511/818384*
Beruf:	
Kursnummer:	
Kurs:	
Preis:	

Helfen Sie ihr und füllen Sie das Anmeldeformular für sie aus.

Sie wohnt jetzt in Hannover, in der Lutherstraße 63. Die Postleitzahl ist 30171. Zu Hause war Ihre Freundin Redakteurin bei einer Zeitung.

2 Sie sind krank. Sie können nicht nach Frankfurt zum Verlag Bauer kommen. Schreiben Sie eine E-Mail.

Schreiben Sie:
Entschuldigung.
Vorschlag:
neuer Termin – wann?

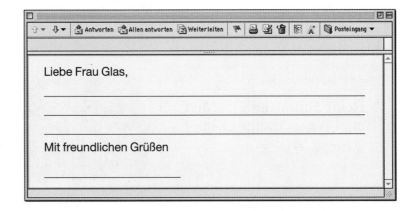

Liebe Frau Glas,

_____

_____

_____

Mit freundlichen Grüßen

_____

Sprechen

1 **Sich vorstellen.** Bitte erzählen Sie etwas über Ihre Person.

Name? – Alter? – Land? – Wohnort? – Sprachen? – Beruf? – Freizeit?

2 **Arbeiten Sie in Gruppen. Stellen Sie sich Fragen zum Thema „Das letzte Wochenende" und beantworten Sie die Fragen.**

Einkaufen: Wo? Was? – Essen/Trinken: Was? – Freunde/Familie treffen: Wann? – Freizeit: Was? Wo? Mit wem?

3 **Aufforderungen formulieren und darauf reagieren.** Arbeiten Sie mit einem Partner / einer Partnerin. Wählen Sie zwei Situationen aus. Spielen Sie die Dialoge.

Grammatik auf einen Blick – *studio d A1*

Sätze

1 W-Fragen

E 3, 5

	Position 2		
Woher	kommen	Sie?	Aus Italien.
Was	trinken	Sie?	Kaffee bitte.
Wie	heißt	du?	Claudio.
Wie viel Uhr	ist	es?	Halb zwei.
Wann	kommst	du?	Um drei.
Wer	spricht	Russisch?	Ich.

Woher kommen Sie?

2 Satzfragen

E 3

	Position 2	
Kommen	Sie	aus Italien?
Trinken	Sie	Kaffee?
Warst	du	schon mal in München?
Können	Sie	das bitte wiederholen?

Kommen Sie aus Italien?

3 Aussagesatz

E 3

	Position 2	
Ich	spreche	Portugiesisch.
Hildesheim	liegt	bei Hannover.
Marion	ist	Deutschlehrerin.

4 Der Satzrahmen

E 5

		Position 2		Satzende
Aussagesatz	Ich	rufe	dich am Samstag	an.
	Ich	stehe	am Sonntag um elf	auf.
	Ich	gehe	um zehn	schlafen.
	Ich	kann	auf Deutsch	buchstabieren.
W-Frage	Wann	stehst	du am Sonntag	auf?
	Wann	gehst	du	schlafen?
	Was	möchten	Sie	trinken?
Satzfrage	Rufst	du	mich am Samstag	an?
	Können	Sie	das bitte	buchstabieren?

5 Zeitangaben im Satz

E 5

	Position 2	
■ Wir	gehen	**am Sonntag** ins Kino. Kommst du mit?
◆ **Am Sonntag**	kommt	meine Mutter. Das geht nicht.
■ Gehen	wir	**am Samstag** ins Museum?
◆ Ja, **am Samstag**	geht	es.

6 Adjektive im Satz nach Nomen

E 4

Meine Wohnung ist **klein**.

Ich finde meine Wohnung **schön**.

7 *Es* im Satz

8 Wörter verbinden Sätze

E 2

1 Pronomen

Das ist Frau Schiller. Sie ist Deutschlehrerin.

2 Artikel

Wo ist mein Deutschbuch? **Das** ist dort drüben!

Kennst du Frau Schiller? Ja, **die** kenne ich, die ist Deutschlehrerin.

E 3

3 *dort* und *da*

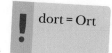

! dort = Ort

Warst du schon mal in Meran? **Dort** spricht man Italienisch und Deutsch.

■ Gehen wir am Montag ins Kino. ◆ Tut mir leid, **da** kann ich nicht. Zeit

■ Warst du schon mal in Meran? ◆ Nein, **da** war ich noch nicht. Ort

E 2, 5

4 *das*

■ Cola, Wasser , Cappuccino. **Das** macht 8 Euro 90.

? ◆ **Das** verstehe ich nicht. Können Sie **das** wiederholen?

■ Kommst du am Freitag? ◆ Freitag? Ja, **das** geht.

9 Nomen mit Artikel: *der, das, die, ein, eine, kein, keine*

E2 **1** Bestimmter Artikel: *der, das, die*

der Computer   *das* Haus   *die* Tasche
maskulin   neutrum   feminin

Au|to, das; -s, -s ⟨griech.⟩ *(kurz*
für Auto~ bil) [t k sä] Auto

Haus *n* (-es; ⁻er) casa *f;* (Gebäude)
edificio m; inmueble m; (Wohnsitz)

E2 **2** Unbestimmter Artikel: *ein, eine*

ein Computer   *ein* Haus   *eine* Tasche
maskulin   neutrum   feminin

E2 **3** Verneinung: *kein, keine*

Das ist ein Computer.   Das ist *kein* Computer, das ist ein Monitor.

Singular

			Plural	
der Computer	*das* Haus	*die* Tasche	*die*	Computer, Häuser, Taschen
ein Computer	*ein* Haus	*eine* Tasche	–	Computer, Häuser, Taschen
kein Computer	*kein* Haus	*keine* Tasche	*keine*	Computer, Häuser, Taschen

E4 **4** Bestimmter/unbestimmter Artikel und Verneinung im Akkusativ

Nominativ   **Akkusativ**

Das ist *der/(k)ein* Flur.
         das/(k)ein Bad.   Ich finde **den** Flur / *das* Bad / *die* Toilette zu klein.
         die/(k)eine Toilette.

Ich habe **(k)einen** Flur. / *(k)ein* Bad. / *(k)eine* Toilette.

5 Possessivartikel im Nominativ

Das ist mein Computer!

Personal- pronomen	Singular		Plural
	der Balkon / *das* Bad	*die* Wohnung	*die* Balkone/Bäder/ Wohnungen
ich	mein		meine
du	dein		deine
er, es, sie	sein, sein, ihr		seine, seine, ihre
wir	unser		unsere
ihr	euer		eure
sie/Sie	ihr/Ihr		ihre /Ihre

10 Nomen im Plural
E 2

–	~s	~n	~e
der Computer die Computer	das Foto die Fotos	die Tafel die Tafeln	der Kurs die Kurse
der Lehrer die Lehrer	das Handy die Handys	die Regel die Regeln	das Heft die Hefte
der Rekorder die Rekorder	der Kuli die Kulis	die Lampe die Lampen	der Tisch die Tische

~(n)en	~(ä/ö/ü)~e	~(ä/ö/ü)~er
die Zahl die Zahlen	der Stuhl die Stühle	das Haus die Häuser
die Lehrerin die Lehrerinnen	der Schwamm die Schwämme	das Buch die Bücher
die Tür die Türen	der Ton die Töne	das Wort die Wörter

! Lerntipp

Nomen zusammen mit Pluralformen lernen

Regel Der bestimmte Artikel im Plural ist immer **die**.

11 **Wortbildung: Komposita**
E 2

			Bestimmungswort	Grundwort

das Büro   *der* Stuhl

der Flur   *die* Lampe

der Schreibtisch

der Büro-stuhl
die Büro-lampe
die Flur-lampe
die Schreibtisch-lampe

Regel Der Artikel von Komposita ist der Artikel des Grundwortes.
Das Grundwort steht am Ende.

12 **Präpositionen:** *am, um, bis, von ... bis* **+ Zeit**
E 5

am   **Am** Montag gehe ich in den Kurs.

um   Der Kurs beginnt **um** neun Uhr.

Zeitpunkt   am + Tag
um + Uhrzeit

von 19 **bis** 21 Uhr.

von ... bis   Der Kurs dauert **von** Montag **bis** Freitag.
bis Sonntag.

Zeitraum

13 **Präpositionen:** *in, neben, unter, auf, vor, hinter, an, zwischen, bei* **+ Ort (Dativ)**
E 6

Wo ist mein Autoschlüssel?

Der Autoschlüssel hängt an der Wand.   ... liegt auf der Kommode.   ... liegt unter der Zeitung.   ... liegt im Regal neben den Büchern.

		Singular		
		der Schreibtisch	*das* Regal	*die* Kommode
Der Schlüssel ist	in neben unter auf vor hinter	**dem** Schreibtisch	**dem** Regal	**der** Kommode.
Der Schlüssel hängt	an			**der** Wand.
		Plural		
Der Stuhl steht	zwischen bei	**den** Schreibtische**n** / **den** Regale**n** / **den** Kommode**n**.		

in dem = **im**
an dem = **am**
bei dem = **beim**

Regel der/das → **dem**   die → **der**   die (Plural) → **den**

14 Präposition: *mit* + Dativ

E 6

der Bus	**mit dem** Bus zur Arbeit.
das Auto	Ich fahre **mit dem** Auto zur Arbeit.
die Straßenbahn	**mit der** Straßenbahn zur Arbeit.

15 Fragewörter

1, 2, 3, 5

wo?	▪ Wo warst du gestern?	◆ In Hamburg.
	▪ Aarau? Wo liegt denn das?	◆ In der Schweiz.
woher?	▪ Woher kommen Sie?	◆ Aus Polen. / Aus der Türkei.
was?	▪ Was heißt das auf deutsch?	◆ Radiergummi.
	▪ Was möchten Sie trinken?	◆ Kaffee, bitte.
wer?	▪ Wer ist denn das?	◆ Das ist John.
wie?	▪ Wie heißt du?	◆ Ich heiße Ana.
	▪ Wie viel Uhr ist es?	◆ Es ist halb neun.
wann?	▪ Wann kommst du nach Hause?	◆ Um vier.

16 Verben

E 1, 2

1 Verben: Stamm und Endungen

	kommen	wohnen	heißen	trinken	können	möchten	mögen
ich	komme	wohne	heiße	trinke	**kann**	möchte	**mag**
du	kommst	wohnst	heißt	trinkst	**kannst**	möchtest	**magst**
er/es/sie	kommt	wohnt	heißt	trinkt	**kann**	möchte	**mag**
wir	kommen	wohnen	heißen	trinken	können	möchten	mögen
ihr	kommt	wohnt	heißt	trinkt	könnt	möchtet	mögt
sie / Sie	kommen	wohnen	heißen	trinken	können	möchten	mögen

E 3, E 5

2 Hilfsverben *sein* und *haben*

		Präsens	Präteritum	Präsens	Präteritum
Singular	ich	bin	war	habe	hatte
	du	bist	warst	hast	hattest
	er, es, sie	ist	war	hat	hatte
Plural	wir	sind	waren	haben	hatten
	ihr	seid	wart	habt	hattet
	sie /Sie	sind	waren	haben	hatten

17 Verben: Verneinung mit *nicht*

E 5

Ich	gehe	am Sonntag	nicht	ins	Theater.
Ich	kann	heute	nicht.		
Am Freitag	kann	ich	nicht.		
Das	geht		nicht.		
Kommst		du	nicht	mit?	

18 Zeitangaben im Satz

E 7

	Position 2		
■ Wir	gehen	**am Sonntag** ins Kino. Kommst du mit?	
◆ **Am Sonntag**	kommt	meine Mutter. Das geht nicht.	
Meine Mutter	kommt	**am Sonntag**. Das geht nicht.	
■ Wann	muss	ich zu Hause	sein?
◆ **Um 19 Uhr**	musst	du zu Hause	sein.
Du	musst	**um 19 Uhr** zu Hause	sein.

19 Angaben im Satz – wie oft?: *jeden Tag, manchmal, nie*

E 11

Ich	kaufe	**jeden Tag**	Milch.
Jeden Tag	kaufe	ich	Milch.
Ich	kaufe	**manchmal**	Fisch.
Manchmal	kaufe	ich	Fisch.

Fleisch kaufe ich **nie**! Ich bin Vegetarier.

20 Der Satzrahmen

E 9 **1 Das Perfekt im Satz**

		Position 2		**Satzende**
Aussage	Wir	(haben)	eine Radtour	(gemacht).
	Wir	(sind)	nach Österreich	(gefahren).
mit Zeitangabe	Im Sommer	(haben)	wir eine Radtour	(gemacht).
	Wir	(sind)	drei Wochen	(geblieben).
Frage	(Habt)	ihr	eine Radtour	(gemacht)?
	(Seid)	ihr	nach Österreich	(gefahren)?
	Wohin	(seid)	ihr	(gefahren)?
	Wie lange	(seid)	ihr	(geblieben)?

2 Modalverben im Satz: *wollen, müssen, dürfen, können*

Aussage				
	Wir	(wollen)	eine Radtour	(machen).
	Ich	(darf)	kein Fleisch	(essen).
	Ich	(muss)	um acht zu Hause	(sein).
	Ich	(kann)	am Samstag nicht	(kommen).

Satzfrage				
(Wollt)	ihr	eine Radtour	(machen)?
(Darfst)	du	Fisch	(essen)?
(Müssen)	Sie	schon	(gehen)?
(Können)	Sie	eine E-Mail	(schreiben)?

Wortfrage				
	Wohin	(wollt)	ihr	(fahren)?
	Was	(darfst)	du	(essen)?
	Wann	(musst)	du	(gehen)?
	Wann	(kannst)	du	(kommen)?

21 *Es* im Satz

E 11

Es regnet.
Es ist kalt.

- ■ Gehen wir Samstag aus? ◆ Am Samstag geht es nicht.

- ■ Wie geht's (Wie geht es?) ◆ Danke, es geht.

- ■ Wir waren in den Ferien auf Mallorca. ◆ Und wie war es?

22 Wörter verbinden Sätze: *zuerst, dann, danach, und*

E 8

Zuerst waren wir in der Stadt. **Dann** waren wir in der Fußgängerzone.
Danach haben wir ein Eis gegessen. **Und** dann waren wir im Kino.

- ■ Wo geht es zum Schlosspark?
- ◆ **Zuerst** gehen Sie geradeaus bis zur Ampel. **Dann** die erste Straße links,
  danach sehen Sie schon das Schloss. **Und** hinter dem Schloss ist der Park.

23 Artikelwörter im Akkusativ: Possessivartikel, (k)ein-

E 7

Nominativ		der		das		die	
ich		mein		mein		meine	
du		dein		dein		deine	
er/es		sein		sein		seine	
sie	Das ist	ihr	Computer	ihr	Auto	ihre	Uhr.
wir		unser		unser		unsere	
ihr		euer		euer		eure	
sie/Sie		ihr/Ihr		ihr/Ihr		ihre/Ihre	
	Das ist	(k)ein	Computer	(k)ein	Auto	(k)eine	Uhr.

Akkusativ		den		das		die	
ich		mein**en**		mein		meine	
du		dein**en**		dein		deine	
er/es		sein**en**		sein		seine	
sie	Ich suche	ihr**en**	Computer	ihr	Auto	ihr**e**	Uhr.
wir		unser**en**		unser		unsere	
ihr		eur**en**		euer		eure	
sie/Sie		ihr**en**/Ihr**en**		ihr/Ihr		ihre/Ihre	
	Ich habe	(k)ein**en**	Computer	(k)ein	Auto	(k)eine	Uhr.

24 Demonstrativa: dies-

E 11

Singular		der		das		die	
Nominativ	Wie ist	dies**er**	Computer	dies**es**	Auto	dies**e**	Uhr?
Akkusativ	Ich mag	dies**en**	Computer	dies**es**	Auto	dies**e**	Uhr.

Plural			
Nominativ	Wie sind	**diese**	Computer/Autos/Uhren?
Akkusativ	Ich suche	**diese**	Computer/Autos/Uhren.

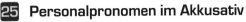

25 Personalpronomen im Akkusativ

E 12

Nominativ	Akkusativ
ich	**mich**
du	**dich**
er/es/sie	**ihn/es/sie**
wir	**uns**
ihr	**euch**
sie/Sie	**sie/Sie**

■ Kennst du Arnold Schwarzenegger?
◆ Ja, ich habe **ihn** einmal in Graz getroffen.

Hallo Petra, hast du einen neuen Freund?
Ich habe **euch** gestern in der Stadt gesehen!

26 Wortbildung: Nomen + -in, -ung

E 7

1 Nomen + -in

der Lehrer   die Lehrer**in**
der Taxifahrer   die Taxifahrer**in**

2 Nomen + -ung

die Wohn**ung**	(wohnen)	
die Ordn**ung**	(ordnen)	
die Orientier**ung**	(sich orientieren)	
die Entschuldig**ung**	(sich entschuldigen)	

Regel Nomen + ung = Artikel **die**

---

27 Adjektive – Komparation: *viel* , *gut, gern*

E 10

viel	→	*mehr*	→	*am meisten*
gut	→	*besser*	→	*am besten*
gern	→	*lieber*	→	*am liebsten*

---

28 Adjektive im Akkusativ – unbestimmter Artikel

E 11

Wer ist das?
Sein Mantel ist rot.
den Er trägt **einen** rot**en** Mantel.
Sein Hemd ist weiß.
das Er trägt ein weiß**es** Hemd.
Seine Nase ist groß.
die Er hat **eine** groß**e** Nase.
Seine Schuhe sind schwarz.
Plural Er trägt schwarz**e** Schuhe.
Das ist der Nikolaus!

---

29 Präpositionen *in, durch, über* + Akkusativ

E 8

Wohin gehen die Touristen?

	Touristen gehen	**ins** Museum. (ins = in das)	**durch** das Tor.	**über** die Brücke.
der		**in den** Zoo.	**durch den** Park.	**über den** Markt.
das	Wir gehen	**ins** Museum.	**durch das** Tor.	**über das** Gelände.
die		**in die** Oper.	**durch die** Stadt.	**über die** Brücke.

---

30 Präpositionen *zu, an ... vorbei* + Dativ

E 8

	Die Touristen gehen	**zum** Museum. (zum = zu dem)	**zur** Universität. (zur = zu der)	**am** Stadttor vorbei. (am = an dem)
der		**zum** Bahnhof.		**am** Bahnhof vorbei.
das	Wir gehen	**zum** Stadttor.		**am** Stadttor vorbei.
die		**zur** Brücke.		**an der** Brücke vorbei.

31 Modalverben *müssen, wollen, können, möchten, mögen*

E 3, E 7,
E8, E 11

	müssen	wollen	dürfen	können	möchten	mögen
ich	muss	will	darf	kann	möchte	mag
du	musst	willst	darfst	kannst	möchtest	magst
er/es/sie	muss	will	darf	kann	möchte	mag
wir	müssen	wollen	dürfen	können	möchten	mögen
ihr	müsst	wollt	dürft	könnt	möchtet	mögt
sie/Sie	müssen	wollen	dürfen	können	möchten	mögen

32 Imperativ

E 12

Nimm keine Tabletten! **Geh** zum Arzt! **Kommen Sie** bitte am Montag um neun in die Praxis! **Geht** nicht auf Partys!

Präsens	Imperativ du-Form	Präsens	Imperativ ihr-Form	Präsens	Imperativ Sie-Form
du gehst	gehst	ihr geht	geht	Sie gehen	gehen Sie
du nimmst	nimmst	ihr nehmt	nehmt	Sie nehmen	nehmen Sie

33 Perfekt: regelmäßige und unregelmäßige Verben

E 9

1 Perfekt – Partizip der regelmäßigen Verben

Wir **haben** eine Radtour **ge**mach**t**. Wir **haben** Wien **an**ge**s**chau**t**. Wir **haben** Freunde besuch**t**. Wir **sind** in den Bergen **ge**wander**t** und **haben** viel fotografier**t**.

ge...(e)t	...ge...t	...(e)t	...ieren → ...t
gemacht	eingekauft	besucht	fotografiert
gespielt	angeschaut	erreicht	probiert
gezeltet	abgeholt	übernachtet	telefoniert

2 Perfekt – Partizip der unregelmäßigen Verben

Der Urlaub **hat** begonnen. Wir **sind** nach Italien **ge**flogen. Ich **habe** meine Freundin **an**gerufen. Die Kinder **haben** Ansichtskarten **ge**schrieben. Wir **sind** in Rom **ge**wesen.

ge...en	...ge...en	...en
geflogen	aufgestanden	verloren
geschrieben	angerufen	geboren
gekommen	weitergefahren	begonnen

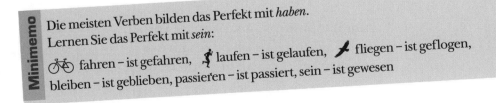

Minimemo

Die meisten Verben bilden das Perfekt mit *haben*.
Lernen Sie das Perfekt mit *sein*:
🚲 fahren – ist gefahren, 🏃 laufen – ist gelaufen, ✈ fliegen – ist geflogen,
bleiben – ist geblieben, passieren – ist passiert, sein – ist gewesen

Phonetik auf einen Blick

Die deutschen Vokale

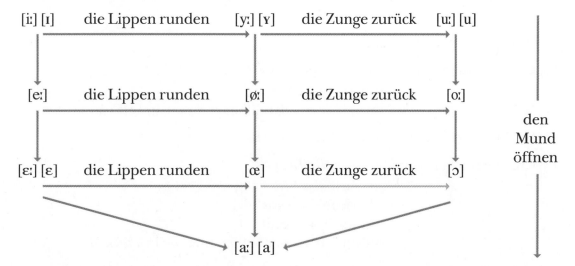

[iː] [ɪ]	die Lippen runden	[yː] [ʏ]	die Zunge zurück	[uː] [u]	
[eː]	die Lippen runden	[øː]	die Zunge zurück	[oː]	den Mund öffnen
[ɛː] [ɛ]	die Lippen runden	[œ]	die Zunge zurück	[ɔ]	
		[aː] [a]			

Beispiele für lange und kurze Vokale

[aː – a] gebadet – gemacht; [eː – ɛ] geregnet – gezeltet; [iː – ɪ] gespielt – besichtigt

Ich habe eine Radtour gemacht. Du hast dich an der Ostsee erholt. Er hat am Meer gezeltet.
Wir haben Ulm besucht. Sie haben Wien besichtigt.

Das lange [eː]

[eː]: nehmen, geben, leben, wenig, der Tee, der See

Die Endungen -e, -en, -el, -er

Ich habe heute keine Sahnetorte. Am liebsten möchten wir einen Kuchen essen.
Äpfel und Kartoffeln sind Lebensmittel. Eier esse ich lieber, aber Eier sind teuer.

Beispiele für nicht-runde und runde Vokale

[iː – yː]   vier – für, spielen – spülen, das Tier – die Tür, Kiel – kühl

[ɪ – ʏ]   die Kiste – die Küste, das Kissen – küssen, die Brillen – brüllen

[eː – øː]   lesen – lösen, er – das Öhr, die Meere – die Möhre

[ɛ – œ]   kennen – können, der Wärter – die Wörter

Beispiele für Umlaut oder nicht Umlaut

[yː – uː]   die Brüder – der Bruder, spülen – spulen

[ʏ – ʊ]   drücken – drucken, nützen – nutzen

[øː – oː]   schön – schon, die Größe – große, die Höhe – hohe

Drei lange Vokale nebeneinander

[iː – yː – uː] die Ziege – die Züge – im Zuge, das Tier – die Tür – die Tour,
vier – für – ich fuhr, spielen – spülen – spulen

Schreibung und Aussprache [p, b, t, d, k, g]

[p] kann man schreiben:	p wie in *das Papier*
	pp wie in *die Suppe*
	-b am Wort- oder Silbenende wie in *halb vier*
[b] kann man schreiben:	b wie in *ein bisschen*
[t] kann man schreiben:	t wie in *die Tasse*
	tt wie in *das Bett*
	th wie in *das Theater*
	-dt wie in *die Stadt*
	-d am Wort- oder Silbenende wie in *das Geld*
[d] kann man schreiben:	d wie in *das Datum*
[k] kann man schreiben:	k wie in *können*
	ck wie in *der Zucker*
	-g am Wort- oder Silbenende wie in *der Tag*
[g] kann man schreiben:	g wie in *gern*

Schreibung und Aussprache [f] und [v]

[f] kann man schreiben:	f wie in *fahren*
	ff wie in *der Löffel*
	v wie in *der Vater*
	ph wie in *die Phonetik*
[v] kann man schreiben:	w wie in *wer*
	v wie in *die Universität*

Schreibung und Aussprache der Nasale [n, ŋ]

[n] kann man schreiben:	n wie in *nein*
	nn wie in *können*
[ŋ] kann man schreiben:	ng wie in *der Junge*
	n(k) wie in *die Bank*

Aussprache des Konsonanten r

[r] muss man sprechen:	[r] wie in *richtig* für r am Silbenanfang
	[ʁ] wie in *der Berg* für r am Silbenende (+ Konsonant/en)
	[ɐ] wie in *besser* für -er am Silbenende

Alphabetische Wörterliste

Die alphabetische Wörterliste enthält den Wortschatz von Start bis Station 3 des Kursbuchs. Zahlen, grammatische Begriffe sowie Namen von Personen, Städten und Ländern sind in der Liste nicht enthalten.

Wörter, die nicht zum Zertifikatswortschatz gehören, sind *kursiv* gedruckt. Sie müssen Sie nicht unbedingt lernen.

Die Zahlen geben an, wo die Wörter zum ersten Mal vorkommen (z. B. 3/1.3 bedeutet Einheit 3, Block 1, Übung 3 oder ü 6/1 bedeutet Übungen zur Einheit 6, Übung 1).

Ein • oder ein – unter dem Wort zeigt den Wortakzent:
a = kurzer Vokal
a̱ = langer Vokal

Nach den Nomen finden Sie immer den Artikel und die Pluralform:

"	= Umlaut im Plural
*	= es gibt dieses Wort nur im Singular
,	= es gibt auch keinen Artikel
Pl.	= es gibt dieses Wort nur im Plural

Abkürzungen:
Abk. = Abkürzung
Kurzf. = Kurzform
etw. = etwas
jdn = jemanden
jdm = jemandem
Akk. = Akkusativ
Dat. = Dativ

A

Abend, der, -e 5/4.1
Abendessen, das, - 5/1.2
abends 5/2.1
Abenteuer, das, - Stat. 3/4.5
aber 4/1.2
abfahren, abgefahren ü 8/1a
Abfahrt, die, -en 8/1.3
abhängen von (+ *Dat.*), abgehangen 11/5.1
abholen 7/4.2
Abkürzung, die, -en Start 3.4
ablehnen 5/5.1b
absagen 5/6.4b
Abteilung, die, -en 6/2.5
abwechselnd 12/3.1a
Ach! 3/2.1
ach so 5/2.3
achten auf (+ *Akk.*) 3/1.5
Aerobic-Kurs, der, -e 7/3.2
Aha! 3/1.3
Ahnung, die, -en 2/1
Airbus, der, -se Start 1.1
Airport, der, -s Start 1.1
akademisch 3/5.1
Aktivität, die, -en 11/5.1
Akzent, der, -e 1/2.7
Aldi 6/1
Alkohol, der, -e (Alkoholika) 12/2.3
*Alkoholfreies, *,* * 1/4.3
alle 1/3.6
allein 7/3.1
allerdings 9/5.1
alles ü 8/2
Allgemeinmedizin, die, * 5/2.5
Alltag, der, * Stat. 3/2.1a
Alphabet, das, -e Start
also 1/1.1d
alt, älter, am ältesten Start 4.1
Altbauwohnung, die, -en 4/1
Alter, das, - 10/3.1a
altmodisch 11/2.5
Altstadt, die, "-e 9/1.2
ambulant Stat. 3/1.3
Ampel, die, -n 8/2.5
Ampelkreuzung, die, -en 8/2.7

Amt, das, "-er 5/2.6
an Start 4.1
Ananas, die, -se 10/4.3
anbraten, angebraten 10/5.1
anderer, anderes, andere Start
Anfang (am), der, "-e Stat. 1/1.3
anfangen, angefangen 5/6.3
angeben, angegeben 3
anhaben 11/1.2
Animateur, der, -e 7/3.2
ankommen, angekommen ü 9/11
ankreuzen 1/3.5
Ankunft, die, "-e 8/1.3
Anmeldung, die, -en 12/2.2
anprobieren 11/4.1b
Anruf, der, -e 5/3.2b
Anrufbeantworter, der, - 5/2.5
anrufen, angerufen 5
anschauen 9/2.2
anschreiben, angeschrieben 2/1
ansehen, angesehen 2/4.1
Antwort, die, -en Start 2.2
antworten 2/6.1
Anweisung, die, -en 12
anziehen (sich), angezogen 11/1.1a
Anzug, der, "-e 11/1.1a
AOK (Allgemeine Ortskrankenkasse) 5/3.1b
Apfel, der, " 10/1.1
Apfelkuchen, der, - 10/4.3
Apotheke, die, -n 12/2.2b
Apotheker/in, der/die, -/-nen Stat. 3/2.1b
Apparat, der, -e Stat. 3/1.3
April 9/4.1
Arbeit, die, -en 2/5.1
arbeiten (als) 1/2.8
Arbeitgeber, der, - 12/2.4
Arbeitnehmer/in, der/die, -/-nen 12/2.2b
Arbeitsagentur, die, -en 7/3.4
Arbeitsanweisung, die, -en 2/6.2
arbeitslos 7/3.4

Arbeitslose, der/die, -n 7/3.4

Arbeitslosigkeit, die, * 7/3.4

Arbeitsmarkt, der, "-e 7/3.4

Arbeitsplatz, der, "-e ü 7/4

Arbeitszeit, die, -en 7/3.1

Arbeitszimmer, das, - 4/4.4a

Architektur, die, -en 8/4.1

Arm, der, -e 12/1.1a

Arme, der/die, -en 4/7.1

Ärmel, der, - 11/4.1b

Artikel (Zeitungs-), der, - 10/3.1

Arzt/Ärztin, der/die, "-e/ -nen 1/4.2

Arzthelfer/in, der/die, -/-nen Stat. 2/2.1a

Arztkosten, Pl. 12/2.2b

Ärztehaus, das, "-er Stat. 2/3.1

Assoziation, die, -en 11/5.6

Atmosphäre, die, -n Start 4.1

Attraktion, die, -en 9/5.1

auch Start 2.5

auf Start

auf dem Land 4/1.1

Auf Wiederhören! 5/3.1b

Auf Wiedersehen! 1/4.3

Aufenthaltsgenehmigung, die, -en 5/2.6

Aufgabe, die, -en Start 2.7

aufstehen, aufgestanden 5

Auge, das, -n 12/1.3

August, der, * 9/1.2

aus Start 1.4

aus (sein) 12/4.1

Ausbildung, die, -en Stat. 3/1.3

ausdenken (sich etw.) 2/2.3

ausfallen, ausgefallen Ü 11/12

ausgehen, ausgegangen 5/2.1

Auskunft, die, * ü1/7

Ausland, das, * Start 4.5

*Auslandsgermanistik, die, * * Stat. 1/4.2

Ausländer, der, - 5/2.6

Ausländeramt, das, "-er 5/2.6

ausprobieren 4/6.1

Ausrede, die, -n 5/5.3

ausruhen (sich) 12/2.4

aussehen, ausgesehen 11/1.1a

Aussprache, die, -n ü 1

Ausstellung, die, -en ü 8/11

auswählen Start 4.2

Auto, das, -s Start 3.4

Autobahn, die, -en 5/3.2b

*autogene Training, das, * * 12/3.1a

Automechaniker/in, der/die, -/-nen 7/1.1

Autoschild, das, -er Stat. 1/2.4

Autoschlüssel, der, - 6/3.4

Autourlauber, der, - 9/5.1

Azubi, der/die, -s Stat. 2/1.3a

B

backen, gebacken 10/5.1

Bäcker/in, der/die, -/-nen 7/1.1

Backofen, der, "-en 10/5.1

Bad (*Kurzf. für* Badezimmer, -), das, "-er 4/2.2b

baden 4/2.1

Badewanne, die, -n 4/6.1

Bahn, die, -en 5/7.2b

Bahnhof, der, "-e 6/1

bald 8/4.1

Balkon, der, -e 4/2.2b

Ball (1), der, "-e 9/3.2

Banane, die, -n 10/1.1

Band, der, "-e Stat. 3/5

Bank, die, -en Start 4.5

Bankangestellte, der/die, -n 7/1.1

Bar, die, -s ü 3/7

Basis, die, Pl. Basen Start 4.5

Bauch, der, "-e 12/1.1a

bauen 4/5

Bauernhaus, das, "-er 4/1

Baukasten, der, "- 12/4.4

Baum, der, "-e 2/4.3

bayrisch 3/3.4

beachten 9/4.1

beantworten 5/7.2a

Becher, der, - 10/5.1

Bedeutung, die, -en 11/5.6

befragen 10/3.1a

beginnen, begonnen 1

Begriff, der, -e Stat.1/3.1

begrüßen (jdn) Start

Begrüßung, die, -en Start 2.9

bei Start 3.7

beide 2/6.2

Bein, das, -e 12/1.1a

Beispiel, das, -e 3/5.3

Bekannte, der/die, -n/-n Stat. 1/2.1

bekommen, bekommen 4/7.1

beliebt (sein) 8/1.2

benennen, benannt 2/1.4

beobachten Stat. 3/1.3

bequem 11/4.3

beraten, beraten 7/3.1

bereitmachen (sich) 9/4.3

Berg, der, -e 9/1.2

Bergführer/in, der/die, -/-nen Stat. 3/4.5

Bergkäse, der, - 10/1.1

berichten Start 2.4

Berliner, der, - 8/4.1

Beruf, der, -e 5/3.2

beruflich (etw. beruflich machen) 7/1

Berufsbezeichnung, die, -en 7/2.1

Berufstätige, der/die, -n 7/5.4

berühmt 6/5.1

beschreiben, beschrieben 3/4.2

Beschreibung, die, -en 8/2.5

besichtigen 8/1.2

Besichtigung, die, -en 9/1.2

besonders 4

Besprechung, die, -en Stat. 2/1.1a

besser als 5/7.1

bestellen 1

Bestellung, die, -en ü 10/7

bestimmte 4/4.3b

bestreuen (mit + Dat.) 10/5.1

Besuch, der, -e 5/5.1b

besuchen 6/5.1

Besucher/in, der/die, -/-nen 6/5.1

Besucherkarte, die, -n Stat. 3/4.4

betonen Start 3.8

Betonung, die, -en 4/5.2

betreuen, betreut Stat. 2/1.1a

Betrieb, der, -e Stat. 3/1.3

Bett, das, -en 4/8.1
Beutel, der, - 10/1.2
Bewegung, die, -en 12/3.1a
bewölkt 11/5.1
bezahlen 1
Bibliothek, die, -en Stat. 1/1.3
Bier, das, -e 10/4.1
Bild, das, -er Start 1.1
bilden 9/2.5a
bilingual 3/5.1
billig 4/2.2b
Bingo, das, * 1/3.6
Bioei, das, -er 10/3.5
Biografie, die, -n 2/5
Biologie, die, * 2/5.1
bis 1/3.4
Bis dann! 5/4.2
Bis morgen! 4/7.1
bitte 1/1.1d
Bitte, die, -n 2/6.2
bitten (um etw.), gebeten 5/5.1b
Blatt, "-er Stat. 2/2.5a
blau 11/1.1a
Blaukraut, das, * Stat. 2/4.1g
bleiben, geblieben 9/3.5b
Bleistift, der, -e 2/1.4
Blick, der, -e 9/2.2
blond Ü 12/8
Bluse, die, -n 11/1.1a
Bodybuilder/in, der/die, -/-nen 12/1.1a
Bodybuilding, das, * 12/1.1a
Body Lotion, die, -s Stat. 3/2.1b
Botschaft, die, -en 8/1.3
Bratwurst, die, "-e 10/4.3
brauchen 4/7.1
braun 11/1.1a
Brautkleid, das, -er Stat. 2/4.1g
breit 4/7.1
Brief, der, -e 12/4.3
Brille, die, -n 6/3.4
bringen, gebracht 7/1.4
Brot, das, -e 10/1.2
Brotzeit, die, * Stat. 3/4.6
Brötchen, das, - 10/2.1
Brücke, die, -n 8/2.5
Bruder, der, "- 7/5.2
Buch, das, "-er 2/3.1
buchen Stat. 2/1.1a
Bücherregal, das, -e 4/2.2b
Buchhandlung, die, -en 6/1

Buchmesse, die, -n 6/5.1
Buchstabe, der, -n Stat. 1/2.4
buchstabieren Start
Bummel, der, - 9/2.2
bummeln 6/5.1
Bundeskanzler, der, - 8/1.1
bunt 11/2.1
Burg, die, -en 9/2.2
Büro, das, -s Start 1.1
Bürostuhl, der, "-e 4/5.2
Bus, der, -se 6/1.4
Busbahnhof, der, "-e 8/1.3
Busplan, der, "-e 8/1.2
Butter, die, * 10/1.2

C

ca. (Abk.: circa) Stat. 1/4.3
Café, das, -s Start 4.1
Cafeteria, die, -s (auch *Cafeterien*) Start 1.1
Callcenter, das, - 7/3.1
Cappuccino, der, - 1/4.3
Cashmere, der, * Ü 11/6
CD, die, -s 4/3.3
CD-Player, der, - 2/1.4
CD-ROM, die, -s 6/3.3
Chance, die, -n 7/3.2
Chaos, das, * 4/2.2b
chaotisch 4/4.4a
Chef/in, der/die, -s/-nen 6/2.1
Chefarzt/ärztin, der/die, "-e/-nen Ü 7/4
Chemie, die, * 2/5.1
Chinesisch, das, * Start 4.1
Chips, *Pl.* 10/1.2
circa (ca.) Stat. 2/4.2
Club, der, -s 7/3.2
Cola, die od. das, -s (Kurzf. von Coca-Cola) 1/4.3
Collage, die, -n Start 4.4
Computer, der, - Start 1.1
Computerprogramm, das, -e 7/2.2
cool 8/4.2a
Creme, die, -s Stat. 3/2.1b
Currywurst, die, "-e 10/3.1a

D

da 5/3.1b
da drüben Ü 12/8
dagegen 12/3.1a
danach 8/2.5
daneben 4/4.4a
Dänisch, das, * 3/4.2
danke 1/4.3
dann Start 4.1
daran denken, gedacht 12/3.1a
darum 11/5.1
Das ist/sind ... 1/1.1d
Das macht ... 1/4.3
dazu (geben) 10/5.1
denken, gedacht 5/7.2b
denn 3/1.4
der, das, die Start 1.2
Dessert, das, -s Ü 10/5
deutlich 11/5.4
Deutsch, das, * Start
Deutsche, der/die, -n 5/7.2b
Deutschkurs, der, -e 1/1.1d
Deutschlehrer/in, der/die, -/-nen Start 2.1
Dezember, der, * Ü 6/9
Diagnose, die, -n Stat. 2/1.3a
Dialog, der, -e Start 2.1
Dialoggrafik, die, -en 1/4.5
dichten 12/4.2
Dichter/in, der/die, -/-nen 6/5.1
Dienstag, der, -e 5/1.1
dieser, dieses, diese 11
Ding, das, -e 7/2.2
dirigieren 6/5.1
Disko, die, -s 5/4.3
Diskussion, die, -en Stat. 2/1.3a
diskutieren 10/3.6b
doch 4/7.1
Doktor/in, der/die, -en/-nen 12/2.3
Dokumentation, die, -en Stat. 1/3.5
Dom, der, -e 8/1.3
Döner (Kebab), der, - 10/3.1a
Donnerstag, der, -e 5/1.1
dort Start 4.5
Dose, die, -n 10/1.2
dran sein 1/3.7a

draußen bleiben, geblieben 2/4.4

dreimal 12/2.4

drin (sein) 10/4.3

drucken Stat. 3/3.4

Drucker, der, - 6/3.3

drücken Stat. 3/3.4

du 1/1.1d

dunkel 4/2.2b

dunkelblau 11/2.1

durch 8

durchstreichen, durch-gestrichen 1/3.6

dürfen, gedurft 10/2.3

duschen 12/3.1a

Dynamik, die, * Start 4.5

E

Echo, das, -s 5/2.3

egal (sein) 11/4.1b

Ei, das, -er 10/1.1

eigentlich 11/4.1b

Eigentümer, der, - 4/8.1

ein bisschen Start 4.1

ein, ein, eine Start 2.7

einfach 5/6.2

Einfamilienhaus, das, "-er 4/1

Einkauf, der, "-e 10/2.2

einkaufen 5/6.3

Einkaufsbummel, der, - 11/4

Einkaufswagen, der, - 10/2.2

Einkaufszettel, der, - 10/2.2

einladen, eingeladen 6/5.1

einpacken 7/5.3

einreiben, eingerieben 12/2.4

einsteigen, eingestiegen Stat. 2/5.2

Einstellen, das 4/8.1

eintragen, eingetragen 6/2.7

Einwohner/in, der/die, -/-nen Start 4.5

Einwohnermeldeamt, das, "-er 5/2.6

Eis, das, * 2/4.4

Eistee, der, -s 1/1.1d

elegant 11/1.1a

Elektriker/in, der/die, -/-nen ü 7/10

Elektronikingenieur/in, der/die, -e/-nen Start 4.1

E-Mail, die, -s 4/7.1

Emotion, die, -en 12/4.5

Empfang, der, * 6/2.1

Empfehlung, die, -en 12

Ende, das, -n 5/2.4

Endspurt, der, -s Stat. 3/5

Endung, die, -en 7/2.1

Energie, die, -n 12/3.1a

Englisch, das, * Start 4.1

Ensemble, das, -s Start 4.1

entgegen 9/4.3

entlang 8/2.1

entscheiden , entschieden 9/5.1

entschuldigen (sich für etw.) 5

Entschuldigung! 1/1.1d

Entspannung, die, * 12/1.1a

entwickeln Stat. 3/2.1b

Erdbeere, die, -n 10/1.1

Erdgeschoss, das, -e 6/2

erfinden, erfunden Stat. 3/2.1b

ergänzen Start 2.7

Ergebnis, das, -se 10/3.1a

erholen (sich) 9/1.2

Erkältung, die, -en 12/2.3

erklären 2/6.2

erklären (etwas zu + Dat.) 10/3.1a

erleben 9/4.3

erledigen Stat. 2/2.1a

Ernährung, die, * 12/3.1a

erreichen 9/2.2

erst 5/7.2b

erzählen 5/2.3

es 5/1.1

Espresso, der, -s (auch Espressi) Start 1.1

essen, gegessen 4/2.1

Essenszeit, die, -en 10/5.1

Esstisch, der, -e 4/5.1b

Esszimmer, das, - 4/8.1

Etage, die, -n 6/2

Etappe, die, -n 9/2.2

etwa ü 8/2

etwas 1

etwas (= ein bisschen) 3/4.5

Euro, der, -[s] Start 1.1

Europa 3/1

Europäer/in, der/die, -/-nen 5/7.2b

Exkursion, die, -en 8/1.2

Exkursionsprogramm, das, -e 8/1.3

exotisch ü 9/9

Export, der, -e Stat. 1/4.1

F

Fabrik, die, -en 7/3.4

fahren, gefahren 3/5.1

Fahrplan, der, "-e 5/7.2b

Fahrrad, das, "-er 2/4.4

Fahrt, die, -en 8/1.2

fallen, gefallen 9/3.2

falsch ü 9/10

Familie, die, -n Start 4.1

Familienname, der, -n Start 3.7

Fanta, die, * 1/4.3

fantastisch Start 4.1

Farbe, die, -n 2/2.3

fast 5/7.2b

Fastfood, das, * 10/3.1a

Favorit, der, -en Start 3.11

Faxnummer, die, -n ü 1/7

Februar, der, * 9/4.1

Fehler, der, - 1/3.7a

feiern 8/4.2a

Feiertag, der, -e ü 6/10

Feld, das, -er 6/2.7

Felsen, der, - 12/1.1a

Fenster, das, - 2/4.3

Ferien, Pl. 7/4.2

fernsehen, ferngesehen 7/4.2

Fernseher, der, - 2/1.4

Fernsehturm, der, "-e 8/1.1

fertig 1/3.7a

fest Stat. 1/1.1b

Fest, das, -e ü 5/10

Fett, das, -e 10/1.2

Feuerwehr, die, -en 1/4.2

Fieber, das, * 12/2.1

Film, der, -e 2/2.3

finden (etw. gut finden), gefunden (1) Start 4.1

finden, gefunden (2) 1/4.2

Finger, der, - 12/1.1a

Finnisch, das, * 3/4.2

Firma, die, Pl.: Firmen 7/2.3a

Fisch, der, -e 10/1.1

Fitness-Studio, das, -s 7/3.2

Flair, das, * Start 4.5
Flämisch, das * ü 3/11
Flasche, die, -n 10/1.2
Fleisch, das, * 10/1.2
flexibel 7/3.1
Fliege, die, -n Stat. 2/4.1
fliegen, geflogen Start 4.1
Flieger, der, - 9/4.3
Flohmarkt, der, "-e 8/1.2
Flugticket, das, -s 7/3.1
Flugzeit, die, -en 7/3.1
Flugzeug, das, -e 7/3.3
Flur, der, -e 4/2.2b
folgen 10/3.1a
Form, die, -en 2/3.1
Form, die, -en (hier: Auflauf-
form) 10/5.1
formal Stat. 1/2.1
Foto, das, -s 1/1.1c
fotografieren 8/1.2
Frage, die, -n Start 2.2
fragen Start 2.4
fragen nach (+ Dat.) Start
Französisch, das, * Start 4.1
Frau, die, -en Start 2.1
frei 1/1.1d
frei haben 5/5.1b
Freitag, der, -e 5/1.1
Freizeit, die, * 8/4.2b
fremd Stat. 1/1.1b
Fremdsprache, die, -n, 3/4.2
Fremdsprachenkenntnisse,
die, Pl. Stat. 2/1.1a
freuen (sich über etw.)
11/1.1a
Freund/in, der/die,
-e/-nen Start 4.1
freundlich 7/3.1
frisch 10/1.1
Frische, die, * Stat. 3/2.1b
Frisör/in, der/die, -e/-nen
5/5.1b
Frisörsalon, der, -s 7/2.2
fröhlich 12/3.1a
Frucht, die, "-e 11/5.5
früh 7/3.4
Frühling, der, -e 9/4.1
Frühstück, das, * 5/1.2
frühstücken 5/2.1
fühlen (sich) 12/2.4
führen (durch + Akk.) Stat. 3/5
führen (Telefonate) Stat. 2/1.1a

Füller, der, - 2/1.4
funktionieren 4/7.1
für Start 4.1
Fuß, der, "-e ü 4/9
Fußball, der, "-e 2/4.4
Fußballtraining, das, -s 7/4.2
Fußgängerzone, die, -n 8/3.1

G

Galerie, die, -n 8/1.3
ganzer, ganzes, ganze 6/5.1
gar kein Stat. 1/3.1
gar nicht 11/2.5
Garten, der, " 4/1.1
Gast, der, "-e Stat. 2/1.1a
gastfreundlich 9/2.2
geben (es gibt ...), gegeben
Start 4.5
geboren (sein) 6/4.4
Geburtstag, der, -e 6/4.3
Geburtstagskalender, der, -
6/4.4
Gedicht, das, -e 12/4.2
gefallen (etw. jdm), gefallen
8/4.1
Gegenstand, der, "-e 2/1.4
Gegenteil, das, -e 4/4.2
gehen (1), gegangen 5/2.1
gehen (2) (das geht [nicht])
5/4.1
gehören (zu + Dat.) Start 4.1
gelb 11/2.1
Geld, das, -er 7/1.4
gemeinsam 1/4.6; etw.
gemeinsam haben ü 9/9
Gemüse, das, - 10/2.6b
genauso 5/7.2b
Geografie, die, * Start 4.4
geografisch 3
geradeaus 8/2.1
gern, lieber, am liebsten
3/2.1
Geschäft, das, -e 6/5.1
Geschichte, die, -n 2/2.3
Gespräch, das, -e 1
Gesprächsthema, das, Pl.:
Gesprächsthemen 11/5.1
gestern 3/2.4b
gesund, gesünder, am
gesündesten 12/1.1a
Gesundheit, die, * 12

Getränk, das, -e 1/2.1
getrennt 1/4.3
Gewandhaus, das, "-er 6/5.1
Gewicht, das, -e Stat. 3/4.3
Gewinner/in, der/die, -/-nen
1/3.6
Gipsbein, das, -e 12/1.1a
Gitarre, die, -n 2/5.1
Glas, das, "-er 10/3.4
glauben 5/7.2b
gleich 1/4.6
global Start 4.5
Glück, das, * 4/7.1
glücklich 12/4.3
Grad (Celsius), der, e (aber:
30° Grad) 10/5.1
Grafik, die, -en 3/4.2
Gramm, das, * 10/2.2
Gras, das, "-er ü 11/12
grau 11/2.1
Grenze, die, -n 3/5.1
Griechisch, das, * 3/4.2
Grillparty, die, -s 11/5.1
groß, größer, am größten
4/1.1
Größe, die, -n 11
Großstadt, die, "-e 6/5.1
grün 11/2.1
gründen Stat. 1/4.3
Grund, der, "-e 10/3.1a
Grundwort, das, "-er 4/5.1c
Gruppe, die, -n Start 3.2
Grüß dich! 1/1.1d
Gruß, der, "-e 3/1
günstig 10/1.2
Gurke, die, -n Stat. 3/4.2
gut, besser, am besten
2/5.1
Gute Besserung! 12/2.3
Gute Fahrt! 5/3.2b
Guten Appetit! 10/5.1
Guten Tag! Start 2.1
Gymnasium, das, Pl.
Gymnasien 3/5.1
Gymnastik, die, * 12/3.1a

H

Haar, das, -e 7/2.2
haben, hatte Start 4.1
Hafen, der, "- Stat. 1/4.1
Hähnchen, das, - 10/1.2

halb (eins) 5/1.2
halbe, 6/1
halten, gehalten Stat. 3/4.7
Hallo! Start 2.1
Hals, der, "-e 12/1.4b
Halsschmerzen, *Pl.* 12/2.1
Haltestelle, die, -n 8/1.2
Hamburger, der, - 10/3.1a
Hand, die, "-e 7/3.4
*Handel, der, *** 6/5.1
Handschuh, der, -e ü 11/10
Handtasche, die, -n 6/3.4
Handy, das, -s 2/1.4
hängen, gehangen 6/3.2
hassen 7/5.4
hässlich 4/4.2
hätte gern 5/3.1b
Hauptbahnhof, der, "-e 6/1
Hauptmahlzeit, die, -en 10/5.1
Hauptsache, die, -n Stat. 3/4.7
Hauptstadt, die, "-e 3/3.4
Haus, das, "-er 2/2.1
Hausarzt/-ärztin, der/die, -e/-nen 12/2
Hausaufgabe, die, -n 2/6.2
Haushalt, der, -e 7/3.1
Haushaltstipp, der, -s 10/3.4
Hausmann/Hausfrau, der/die, "-er/-en 7/2.1
Haut, die, "-e Stat. 3/2.1b
Heft, das, -e 2/1.2
Heimat, die, * Start 4.5
heiß 6/3.5
heißen, geheißen Start 1.2
heiter 11/5.3
helfen, geholfen 1/2.2
hell 4/1.1
hellgrün 11/2.1
Hemd, das, -en 11/1.1a
Herbst, der, -e 9/4.1
Herbstferien, Pl. 9/4.1
Herd, der, -e 4/6.1
Herde, die, -n 11/5.5
Herkunft, die, "-e Start
Herr, der, -en Start 2.1
Herrenabteilung, die, -en 11/4.1b
Herz, das, -en 12/4.3
herzlich Stat. 3/4.1
heute Start 4.1
Hi! 1/1.1d

hier Start
Hilfe, die, -n 4/7.1
Himmel, der, * 11/5.5
hinter 6
Hit, der, -s 8/1.2
Hitliste, die, -n 10/3.1b
Hitze, die, * 11/5.2
Hobby, das, -s Start 4.1
hoch, höher, am höchsten 12/1.1a
Hochhaus, das, "-er 4/1
hoffentlich 11/5.1
hören Start 1
Hörspiel Stat. 1/3.5
Hose, die, -n 11/1.1a
Hotel, das, -s 6/1.1
Hund, der, -e 2/4.4
Hurra! 9/2.2
husten 12/2.3
Husten, der, * 12/2.4
Hustensaft, der, "-e 12/2.2b

ich Start 2.1
ideal 11/1.1a
Idee, die, -n Stat. 3/2.2
Igitt! 10/3
im Start 2
immer 2/2.3
immer schneller 8/2.7
Immunsystem, das, -e 12/3.1a
Import, der, -e Stat. 1/4.1
in Start 1.2
in der Nähe ü 8/9
in Ruhe lassen (jdn) 12/4.4
in sein 10/3.1a
Industrie, die, -n Stat. 1/4.1
Information, die, -en 3/3.4
informieren 7/3.1
inklusive Stat. 3/1.4
Insel, die, -n 9/1.2
Instrument, das, -e Stat. 3/1.3
interessant 2/5.1
interessieren (sich für + *Akk.*) 8/4.1
interkulturell Start 4.1
international Start
*Internationalität, die, *** Start 4.5
Internet, das, * 1/4.2
Internetrallye, die, -s 8/4.3

Interview, das, -s 9/3.6
Irrtum, der, Pl. Irrtümer 8/2.7
Italienisch, das, * 3/2.2

J

ja 1/1.1d
Jacke, die, -n 11/1.1a
Jackett, das, -s ü 11/1
Jahr, das, -e Start 4.1
Januar, der, * 9/4.1
Japaner/in, der/die, -/-nen ü 4/12
Jeans, die, - 11/1.1a
jeder, jedes, jede 3/5.1
jemand Start
jetzt Start 2.5
Job, der, -s Start 4.1
joggen ü 5/14
Joker, der, - Stat. 3/5
jüdisch 8/4.2b
Jugendliche, der/die, -n 10/3.1
Juli, der, * 9/1.2
jung, jünger, am jüngsten ü 7/10
Junge, der, -n Start 3.8
Juni, der , * 9/2.2

K

Kaffee, der, -s Start 1.1
Kalender, der, - 6/3
kalt, kälter, am kältesten 6/3.5
Kälte, die, * 11/5.2
Kamera, die, -s 8/2.8
Kantine, die, -n 6/2. 1
Kantor, der, -en 6/5.1
kaputt 5/5.3
Karaoke, das, -s ü 1/13
Karfreitag, der, -e ü 6/10
Karriere, die, -n Stat. 2/1.1a
Karte, die, -n 3/1.1
Karten spielen Stat. 2/4.1
Kartoffel, die, -n 10/1.1
Käse, der, - 10/1.1
kassieren Stat. 2/2.3
Kasten, der, "- 1/2.1
Kästchen, das, - Stat. 3/5
Katalog, der, -e 11/4.6
kaufen 10/1.3

Kaufhaus, das, "-er ü 11/9
Kaufmann/Kauffrau,
der/die, Pl.: Kaufleute 7/3.2
kein, kein, keine 2
Keine Ahnung! 2/1
Kellner/in, der/die, -/-nen
7/1.1

kennen, gekannt Start 1.3
kennen lernen (jdn/etw.) 1
Ketchup, der, * 10/1.2
Kilo (Kilogramm), das, -s
10/1.1

Kilokalorie, die, -n 12/1.1a
Kilometer, der, - 9/2.2
Kind, das, -er 2/5.1
Kindergarten, der, "- 7/4.2
Kinderzimmer, das, - 4/4.4a
Kino, das, -s 5/4.1
Kinobesuch, der, -e 5/5.1b
Kinofilm, der, -e 6/5.2b
Kirche, die, -n 6/5.1
Kirsche, die, -n 10/1.1
klar 1/1.1d
Klasse, die, -n ü 5/10
klassisch 8/4.1
Kleid, das, -er 11/2.3
Kleidung, die, * 11
Kleidungsstück, das, -e 11/1.1c
klein 4/1.1
klettern 12/1.1a
klingeln Stat. 2/2.1a
klopfen 12/4.3
Kloster, das, "-er 9/2.2
km (= Kilometer), der 9/2.2
Kneipe, die, -n 12/3.5
Knie, das, - 12/1.2
kochen 4/2.1
Koffer, der, - 2/4.4
Kollege/Kollegin, der/die,
-n/-nen 7/3.1
Kombination, die, -en 9/2.3
kombinierbar 11/1.1a
kombinieren 11/3.1
kommen, gekommen
Start 1.4

kommentieren 4/4.4a
Kommode, die, -n 4/5.3
Kommunikation, die, *
Start 4.1

Kompliment, das, -e 11/1.1a
kompliziert 5/2.6

Komponist/in, der/die,
-en/-nen 6/5.1
Konferenzraum, der, "-e 6/2.1
Konjugation, die, -en 5/6.2
können, gekonnt 2/1
Kontakt, der, -e 3/5
Kontrolle, die, -n Stat. 3/1.1
kontrollieren 1/3.4
Konversation, die, -en 3/4.5
*Konzentration, die, ** 12/1.1a
Konzert, das, -e Start 4.1
Kooperation, die, -en 3/5.1
kooperieren 3/5.1
Kopf, der, "-e 2/2.3
Kopfschmerzen, *Pl.* 12/2.2b
Körper, der, - 12
Körperteil, der, -e 12
korrigieren Stat. 2/5.1
Kosmetik, die, -a Stat. 3/2.1b
kosten 4/1.1
Kosten, Pl. 12/2.2b
krank ü 12/6
krankschreiben (jdn),
krankgeschrieben 12/2.3
Krankenhaus, das, "-er
ü 6/1
Krankenkasse, die, -n 5/3.1b
Krankenpfleger/in,
der/die, -/-nen 7/2.1
Krankenschwester, die, -n
7/1.1
Krankenversicherung, die,
-en 12/2.2b
Krankenversicherungskarte,
die, -n 12/2.2a
Krankheit, die, -en 12/2.2b
Krankschreibung, die, -en
12/2.4
Krawatte, die, -n 11/1.1a
Kreide, die, -n 2/1.4
Kreuzung, die, -en 8/2.5
Küche, die, -n 4/2.1
Kuchen, der, - 10/4.3
Küchenduell, das, -e Sta. 1/3.5
Küchenschrank, der, "-e
4/5.1b
Küchentisch, der, -e 4/5.1a
kühl Stat. 3/3.6
Kühlschrank, der, "-e 4/6.1
Kuli, der, -s (*Kurzf. von*
Kugelschreiber) 2/1.2
Kultur, die, -en 2/5.1

kulturell 3/5.1
Kunde/Kundin, der/die,
-n/-nen 7/3.1
Kurs, der, -e Start 1.1
Kursbuch, das, "- er 2
Kursleiter/in, der/die,
-/-nen 2/6.2
Kursraum, der, "-e 2/1.7
Kursteilnehmer/in,
der/die, -/-nen 2/4.5b
kurz nach 5/1.2
kurz vor 5/1.2
kurz, kürzer, am kürzesten
4/4.2

küssen 11/5.5

L

Labor, das, -e Stat. 3/2.1b
lachen 12/4.4
Lage, die, -n 3
Lampe, die, -n 2/1.4
Land, das, "-er 1/4.6
landen 10/3.1a
Ländername, der, -n 3/1.5
*Landeskunde, die, *** 1/4.6
Landkarte, die, -n 3/2.5
lang, länger, am längsten
4/2.2b
lange ü 12/3b
langsam 2/6.2
langweilen 12/4.5a
langweilig 9/1.4
Lärmen, das 4/8.1
lateinisch Stat. 3/2.1b
*Laub, das, *** 11/5.5
laufen, gelaufen 8/3.1
laut 1/3.7a
Lautdiktat, das, -e 9/1.5
leben Start 4.1
Leben, das, - 9/4.3
Lebensmittel, das, - 10/1.1
Leberwurst, die, "-e 10/1.2
lecker 10/4.3
legen, gelegt ü 7/2
Lehrbuch, das, "-er Stat. 1/1.1a
Lehrer/in, der/die, -/-nen
Start 2.1

leicht (1) 7/3.1
leicht (2) 11/1.1a
leidtun (etw. jdm) 5/1.1
leider 11/4.3

leise 4/4.2

leiten 7/3.2

lernen Start

Lernkartei, die, -en 4/6.1

Lernplakat, das, -e 2/1.4

lesen, gelesen Start 2.5

*Letzeburgisch, das, * ü 3/11*

letzte ü 9/10

Leute, *Pl.* 1/1.1a

lieb haben (jdn) 12/4.5a

Liebe, die, -n 11/5.5

Lieber/Liebe *(Anrede im Brief)* 4/7.1

lieben 2/5.1

Liebesbrief, der, -e 12/4.3

Lieblingsberuf, der, -e ü 7/10

Lieblingsessen, das, - 10/3.1

Lied, das, -er 9/4.3

liegen (1) (das liegt im Süd-osten von) 3/2.5

liegen (2), gelegen 6/3.2

Linie, die, -n 8/1

links 4/2.2a

Liste, die, -n 2/2.2

Liter, der, - 10/2.2

Losnummer, die, -n 1/3.5

Lösung, die, -en 7/2.5

Lottozahlen, Pl. 1/3.5

lösen Stat. 3/3.4

Lösungswort, das, -er ü 4/10

Löwe, der, -n 2/2.3

Luft sein (für jdn) 12/4.4

Luft, die, - 10/3.4

lyrisch 5/6.2

M

m² (= Quadratmeter) 4/1.1

machen Start 4.3

Mädchen, das, - Start 3.8

Magen, der, "- 12/2.4

Mai, der, * 6/4.3

mal 3/2.1

Malbuch, das, "-er 11/5.5

man 3/1.4

manche 8/2.7

manchmal 5/7.2b

Mann, der, "-er 2/4.2

Mannschaft, die, -en 11/3.2

Mantel, der, "- 11/1.1a

Marke, die, -n 11/4.1b

*Marketing, das, * 6/2. 1*

markieren 1/2.7

Markt, der, "-e ü 8/1a

Marktplatz, der, "-e Start 4.5

Marmelade, die, -n 10/5.1

Märchen, das, - Stat. 1/3.5

März, der, * 6/5.1

Maschine, die, -n 7/2.2

Material, das, Pl.: Materia-lien Stat. 1/1.1a

Maus, die, "-e (Computer) 6/3.3

Mechaniker/in, der/die, -/-nen 7/2.2

Medikament, das, -e 12/2.2b

Medizin, die, -en ü 6/1

medizinisch Stat. 3/1.3

Medizintechnologie, die, -n Start 4.1

Meer, das, -e 9/1.2

mehr (als) 3/5.1

mehrere, *Pl.* 4/5.3

*Mehrsprachigkeit, die, * 3/4.6*

mein, mein, meine Start 2.1

meinen 8/2.7

meisten, *Pl.* 3/1.5

meistens 5/7.2b

Meister, der, - Stat. 2/1.3a

melden 5/2.6

Melodie, die, -n 3/2.3

Mengenangabe, die, -n 10/2.6a

Mensch, der, -en Start 4.1

Menü, das, -s 10/4.1

Messe, die, -n 6/5.1

Messegelände, das, - 8/3.1

messen, gemessen Stat. 3/1.4

Meter, der, - ü 11/12

mieten 8/4.1

Mietvertrag, der, "-e 5/2.6

Milch, die, * 10/1.2

Milchkaffee, der, - 1/4.3

Million, die, -en 1/4.6

Millionenstadt, die, "-e Stat. 1/4.1

Mineralwasser, das, - 1/4.3

Minimetropole, die, -n Start 4.5

Minute, die, -n Start 4.1

mischen ü 11/3

mit Start 2.9

Mitglied, das, -er 7/3.2

mitkommen, mitgekommen 5/6.4a

mitlesen, mitgelesen 1/1.1b

mitmachen Start 3.1

mitschreiben, mitgeschrie-ben 1/3.7b

Mittag, der, -e 5/5.1b

Mittagessen, das, - 5/1.2

mittags 9/2.2

Mittagspause, die, -n 5/2.1

Mitternacht, die, * 5/1.2

Mittwoch, der, -e 5/1.1

Möbel, das, - 4/5.1b

Möbelstück, das, -e Stat. 1/3.3

möchten (mögen), gemocht 1/1.c

Mode, die, -n 11/1

Model, das, -s ü 11/6

Modell, das, -e Stat. 2/1.3a

modern 4/4.4a

modisch 11/1.1a

mögen, gemocht Start 4.1

Möglichkeit, die, -en 4/5.3

Moment, der, -e (im Moment) 2/5.1

Monat, der, -e 9/4.1

Monatsname, der, -n 9/4.1

Monitor, der, -e 6/3.3

Montag, der, -e 5/1.1

morgen 4/7.1

Morgen, der, - 5/5.1b

morgens 5/1.2

Motor, der, -en Stat. 2/1.3c

müde 9/2.2

Mund, der, "-er 12/1.4b

Münze, die, -n 1/4.6

Museum, das, *Pl.:* Museen Start 4.5

Musik, die, -en Start 1.1

Musiker/in, der/die, -/-nen Start 4.1

Musikfan, der, -s 6/5.1

Muskel, der, -n 12/1.1a

müssen, gemusst 2/4.4

Muttersprache ↔ Fremd-sprache, die, -n 3/4.2

Mütze, die, -n ü 11/10

N

Na klar! 9/2.4

nach Start 4.1

nach Hause 12/1.1a

nach Vereinbarung 5/5.1b

Nachbar, der, -n 3/4.1
Nachbarland, das, "-er ü 3/11
Nachbarregion, die, -en 3/5.1
*nachdenken (über), nach-
gedacht* Stat. 2/3.4
nachfragen 2
Nachmittag, der, -e 8/2.1
nachsprechen, nachge-
sprochen Start 2.2
nächster, nächstes, nächste
5/3.1b
nachts 5/1.2
Nähe, die, * (in der Nähe
ü 8/9)
Name, der, -n Start
Nase, die, -n 12/1.4a
national 1/4.6
Nationalmannschaft, die, -en
11/3.2
Natur, die, * Stat. 3/4.5
natürlich 11/1.1a
neben 6
nebeneinander Stat. 3/3.5
nehmen, genommen
1/1.1d
nein 2/4.4
nennen, genannt 3/5.3
neu 4/4.2
neutral Stat. 1/2.1
nicht 2/1
Nichtraucher/in, der/die,
-/nen 12/3.5
nichts ü 9/2
nie 7/3.4
Niederländisch, das, * 3/4.2
niemals 11/5.5
Nivea, die, * Stat. 3/2.1b
noch 1/1.1d
noch einmal Start 3.9
Norden, der, * 3/2.5
nördlich von 3/2.5
normal Stat. 1/3.4
notieren Start 2.4
Notiz, die, -en 8/2.6a
November, der, - 9/4.1
Nudel, die, -n 10/4.1
Nudelauflauf, der, "-e 10/5.1
Null, die, -en 5/1.2
nummerieren 8/1.3
nur 3/3.3

O

oben 4/2.2b
Obst, das, * 10/2.6a
oder 1/1.1d
offiziell 1/4.6
Öffnungszeit, die, -en 5/2.6
oft 5/7.1
Oh je! 9/3.4
ohne 9/2.5a
Ohr, das, -en 12/1.4b
okay 3/2.1
ökonomisch 3/5.1
Oktober, der, - 9/4.1
Öl, das, -e Stat. 3/2.1b
online 6/2. 1
Onlinekatalog, der, -e 11/4.6
Oper, die, -n Start 1.1
Operation, die, -en Stat. 3/1.3
orange 11/2.1
Orangensaft, der, "-e 1/1.1d
Orchester, das, - Start 1.1
ordnen Start 3.8
Ordnungszahl, die, -en 6
organisieren 7/3.2
Orientierung, die, -en 3/2.5
Ort, der, -e 3/5.1
Osten, der, * 3/2.5
Ostermontag, der, -e ü 6/10
Ostern, *,* (Osterfest, das)
9/4.1
Overheadprojektor, der,
-en 2/1.4

P

Paar, das, -e ü 2/9
packen 4/7.1
Packung, die, -en 10/1.2
Panne, die, -n 5/6.2
Papier, das, *, (-e) 2/1.4
Paprika, die/der, -s 10/1.1
Parade, die, -n 8/4.2b
Park, der, -s 5/4.3
parken ü 12/5a
Parkplatz, der, "-e 6/2.6
Parlament, das, -e 8/1.2
Partner/in, der/die, -/nen
Start 2.4
Partnerinterview, das, -s
Start 2.4
Party, die, -s 5/7.2a

passen (zu + *Dat.*) Start 4.1
passen 4/2.2d
Passfoto, das, -s 5/2.6
passieren 3/5.1
Patient/in, der/die,
-en/-nen 7/2.2
Pause, die, -n 2/6.2
Pension, die, -en 9/2.2
Person, die, -en Start 2.7
Personalabteilung, die,
-en 6/2.6
Personalangabe, die, -n
Start 2.7
Personenraten, das, * 3/3.3
Pfanne, die, -n 10/5.1
Pfeffer, der, * 10/5.1
Pferd, das, -e 11/5.5
Pfingstmontag, der, -e ü 6/10
pflegen Stat. 3/1.3
Pfund, das, * (= 500 g) 10/2.2
Picknick, das, -s 9/2.2
Pilot/in, der/die, -en/-nen
Start 4.1
Pizza, die, *Pl.:* Pizzen 10/3.1a
Plan, der, "-e 5/7.1
planen 7/3.2
Planung, die, -en 9/4
*Platz nehmen, Platz genom-
men* 12/2.2a
Platz, der, "-e 4/2.2b
plötzlich 9/3.2
Polizei, die, * 1/4.2
Polnisch, das, * Start 4.1
Pommes (frites), *Pl.* 10/3.1a
populär Stat. 1/2.1
Portugiesisch, das, * 3/4.2
Position, die, -en 3/3.2a
Post, die Stat. 2/4.1
Postkarte, die, -n 3/1.4
Postleitzahl, die, -en 4/7.1
Praxis, die, *Pl.:* Praxen
5/3.1b
Preis, der, -e 1/4.3
preiswert 11/1.1a
prima 9/1.4
privat ü7/6
pro 4/7.1
probieren 9/2.2
Problem, das, -e 4/7.1
Produkt, das, -e ü 10/1
produzieren Stat. 2/1.1a
Programm, das, -e 8/1.2

Programmierer/in,
der/die, -/-nen 7/1.1
Projekt, das, -e 3/5.1
Protokoll, das, -e 9/3.2
Prozent, das, -e Start 4.5
Pullover, der, - 11/1.1a
pünktlich ↔ unpünktlich
5/7.2a

*Pünktlichkeit, die, * 5/7

Q

qm (= Quadratmeter, der, -)
4/2.2b
Qualität, die, -en Stat. 3/1.1
Qualitätskontrolle, die, -n Stat.
3/1.1

Quartal, das, -e 12/2.2a
Querstraße, die, -n 8/2.1
Quiz, das, - 1/4.7

R

Rad, das, "-er 9/2.3
Rad-, Wanderweg, der, -e 9/1.2
Radiergummi, der, -s 2/1
Radio, das, -s ü 2/8
Radioprogramm, das, -e
Stat. 1/3.4

Radtour, die, -en 9/2.2
Rap, der, -s Start 3.1
raten, geraten 1/4.7
Rathaus, das, "-er Stat. 1/4.3
Rätsel, das, - ü 8/1a
rauchen 12/2.3
Rauchstopp, der, -s 12/3.5
Raum, der, "-e 4/2.2b
raus 9/4.3
Realschule, die, -n ü 3/12
Rechnung, die, -en 1/4
rechts 4/2.2a
Redakteur/in, der/die, -e/-nen
6/2. 1
Redaktion, die, -en 6/2. 1
Redemittel, das, - Start 2.9
Redemittelkasten, der, "-
Start 2.9

reduzieren 11/4.1b
Referat, das, -e Stat. 3/4.7
Reflexion, die, -en Stat. 3/3.7
Regal, das, -e 4/2.2b
Regel, die, -n 3/3.2b

regelmäßig ↔ *unregelmäßig* 9
Regen, der, * 9/4.3
Regierungsviertel, das, -
8/4.2b

Region, die, -en 3/5.1
regional Stat. 1/2.1
regnen (es regnet) 9/1.4
Reihe, die, -n 8/1.2
Reihenfolge, die, -n ü 2/3
rein 9/4.3
Reis, der, * 10/1.2
Reise, die, -n 8
Reisebüro, das, -s Stat. 3/1.1
Reiseführer, der, - 9/2.3
Reiseziel, das, -e 9/1.2
Reiseverkehrskauffrau/mann
Stat. 3/1.1
Reparatur, die, -en Stat. 2/1.3c
reparieren 7/2.2
reservieren 7/3.1
Rest, der, -e 10/5.1
Restaurant, das, -s Start 4.1
Rezept, das, -e 10
richtig 2/3.3
Richtige (im Lotto), Pl. 1/3.5
Richtung, die, -en 9/2.2
Riesenrad, das, "-er 9/2.2
Ring, der, -e 10/1.2
Rock, der, "-e 11/1.1a
Rolle, die, -n 11/4.1b
Rollenkarte, die, -n 12/2.4
Rollenspiel, das, -e 5/5
Rollkragenpullover, der, -
11/1.1

rosa 11/2.1
Rose, die, -n 11/5.5
Rosine, die, -n 10/4.3
rot 11/1.1a
Route, die, -n 8/1.3
Rücken, der, - 4/7.1
Rückenschmerzen, *Pl.* 4/7.1
Rückfahrt, die, -en 8/4.2b
rufen, gerufen 9/3.4
Ruhe, die, * (in Ruhe
lassen) ü 8/2
ruhig 4/1.1
rund (1) (= ungefähr/fast)
9/5.1

Russisch, das, * Start 4.1

S

Sache, die, -n 4
Saft, der, "-e Stat. 3/5
sagen 1/3.7b
Sahne, die, * 10/5.1
Salat, der, -e 10/1.1
Salbe, die, -n 12/2.4
Salz, das, * 10/5.1
sammeln 1/1.1a
Samstag, der,-e 5/1.1
Satz, der, "-e 4/6.1
Satzakzent, der, -e 3
Satzende, das, -n 9/2.5b
Satzfrage, die, -n 3
*Sauberkeit, die, * Stat. 3/2.1b
Sauerkraut, das, * 10/1.2
Sauna, die, Pl.: Saunen
12/3.1a

S-Bahn, die, -en ü 6/1
Schade! 8/4.2a
Schäfer, der, - 11/5.5
schaffen 9/2.2
Schal, der, -s ü 11/10
Schale, die, -n 1/4.3
Schatten, der, - 5/2.3
Schein, der, -e (Euro-) 1/4.6
Schere, die, -n ü 7/11
Schicht, die, -en Stat. 3/1.3
*Schichtbetrieb, der, *
Stat. 3/1.3

schick 11/2.5
Schinken, der, - 10/4.1
schlafen, geschlafen 4/2.1
Schlafzimmer, das, - 4/5.3
schlecht 9/1.4
schließen, geschlossen ü 9/5
schlimm 12/2.3
Schloss, das, "-er 8/1.3
schmal 9/1.2
schmecken 10/3.1a
Schmerz, der, -en 12/2.1
Schnee, der, * 11/5.1
schneiden, geschnitten 7/2.2
schneien (es schneit) 11/5.1
schnell Start 4.1
Schnupfen, der, * 12/2.4
Schokolade, die, -n 10/1.2
Schokoladentorte, die, -n
10/3.6b

schon 3/2.1
schön 4/2.2b

Schrank, der, "-e 4/5.1b
Schreck, der, * 9/3.2
schreiben, geschrieben 2/2.1
Schreibtisch, der, -e 4/5.1b
Schreibtischlampe, die, -n 4/5.1a
Schrift, die, -en Stat. 3/2.1b
Schuh, der, -e 7/2.2
Schuhgeschäft, das, -e 7/2.2
Schule, die, -n Start 1.1
Schüler/in, der/die, -/-nen 3/5.1
Schülerzeitung, die, -en 10/3.1
Schulferien, *Pl.* 9/4.1
schwach, schwächer, am schwächsten 10/2.4
Schwamm, der, "-e 2/1.4
schwarz, schwärzer, am schwärzesten 11/1.1a
*Schwedisch, das, * 3/4.2*
Schweinefleisch, das, * 10/4.3
schwer 4/7.1
Schwimmbad, das, "-er 8/3.3
schwimmen, geschwommen 5/4.1
See, der, -n 9/1.4
See, die, * 9/1.4
Segelkurs, der, -e Ü 9/8
sehen, gesehen Start 1
Sehenswürdigkeit, die, -en 3
sehr Ü 3/8
sein, gewesen, war 1/1.1d
sein, sein, seine Start 4.1
seit Start 4.1
Seite, die, -n 2/2.2
Sekretariat, das, -e 6/2.6
Sekretärin, die, -nen 2/5.1
Sekunde, die, -n Stat. 3/5
selbst 2/4.5a
Selbsttest, der, -s 1/2.9
Semester, das, - Start 4.1
Seminar, das, -e Stat. 1/1.3
senden Stat. 2/1.1a
Senior/in, der/die, Senioren/-nen 12/1.1a
September, der, - 9/4.1
*Service, der, * Stat. 2/1.3a*
Sessel, der, - 4/5.3
Showprogramm, das, -e 7/3.2
sicher 11/4.1b

signalisieren 2/1.2
Silbe, die, -n Start 3.8
Silbenende, das, -n 8/2.4
Sinfonie, die, -n 6/5.1
Situation, die, -en 12/3.5
sitzen, gesessen 7/3.1
Skaterparadies, das, -e Start 4.5
Ski fahren, Ski gefahren Start 4.1
*Skifahren, das, * 12/1.1a*
Skifahrer/in, der/die, -/-nen 12/1.1a
Skyline, die, -s Start 4.5
*Slowakisch, das, * 3/4.3*
Smalltalk, der, -s 10/4.3
so 3/1.4
so gegen 5/3.2b
Sofa, das, -s 4/5.3
Software, die, -s Stat. 2/2.3
sogar 10/3.1a
sogar 10/3.1a
Sohn, der, "-e 7/4.2
Sommer, der, - 11/5.1
Sonne, die, -n 9/1.2
*Sonnenschein, der, * 9/4.3*
sonnig 11/5.1
Sonntag, der, -e 5/1.1
sortieren Start 4.3
Soße, die, -n 10/3.3
*Soziologie, die, * Stat. 1/4.2*
Spaghetti, die, *Pl.* 10/1.2
Spanisch, das, * Start 4.1
Spaß, der, "-e, viel Spaß 8/4.1
spät 5/1.4
spazieren gehen, spazieren gegangen 12/3.1a
Spaziergang, der, "-e 8/1.2
speichern 12/2.2b
Speise, die, -n 1/4.3
Speisekarte, die, -n Stat. 2/2.3
Spezialist/in, der/die, -en/-nen Stat. 3/1.1
Spezialität, die, -en Start 4.1
speziell 5/2.6
Spiegel, der, - 4/6.1
Spiel, das, -e Start 3.6
spielen (1) Start 4.1
spielen (2) 1/3.6
Spieler/in, der/die, -/-nen 11/3.3
Spielplatz, der, "-e 4/8.1
Spinat, der, * 10/3
Sport, der, (-arten) 2/5.1

Sportler/in, der/die, -/-nen 11/5.1
sportlich 8/4.1
Sportstudio, das, -s Stat. 1/4.5
Sprache, die, -n Start 1.2
Sprachinstitut, das, -e Stat. 1/1.1b
Sprachkurs, der, -e 6/1.4
Sprachschatten, der, - 5/2.3
Sprachschule, die, -n 1/2.8
sprechen (über etw.), gesprochen 1/1.1a
sprechen, gesprochen Start 4.1
Sprecher/in, der/die, -/-nen Start 1.4
Sprechstunde, die, -n 5/2.5
Sprechzeit, die, -en 5/2.5
springen, gesprungen Ü 12/5a
stabil Stat. 3/2.1b
Stadion, das, Pl.: Stadien 8/3.1
Stadt, die, "-e Start 3.3
Stadtbummel, der, - 8/1.3
Städtediktat, das, -e Start 3.3
Städtename, der, -n Start 3.3
Städteraten, das 3/2.6
Städtereise, die, -n 9/2.4
Stadtführung, die, -en 8/4.2b
Stadtplan, der, "-e 5/5.3
Stadtrundfahrt, die, -en 8/1.2
Stadttor, das, -e 8/2.5
*Stadtverkehr, der, * 6/1*
Stadtviertel, das, - 8/4.3
Stadtzentrum, das, *Pl.:* -zentren 6/1
stark, stärker, am stärksten 12/1.1a
stärken 12/3.1a
Start, der, -s Start
Station, die, -en Stat. 1
Statistik, die, -en 7
stattfinden, stattgefunden 6/5.1
Stau, der, -s 5/1.1
Staub, der, * 11/5.5
stehen (etw. jdm), gestanden 11/1.1a
stehen, gestanden 3/3.2b
Stehlampe, die, -n 4/5.3

Steilwandkletterer, der, - 12/1.1a

Stelle (1), die, -n ü 7/10

stellen, *hier:* Fragen stellen 1/2.9

Steuer, die, -n Stat. 3/1.4

Stichwort, das, "-er Stat. 2/1.2

Stiefel, der, - 11/1.1a

stimmen (das stimmt) 7/3.1

Stock, der, * (*Kurzf. für* Stockwerk) 4/1.1

Stofftier, das, -e Stat. 2/1.1a

stolz 9/2.2

Stopp! 2/3.6

Strand, der, "-e 9/1.2

Straße, die, -n 9/3.2

Straßenbahn, die, -en 6/1

Straßencafé, das, -s 11/5.1

Streifen, der, - 10/5.1

Stress, der, * 12/3.1a

Stück (1), das, -e 10/1.2

Student/in, der/die, -en/-nen Start 4.1

Studentenwohnheim, das, -e 4/1

studieren Start 4.1

Studium, das, Pl.: Studiengänge 8/4.1

Stuhl, der, "-e 2/1.4

Stunde, die, -n 5/3.2b

stundenlang 7/3.1

Suche, die, -n 7/3.4

suchen Start 4.1

Suchrätsel, das, - ü 8/1

Süden, der, * 3/2.5

südlich von 3/2.5

super 8/4.1

Supermarkt, der, "-e Start 1.1

Suppe, die, -n ü 5/4

süß 10/5.1

Symbol, das, -e Start 4.5

symbolisieren Stat. 3/2.1b

System, das, -e ü 9/9

systematisch 2/4.5a

T

Tabelle, die, -n 1/2.6

Tablette, die, -n 12/2.2

Tafel (1), die, -n 2/1.4

Tafel (2), die, -n (Tafel Schokolade) 10/1.2

Tag! (*Kurzf. von* Guten Tag!) 1/1.1d

Tag, der, -e 3/5.1

Tagebuch, das, "-er 9/2.2

Tagesablauf, der , "-e 5/2

täglich 12/1.1a

*Tai Chi, das, *** 12/1.1a

Talkshow, die, -s Stat. 1/3.6

tanken 12/3.1a

Tante, die, -n Stat. 2/5.1

tanzen ü 8/11

Tasche, die, -n 2/1.4

Tasse, die, -n 1/4.3

Tastatur, die, -en 6/3.3

Tätigkeit, die, -en Stat. 1/1.1a

tauschen 7/2.3c

Taxi, das, *Pl.* Taxen ü 6/2

Taxifahrer/in, der/die, -/-nen 7/1.1

Taxizentrale, die, -n 1/4.2

Technik, die, -en Start 4.4

Teddybär, der, -en Stat. 2/1.1a

Tee, der, -s 1/1.1d

Telefon, das, -e Start 1.1

Telefonat, das, -e 6/4.1b

Telefonbuch, das, "-er 1/4.2

telefonieren (mit jdm) 5/3.2a

Telefonnummer, die, -n 1

Telekommunikation, die, -en 3/5.1

Temperatur, die, -en ü 1/5

Tennisball, der, "-e 2/4.4

Termin, der, -e 5

Terminkalender, der, - 6/3

Test, der, -s 2/4.5b

teuer, teurer, am teuersten 4/1.1

Text, der, -e Start 4.1

Theater, das, - 2/4.5b

Theaterbesuch, der, -e 8/4.2b

Theaterkarte, die, -n 6/3.4

Thema, das, *Pl.:* Themen 6/5.1

thematisch 8/4.2b

Thermometer, das, - 12/4.5

Tier, das, -e 7/3.4

Tipp, der, -s 6/5.1

Tisch, der, -e 2/1.4

Titel, der, - ü 7/4

Tochter, die, "- 7/3.1

Toilette, die, -n 4/4.3a

*Toilettenpapier, das, *** Stat. 3/5

toll 8/4.1

Tomate, die, -n 10/1.1

Tomatensaft, der, "-e 10/4.3

Tomatensoße, die, -n 10/3.3

Ton, der, "-e Start 1.3

Top Ten 9/5.1

Top, das, -s 11/1.1a

Tor, das, -e Stat. 2/2.4a

Torte, die, -n 9/2.2

Tour, die, -en 9/2.2

Tourismus, der, * Start 4.4

Tourist, der, -en Start.1.1

Touristeninformation, die, -en 8/3.1

Tradition, die -en 6/5.1

tragen, getragen 1/4.6

Trainer/in, der/die, -/-nen 7/3.2

trainieren 1/2

Training, das, -s 7/4.2

Trainingsanzug, der, "-e 11/3.2

Transport, der, -e Start 3.4

Traum, der, "-e 4/4.4a

Traummann/Traumfrau, der/die, "-er/ -en 12/4.3

Traumwohnung, die, -en 4/4.4

traurig ü 11/12

Treffen, das, - 1/1

treffen, getroffen 5/4.1

Trekkingtour, die, -en Stat. 3/1.3

trennbar 5

Treppenhaus, das, "-er 4/8.1

trinken, getrunken 1/1.1d

*Tschechisch, das, *** 3/4.3

tschüss 5/4.2

T-Shirt, das, -s 11/1.1a

tun, getan 7/2.2

Tür, die, -en 2/2.1

türkis 11/2.1

Turm, der, "-e 3/1.1

TV, das, -s Start 3.4

Typ, der, -en ü 12/8

typisch 12/3.5

U

U-Bahn, die, -en 6/1.4
üben 1/1.1d
über 3/5.1
über (über 200 Millionen) 1/4.6

übergeben, *übergeben* 7/2.3c
überhaupt nicht 11/2.5
übernachten 9/2.2
Überschrift, *die, -en* Stat. 3/2.1b
übersetzen 12/3.1a
Übung, die, -en 2/4.5b
Übungszeit, *die, -en* 5/7.1
Ufer, *das, -* Start 4.5
Uhr, die, -en 5/1.5
Uhrzeit, die, -en 5
um 5/2.1
Umgangssprache, *die, -n* 5/1.2
Umkleidekabine, die, -n Ü 11/7

Umlaut, *der, -e* 2
Umzug, der, "-e 4/7
umziehen, *umgezogen* Stat. 1/3.2

Umzugschaos, *das, ** 4/7.1
Umzugskarton, *der, -s* 4/7.1
und Start
Unfall, der, "-e 9
Uni-Klinik, *die, -en* Ü 6/1
Universität, die, -en Start 4.1
unser, unser, unsere 4/1.1
unten 6/2.1
unter 6
unterrichten 7/2.2
Unterricht, der, * Stat. 1/1.1b
Unterschied, der, -e 3/2.3
unterschiedlich 1/4.6
unterstreichen, *unterstrichen* Stat. 1/3.2c
untersuchen 7/2.2
Untersuchung, *die, -en* Stat. 3/1.3

unterwegs 8/4.1
Urlaub, der, -e 9
Urlauber/in, der/die, -/-nen 9/1.2
Urlaubsreise, die, -n 9/5.1
usw. (= *und so weiter*) Stat. 2/2.4b

V

Variante, *die, -n* 2/3.3
Vase, die, -n 4/3.1
Vater, der, "- 11/5.5
Vegetarier/in, *der/die, -/-nen* Ü 11

vegetarisch 10/4.3
verabreden 5
Verabredung, die, -en 5/4
Verabschiedung, *die, -en* Stat. 1/2.1
verändern 12/3.5
Verbendung, *die, -en* 1/2.6
verbinden, verbunden Ü 1/2
verboten (sein) 4/8.1
verdienen 7/3.4
vergehen, *vergangen* 11/5.5
vergessen, vergessen 5/5.3
vergleichen, verglichen 3/3.2a

verheiratet (mit) 2/5.1
verkaufen 7/2.2
Verkäufer/in, der/die, -/-nen 7/2.2
Verkehr, der, * 3/5.1
Verkehrsmittel, das, - 6
Verlag, *der, -e* 6/1.1
Verlagshaus, *das, "-er* 6/1
Verlagskaufmann/frau, *der/die, "-er/-en* 6/1
verlieren, verloren 9/3.2
Verneinung, *die, -en* 2
verrühren 10/5.1
verschieden 4/6.1
verschreiben, *verschrieben* 12/2.4

versichern 12/2.2b
Versicherte, *der, -n* 12/2.2b
Verspätung, die, -en 5
verstehen, verstanden Start
verteilen 11/4.1b
vertilgen 11/5.5
Vertriebsleiter/in, *der/die, -/-nen* 6/2.7
verwechseln 8/2.7
verwenden 1/4
Video, das, -s 4/7.1
Videorekorder, der, - 2/1.4
viel, mehr, am meisten 4/2.2b

viele 3/5.1

Viele Grüße ... 4/7.1
Vielen Dank! 8/2.1
vielleicht Ü 11/7
Viertel nach 5/1.2
Viertel vor 5/1.2
Viertel, das, - 8/1.2
Viertelstunde, die, -n 6/1
violett 11/2.1
Violine, *die, -n* Start 4.1
virtuell 8/4.3
Visitenkarte, *die, -n* 7/2.3
Visum, das, *Pl.:* Visa 5/2.6
Vitamin, *das, -e* 12/3.1a
Vogel, *der, "-* Stat. 3/3.4
Volkshochschule, die, -n 2/5.1

voll 4/8.1
Vollmilch, die, * 10/1.2
von (jdm) 5/2.5
von ... nach Start 4.1
vor 6
vorbei 8
vorbeigehen (an etw.), vorbeigegangen 8/2.5
vorbeifahren, vorbeigefahren Ü 8/2
vorbereiten 5/2.5
vorher Start 4.1
vorlesen, *vorgelesen* Ü 12/7
Vormittag, *der, -e* Stat. 2/2.3
vormittags 9/2.2
Vorname, der, -n Start 3.8
vorschlagen, vorgeschlagen 5/5.1b

vorstellen (sich) Start
Vorstellung, *die, -en* Start 2.9
Vorwahl, die, -en Ü 1/7

W

Wagen, der, - 10/2.2
Wand, die, "-e 6/3.1
wandern 9/1.2
wann 5
warm, wärmer, am wärmsten 1/4.3
warten 5/5.3
Warteschlange, *die, -n* 9/1.2
Wartezimmer, das, - 12/2.2a
was Start 1.1
was für ein ... 4/2.2b
Was macht das? 10/2.7

Waschbecken, das, - 4/6.1

waschen, *gewaschen* Stat. 3/1.3

Waschmaschine, die, -n 4/7.1

Wasser, das, - 1/4.5

wechseln 3/4.3

Wecker, der, - 5/5.3

weg Ü 9/9

Weg, der, -e 6

Wegbeschreibung, *die, -en* 8/2.5

wehtun, wehgetan 12

Weihnachten, das, - 9/4.1

Weihnachtsferien, *Pl.* 9/4.1

Wein, *der, -e* Ü 3/8

weiß 11/1.1a

Weißbrot, das, -e 10/1.2

weit 8/2.1

weiter 4/4.4b

weiterfahren, weitergefahren 9/3.2

Weiterfahrt, *die, -en* 9/2.2

weitergeben, weitergegeben 4/4.4b

welcher, welches, welche, 10

Welt, die, -en 6/5.1

weltbekannt Stat. 1/4.1

Weltmeister, *der, -* 11/3.2

wenig 7/3.1

wenn 6/5.1

wer Start 2.1

Werbung, die, * 6/2.2

Werkstatt, die, "-en 7/2.2

Westen, der, * 3/2.5

Wetter, das, * 9/1.4

wichtig 1/4.2

wie Start 1.2

Wie bitte? 2/1.2

Wie geht's? 3/2.1

wie viel 5/1.5

wieder 8/4.1

wiederholen 2/1

Wind, der, * 11/5.2

windig 11/5.1

Winter, der, - 9/4.1

Wintersport, *der, * Stat. 1/5.1c

Wintersportler, *der, -* 11/5.1

wirklich 4/2.2b

wissen, gewusst 8/2.1

wo Start 1.3

Woche, die, -n 5/3.1b

Wochenende, das, -n 7/3.1

Wochenendeinkauf, *der, "-e* 10/2.2

Wochentag, der, -e 5

woher Start 2.1

wohin 8/2.2

wohnen Start 2.5

Wohnform, *die, -en* 4/8.1

Wohnung, die, -en 4

Wohnzimmer, das, - 4/2.1

Wolke, die, -n 11/5.2

wollen 8

Wort, das, "-er Start

Wortakzent, *der, -e* Start

Wörterbuch, das, "- er 2

Wörterliste, *die, -n* 2/2.2

Wörternetz, *das, -e* 4/6.1

Wortfeld, *das, -er* 6/1

Wortkarte, *die, -n* 4/6.1

Wortschatz, *der* 4

worüber 3/1.2

wunderschön 12/4.4

wünschen 10/1.1

Würfel, der, - 10/5.1

Wurst, die, "-e 10/1.2

Y

Yoga, *das, * * Ü 5/10

Z

Zahl, die, -en 1

zahlen 1/4.3

zählen 1/3

zählen zu *(+ Akk.)* 6/5.1

Zahlenlotto, *das, -s* 1/3.5

Zahlungsmittel, *das, -* 1/4.6

Zahnarzt/-ärztin, der/die, "-e/-nen 5/5.1b

Zärtlichkeit, die, -en 9/4.3

zeichnen 2/4.2

Zeichnung, *die, -en* 4/2.2a

zeigen 3/1.5

Zeit, die, -en 5

Zeitangabe, *die, -n* 5

Zeitplan, *der, "-e* 5/7

Zeitung, die, -en Start 4.4

Zelt, das, -e Ü 9/9

zelten 9/2.4

zentral 4/7.1

Zettel, der, - 4/6.1

Ziel, das, -e 8/3.3

ziemlich 4/1.1

Zigarette, die, -n 12/3.5

Zimmer, das, - 4/1

Zirkus, *der, -se* 5/4.1

Zoo, *der, -s* 5/4.3

zu 4

zu Ende (sein) Ü 8/10b

zu Fuß gehen 6/1.4

zu Hause 4/5.1b

zu zweit 5/2.1

Zubereitung, *die, * * 10/5.1

Zucker, der, * 10/4.3

zuerst 1/3.6

Zug, der, "-e 5/5.3

zunehmen, zugenommen 12/3.1a

zuordnen Start 2.6

zur 3/5.1

zurück Start 4.1

zurückdenken an (+ *Akk.*), zurückgedacht 11/5.5

zusammen 1/4.3

Zusammenfassung, *die, -en* 10/3.2

zusammengehören Start 1.1

zusammengesetzt 4

zustimmen 5/5.1b

Zutat, *die, -en* 10/5.1

zweimal 5/2.5

Zwiebel, die, -n 10/1.1

zwischen 3/5.1

Liste der unregelmäßigen Verben

Infinitiv	Präsens	Perfekt
abfahren	er fährt ab	er ist abgefahren
abhängen von *(+ Dat.)*	es hängt ab von	es hat abgehangen von
anbraten	*er brät das Fleisch an*	*er hat das Fleisch angebraten*
anfangen	sie fängt an	sie hat angefangen
angeben	*er gibt es an*	*er hat es angegeben*
ankommen	sie kommt an	sie ist angekommen
anrufen	er ruft an	er hat angerufen
anschreiben	sie schreibt den Satz an	sie hat den Satz angeschrieben
ansehen	er sieht das Foto an	er hat das Foto angesehen
anziehen (sich)	sie zieht sich an	sie hat sich angezogen
aufstehen	er steht auf	er ist aufgestanden
ausdenken (sich etw.)	*sie denkt sich etwas aus*	*sie hat sich etwas ausgedacht*
ausfallen	es fällt aus	es ist ausgefallen
ausgehen	er geht aus	er ist ausgegangen
aussehen	sie sieht gut aus	sie hat gut ausgesehen
backen	er bäckt	er hat gebacken
beginnen	der Kurs beginnt	der Kurs hat begonnen
bekommen	sie bekommt etwas	sie hat etwas bekommen
beraten	er berät ihn	er hat ihn beraten
beschreiben	sie beschreibt etwas	sie hat etwas beschrieben
bitten (um etw.)	er bittet um etwas	er hat um etwas gebeten
bleiben	sie bleibt	sie ist geblieben
bringen	er bringt etwas	er hat etwas gebracht
denken	sie denkt	sie hat gedacht
durchstreichen	*er streicht es durch*	*er hat es durchgestrichen*
dürfen	sie darf	sie hat gedurft
einladen	er lädt sie ein	er hat sie eingeladen
einreiben	*sie reibt es ein*	*sie hat es eingerieben*
einsteigen	er steigt ein	er ist eingestiegen
eintragen	*sie trägt es ein*	*sie hat es eingetragen*
entscheiden (sich)	er entscheidet sich	er hat sich entschieden
erfinden	*sie erfindet es*	*sie hat es erfunden*
essen	er isst	er hat gegessen
fahren	sie fährt	sie ist gefahren
fallen	er fällt	er ist gefallen
fernsehen	sie sieht fern	sie hat ferngesehen
finden	er findet es	er hat es gefunden
fliegen	sie fliegt	sie ist geflogen
geben	er gibt	er hat gegeben
gefallen (jdm)	es gefällt ihr	es hat ihr gefallen
gehen	er geht	er ist gegangen
hängen	es hängt	es hat gehangen
heißen	sie heißt	sie hat geheißen
helfen	er hilft	er hat geholfen
kennen	sie kennt ihn	sie hat ihn gekannt
kommen	er kommt	er ist gekommen
können	sie kann	sie hat gekonnt

laufen	er läuft	er ist gelaufen
leidtun	es tut ihr leid	es hat ihr leidgetan
lesen	er liest	er hat gelesen
liegen	es liegt im ...	es hat im ... gelegen
messen	*sie misst*	*sie hat gemessen*
mögen	er mag es	er hat es gemocht
müssen	sie muss *(+ Inf.)*	sie hat ... gemusst
nehmen	sie nimmt	sie hat genommen
nennen	er nennt es	er hat es genannt
raten	sie rät es	sie hat es geraten
rufen	er ruft sie	er hat sie gerufen
schlafen	sie schläft	sie hat geschlafen
schneiden	er schneidet	er hat geschnitten
schreiben	sie schreibt	sie hat geschrieben
schwimmen	er schwimmt	er ist geschwommen
sehen	sie sieht es	sie hat es gesehen
sein	er ist ...	er ist ... gewesen
sitzen	sie sitzt	sie hat gesessen
sprechen	er spricht	er hat gesprochen
springen	sie springt	sie ist gesprungen
stattfinden	*es findet statt*	*es hat stattgefunden*
stehen	sie steht ...	sie hat gestanden
tragen	er trägt es	er hat es getragen
treffen	sie trifft ihn	sie hat ihn getroffen
trinken	er trinkt	er hat getrunken
tun	sie tut es	sie hat es getan
übergeben	*er übergibt es*	*er hat es übergeben*
unterstreichen	*sie unterstreicht es*	*sie hat es unterstrichen*
verbinden	er verbindet es	er hat es verbunden
vergehen	es vergeht	es ist vergangen
vergessen	sie vergisst es	sie hat es vergessen
vergleichen	er vergleicht es	er hat es verglichen
verlieren	sie verliert es	sie hat es verloren
verschreiben	*er verschreibt etwas*	*er hat etwas verschrieben*
verstehen	sie versteht	sie hat verstanden
vorschlagen	er schlägt etwas vor	er hat etwas vorgeschlagen
waschen	sie wäscht es	sie hat es gewaschen
wehtun	es tut weh	es hat wehgetan
wissen	er weiß	er hat gewusst
zunehmen	*es nimmt zu*	*es hat zugenommen*

Hörtexte

Hier finden Sie alle Hörtexte, die nicht oder nicht komplett in den Einheiten und Übungen abgedruckt sind.

Start auf Deutsch

1 3

Meine Damen und Herren, vor uns das Brandenburger Tor, ein Symbol für Berlin, links das Parlament, das Reichstagsgebäude. Rechts das neue Hotel Adlon. Wir sind jetzt auf der Straße ...

Firma Intershop, guten Morgen. Hallo, Nadine. Hi, Claudia, wie geht's?

5,30 Euro bitte. – Unser Tipp heute: marokkanische Orangen, das Kilo 3,20 Euro. Bananen, das Kilo 2,80 Euro. Kiwis aus Neuseeland, 20 Cent pro Stück.

Herr Weimann bitte zum Lufthansaschalter. Es liegt eine Information für Sie vor.
Mr. Weimann please contact the Lufthansa Counter, there's a message for you.

Lufthansa Flug LH 349 nach Zürich, wir bitten die Passagiere zum Ausgang.
Lufthansa flight LH 349 to Zurich now ready for boarding.

1 4

Sprecher 1 kommt aus Italien.
Sprecher 2 kommt aus Russland.
Sprecher 3 kommt aus Deutschland.
Sprecher 4 kommt aus China.

2 2

+ Wie ist Ihr Name?
– Hallo, mein Name ist Cem Gül.
+ Und woher kommen Sie?
– Aus der Türkei.
+ Und wie heißen Sie?
– Mein Name ist Ana Sánchez. Ich komme aus Chile.
+ Und wer ist das?
– Das ist Herr Tang. Er ist aus China.

3 3

1. Graz – 2. Hamburg – 3. Bern – 4. Berlin – 5. Frankfurt – 6. Wien – 7. Genf – 8. Lugano

3 5

1. + Goethe-Institut München. Grüß Gott.
   – Guten Tag. Kann ich bitte Herrn Benz sprechen?
   + Bitte wen? Krenz?
   – Nein, Herrn Benz, B-E-N-Z.
2. + Heier.
   – Guten Morgen, ist dort die Firma Mayer mit A-Y?
   + Nein, hier ist Heier. H-E-I-E-R.
   – Oh, Entschuldigung ...

3. + Hotel Astron, guten Morgen.
   – Guten Tag. Hier ist Sundaram. Ich möchte ein Zimmer reservieren.
   + Entschuldigung, wie heißen Sie? Buchstabieren Sie bitte.
   – S-U-N-D-A-R-A-M.

1 Café d

2 3

+ Hallo, ich heiße Monika.
– Ich bin Katja. Das ist Samira.
+ Woher kommen Sie?
– Aus Deutschland. Ich wohne jetzt in Berlin.
+ Was möchtest Du trinken?
– Zwei Kaffee, bitte.

3 2

neun – elf – sieben – drei – sechs – acht

3 4

einhundert, zweihundert, dreihundert, vierhundert, fünfhundert, sechshundert, siebenhundert, achthundert, neunhundert, eintausend

3 5

4, 17, 29, 32, 33, 45, Zusatzzahl: 9

3 6

23, 1, 49, 33, 43, 50, 45, 25, 31, 12, 37, 11, 3, 4, 44, 29, 30, 13, 2, 38, 39, 40, 20, 19, 9, 18, 26, 42, 28, 46, 8, 47, 35, 41, 7, 36, 17, 5, 27, 15, 21, 48, 32, 16, 6, 22, 14, 24, 10, 34

4 1

1. + Ich habe jetzt ein Handy.
   – Aha, wie ist die Nummer?
   + 0171-235 53 17.
2. + Becker.
   – Becker? Ich habe 73 49 87 55 gewählt!
   + Ich habe die 73 49 87 52.
   – Oh, Entschuldigung, falsch verbunden!
3. + ... aha, und wie ist Ihre Telefonnummer?
   – Das ist die 0341-804 33 08.
   + Ah, die 0341-804 33 08 ...
4. + Telekom Auskunft, Platz 23.
   – Hallo, ich hätte gern die Nummer von Wilfried Otto in Königshofen.
   + Die Nummer kommt: 03423-23 26 88. Ich wiederhole: 03423-23 26 88.

4 ③

Dialog 1

Frau Schiller: Oh, der Kurs beginnt. Zahlen bitte!
Bedienung: Drei Eistee? Das macht zusammen 5,70 Euro.
Marina: Und getrennt?
Bedienung: 1,90 Euro bitte.

Dialog 2

Julian: Ich möchte zahlen, bitte! Was kostet der Cappuccino?
Bedienung: 1,60 Euro.
Julian: 1,60 Euro, hier bitte.
Bedienung: Danke. Auf Wiedersehen.

Dialog 3

Katja: Ich möchte bitte zahlen!
Bedienung: Zwei Cola und zwei Wasser, zusammen oder getrennt?
Katja: Zusammen bitte.
Bedienung: Also, zwei Cola, das sind 3 Euro und zwei Wasser à 1,40 Euro. Macht zusammen, Moment: 5,80, bitte.
Katja: Hier bitte. Tschüss.
Bedienung: Auf Wiedersehen.

4 ④

Entschuldigung, ist hier frei? – Was möchten Sie trinken? / Was möchtest du trinken? – Kaffee oder Tee? – Was nehmen Sie? Was trinken Sie? – Zwei Kaffee, bitte!

Ü ⑤

Und nun die Temperaturen in Deutschland am Freitag: Kiel 18 Grad, Rostock 20 Grad, Hamburg 19 Grad, Hannover 20 Grad, Berlin 21 Grad, Köln 21 Grad, Dresden 22 Grad, Frankfurt am Main 23 Grad, Stuttgart 25 Grad, München 24 Grad, Jena 21 Grad. Es folgt die Reisewettervorhersage für Europa ...

Ü ⑥

1. dreiundzwanzig – 2. achtundzwanzig – 3. siebenunddreißig – 4. dreiunddreißig – 5. fünfundvierzig – 6. einundvierzig – 7. neunundachtzig – 8. fünfzig

Ü ⑦

1. – Wie ist die Telefonnummer von Siemens in Singapur, bitte?
+ 68 35 48 17.
– Und die Vorwahl von Singapur?
+ 65.
2. – Die Vorwahl von Namibia, bitte.
+ Namibia? Moment, das ist die 264.
3. Die Faxnummer vom Hotel Borg in Island? Einen Moment. ... 55 11 42 8. Und 354 für Island.
4. – Die Nummer von AVIS in Buenos Aires, bitte.
+ Ja, die Nummer ist 11-4480-9387. Und 54 für Argentinien.

Ü ⑫

+ Ja, bitte?
– Wir möchten bitte zahlen.
+ Zusammen oder getrennt?
– Zusammen, bitte.

+ Zwei Kaffee und zwei Stück Kuchen, das macht 7,80 Euro.
– Bitte.
+ Danke. Auf Wiedersehen.
– Auf Wiedersehen!

4 ②

+ Was ist denn das?
– Das? Rate mal!
+ Ein Mann?
– Nein, falsch. Guck mal jetzt!
+ Eine Frau?
– Ja, schon besser.
+ Eine Lehrerin?
– Ja, richtig! Und was ist das?
+ Ahhh, eine Lehrerin und ein Buch. Hey, das ist ja Frau Schiller, die Deutschlehrerin!

3 Städte – Länder – Sprachen

1 ②

+ Was ist das?
– Das ist der Prater.
+ Und wo ist das?
– In Wien.
+ Aha, und in welchem Land ist das?
– Wien ist in Österreich.

Ü ③

1. Frank kommt aus Interlaken.
+ Wo ist denn das? – Interlaken ist in der Schweiz.
2. Swetlana kommt aus Bratislava.
+ Wo ist denn das? – Bratislava ist in der Slowakei.
3. Mike kommt aus San Diego.
+ Wo ist denn das? – San Diego ist in den USA.
4. Stefanie kommt aus Koblenz.
+ Wo ist denn das? – Koblenz ist in Deutschland.
5. Nilgün kommt aus Izmir.
+ Wo ist denn das? – Izmir ist in der Türkei.

Ü ⑥

Carmen: Entschuldigung, ist hier frei?
Antek: Ja, bitte. Sind Sie auch im Deutschkurs?
Carmen: Ja. Sagen wir „du"?
Antek: Okay, woher kommst du?
Carmen: Ich komme aus España.
Antek: Ach, aus Spanien.
Carmen: Ja, ... aus Spanien. Warst du schon mal in Spanien?
Antek: Ja, ich war in Madrid und Sevilla. Und woher kommst du?
Carmen: Aus Córdoba.
Antek: Das kenne ich nicht. Wo liegt das?
Carmen: Südwestlich von Madrid. Trinkst du auch Kaffee?
Antek: Ja, gern. – Zwei Kaffee, bitte!

Ü 2

Makler: Die Wohnung hat vier Zimmer, Küche, Bad, Toilette und Balkon. Rechts und links sind Kinderzimmer. Die Küche und das Bad haben kein Fenster. Das Wohnzimmer ist sehr groß. Das Wohnzimmer und das Schlafzimmer haben eine Tür zum Balkon. Das Bad ist leider klein. Die Wohnung kostet nur 500 Euro.

Ü 9

1. die Treppe und das Haus: das Treppenhaus
2. die Kinder und das Zimmer: das Kinderzimmer
3. der Fuß und der Ball: der Fußball
4. das Telefon und das Buch: das Telefonbuch

Ü 11

Ich wohne im Studentenwohnheim. Mein Zimmer ist nicht groß. Hier ist die Tür. Links steht ein Bücherregal. Daneben stehen ein Tisch und ein Sessel. Der Tisch ist sehr klein. Rechts steht mein Bett. Mein Fenster ist sehr groß, deshalb ist mein Zimmer schön hell. Der Schreibtisch und der Schreibtischstuhl stehen vor dem Fenster. Mein Zimmer hat keinen Balkon. Aber es ist auch nicht teuer.

Station 1

2 5

In der Fußballbundesliga spielten der Hamburger Sportverein gegen den VfL Wolfsburg 1 zu 3, der 1. FC Kaiserslautern schlägt den 1. FC Köln 2 zu 1, Bayern München gegen Mainz 0 zu 5. Borussia Dortmund gegen Bayer Leverkusen 3 zu 2, Hannover 96 gegen Borussia Mönchengladbach 0 zu 0, Hansa Rostock gegen Arminia Bielefeld 3 zu 3, 1. FC Nürnberg gegen Werder Bremen 0 zu 2 und der Freiburger SC schlägt den VfB Stuttgart 6 zu 1.

3 5

Hier ist der Deutschlandfunk. An unserem Hörspielabend hören Sie *Schöne Grüße*, ein Hörspiel aus Dänemark. Es folgt um 21 Uhr *Das Küchenduell*, eine französische Dokumentation und danach das *Städtegespräch aus Wien*, eine österreichische Talkshow. Um 23 Uhr folgt *Das schöne Mädchen*, ein tschechisches Märchen. Gute Unterhaltung.

5 Termine

1 3

Es ist acht Uhr. – Es ist halb drei. – Es ist Viertel nach neun. – Es ist fünf nach zehn. – Es ist kurz vor zwölf.

1 4

Nachrichten ... 14.40 Uhr, die Vereinten Nationen schließen auch über eine Woche nach der Flutkatastrophe in Südasien nicht aus ...

... und davor Jean Paul zusammen mit Sasha: „I'm still in love with you." Gleich zehn vor drei, Fritz B hier, jetzt mit Christina Aguilera und Missy Elliot: „Carwash" ...

10.40 Uhr. Und das Wetter von Berlin und Brandenburg: die Temperaturen zur Stunde sechs bis neun Grad, bis zum Abend stark bewölkt ...

15.35 Uhr. Inforadio. Wirtschaft und Börse kompakt.

2 5

Hier ist die Praxis von Dr. Glas. Unsere Sprechzeit ist Montag, Dienstag und Donnerstag von 9 bis 13 Uhr und 17 bis 19 Uhr. Am Mittwoch von 8 bis 12 Uhr. Freitag von 9 bis 14 Uhr. Am Samstag haben wir keine Sprechstunde. Vielen Dank für Ihren Anruf.

5 1

+ Haben Sie einen Termin frei?
– Geht es am Freitag um 9.30 Uhr?
+ Ja, das geht.

+ Gehen wir am Freitag ins Kino?
– Am Freitagabend kann ich leider nicht, aber am Samstag.

+ Können Sie am Freitag um halb zehn?
– Ja, das ist gut.

+ Treffen wir uns am Montag um acht?
– Um acht geht es leider nicht, aber um neun.

5 2

Düsseldorf – Tübingen – Dortmund – Dresden – Timmendorf – Dessau

5 4

Entschuldigung, aber ich hatte keine Uhr!
Entschuldigen Sie, ich komme zu spät. Mein Zug hatte Verspätung.
Tut mir leid, mein Auto war kaputt.
Tut mir leid, ich habe den Termin vergessen.

Ü 3

1. – Entschuldigung, wie spät ist es?
   + Es ist jetzt zwanzig nach vier.
2. Warte – ich notiere den Termin. Morgen Nachmittag, um halb drei.
3. Es ist neun Uhr.
4. Beim nächsten Ton ist es sieben Uhr, vier Minuten und dreißig Sekunden.
5. Achtung am Gleis drei! Intercity Express 10 65 aus Hamburg nach München, planmäßige Abfahrt 17.26 Uhr, wird heute voraussichtlich zehn Minuten später eintreffen. Ich wiederhole: der ICE 10 65 hat voraussichtlich zehn Minuten Verspätung!
6. 14.28 Uhr, WDR 3, Radiodienst. Meldungen über Verkehrsstörungen liegen uns nicht vor.

Ü 7

+ Praxis Dr. Glas.
- Albertini, ich hätte gern einen Termin.
+ Waren Sie schon einmal hier?
- Äh, nein.
+ Welche Krankenkasse haben Sie?
- Die AOK. Wann geht es denn?
+ Moment, nächste Woche Montag, um 9.30 Uhr?
- Hm, da kann ich nicht. Geht es auch um 15 Uhr?
- Ja, das geht auch. Also, am Montag um 15 Uhr. Auf Wiederhören.
+ Auf Wiederhören.

6 Orientierung

1 ③

Ich heiße Marco Sommer und bin Verlagskaufmann. Ich wohne in Gohlis und arbeite bei der Leipziger Volkszeitung im Verlagshaus am Peterssteinweg. Ich fahre *die fünf Kilometer* mit dem Rad. Ich brauche eine Viertelstunde.

Ich bin Monica Ventura und wohne in Markkleeberg, *im Süden von Leipzig.* Ich arbeite bei der Commerzbank am Thomaskirchplatz. Ich fahre zehn Minuten mit der Straßenbahn.

Ich bin Birgit Schäfer und wohne in Schkeuditz. *Das ist westlich von Leipzig.* Ich arbeite bei ALDI am Leipziger Hauptbahnhof. Ich fahre eine halbe Stunde mit dem Zug.

Ich heiße Alexander Novak und wohne in Grünau. Ich arbeite in einer Buchhandlung im Stadtzentrum. Ich brauche im Stadtverkehr 20 Minuten mit dem Auto. *Aber es ist oft Stau.*

3 ④

Paul: Paula, wo ist denn bloß der Autoschlüssel?
Paula: Keine Ahnung ...! Vielleicht neben dem Telefon?
Paul: Und wo sind die Theaterkarten? Vor dem Fernseher?
Paula: Ja, genau! Paul, wo ist denn nur die Brille?
Paul: Schau mal in der Handtasche nach!
Paula: Und wo ist die Handtasche?
Paul: Auf dem Sofa!

4 ①

Erstes Telefonat

- Hallo, Herr Sommer, hier Peter Rosner.
+ Guten Tag, Herr Rosner!
- Können wir uns im Dezember noch zu einer Beratung treffen?
+ Ja, sicher. Wann geht es bei Ihnen?
- Gleich am Montag, am 27.12. um neun Uhr?
+ Tut mir leid, da hab' ich schon einen Termin. Aber am Dienstag, am 28. um neun Uhr geht es bei mir.
- Prima, das geht bei mir auch.
+ Okay, dann bis zum 28.!
- Danke, bis dann!

4 ②

Zweites Telefonat

- Hallo Herr Sommer, hier Wenske.
+ Hallo Frau Wenske!
- Herr Sommer, wir müssen den Termin für das Interview mit dem Oberbürgermeister am 30.12. verschieben. Geht es bei Ihnen am 29. um 10.30 Uhr?
+ Ja, das ist okay.
- Prima, dann streichen wir den Termin am 30.12. und machen das Interview mit dem OB am 29.12., 10.30 Uhr.
+ Alles klar, auf Wiederhören!
- Dankeschön, auf Wiederhören!

Ü ⑤

+ Entschuldigung, wo ist die Cafeteria?
- In der 4. Etage rechts.
+ Wo sind die Toiletten, bitte?
- Gleich hier rechts.
+ In welcher Etage ist die Personalabteilung?
- Die Personalabteilung? Moment, ... in der 4. Etage links.
+ Entschuldigung, wo finde ich das Sekretariat?
- Hier im Erdgeschoss links.
+ Wo ist bitte das Zimmer von Herrn Dr. Sprenger?
- Das ist das Zimmer Nr. 21, in der zweiten Etage links.
+ Entschuldigung, wo ist das Büro von Frau Stein?
- Frau Stein hat das Zimmer Nr. 32 in der dritten Etage rechts.

Ü ⑧

Dialog 1

+ Praxis Dr. Glas.
- Martens, guten Morgen. Ich hätte gern einen Termin.
+ Wann geht es denn?
- Am Donnerstag um acht Uhr?
+ Hm, da geht es leider nicht. Geht es am Mittwoch um 9.30 Uhr?
- Nein, da kann ich nicht. Da muss ich arbeiten.
+ Hm, Moment, am Dienstag um elf Uhr?
- Ja, das ist okay.

Dialog 2

+ Praxis Dr. Glas.
- Hier ist Wagner. Ich habe heute um 9.45 Uhr einen Termin, aber ich stehe leider im Stau. Ich bin erst um elf in Frankfurt. Kann ich da noch kommen?
+ Ja, das geht.

Dialog 3

+ Praxis Dr. Glas.
- Seidel, guten Morgen. Ich hätte gern heute einen Termin.
+ Guten Morgen, Frau Seidel. Heute um Viertel vor zehn geht es.
- Schön, vielen Dank.

1 2

1. Mein Name ist Sascha Romanov. Ich bin von Beruf Bäcker und arbeite in einer Bäckerei in Köln.
2. Ich bin Dr. Michael Götte. Ich bin Programmierer bei Siemens in Rostock.
3. Ich heiße Sabine Reimann. Ich arbeite als Sekretärin bei einer Versicherung in Basel.
4. Ich heiße Stefanie Jankowski. Ich bin Studentin, aber im Moment arbeite ich als Kellnerin in einem Restaurant in Wien.
5. Ich bin Jana Hartmann. Ich bin Taxifahrerin in Berlin.

Ü 1

Aussage 1 Mein Name ist Klaus Müller. Ich arbeite bei der Commerzbank.

Aussage 2 Ich arbeite bei der Leipziger Volkszeitung. Das ist eine große Zeitung in Sachsen.

Aussage 3 Ich heiße Bettina Kraus. Ich studiere Englisch an der Friedrich-Schiller-Universität in Jena.

Aussage 4 Ich bin Verlagskaufmann und arbeite bei Cornelsen. Der Cornelsen-Verlag macht Bücher für Schulen.

Aussage 5 Herbert Stern arbeitet im Krankenhaus. Er ist Arzt. Er arbeitet oft nachts.

Ü 2

Dialog 1 + Welche Krankenkasse haben Sie bitte?
– Die AOK.
+ Danke.

Dialog 2 + Was sind Sie von Beruf?
– Ich arbeite bei der Allgemeinen Zeitung.

Dialog 3 + Wo ist die Kantine, bitte?
– Gleich hier links.

Dialog 4 Frau Schmidt, legen Sie bitte die Papiere in den Schrank.

Dialog 5 + Der Chef aus der Marketingabteilung spricht sehr gut Englisch.
– Ja, er war lange in England.

Ü 9

Ich arbeite im Lufthansa-Callcenter in Kassel. Ich muss beruflich viel telefonieren. Ich spreche Deutsch, Englisch und Spanisch. Also bekomme ich die Telefonanrufe aus Großbritannien, Spanien, Südamerika und den USA. Meine Kolleginnen und ich sitzen zusammen in einem Büro. Wir beraten unsere Kunden am Telefon, informieren sie über Flugzeiten und reservieren Flugtickets. Wir müssen am Telefon immer freundlich sein, das ist nicht leicht. Unsere Arbeitszeit ist flexibel, aber wir müssen manchmal auch am Wochenende arbeiten. Ich habe dann wenig Zeit für meine Familie. Meine Tochter ist leider keine Hilfe im Haushalt – sie kann stundenlang telefonieren, aber sie kann nicht kochen!

1 3

Wir fahren auf unserer Route jetzt durch den Tiergarten. Links seht ihr das Schloss Bellevue, das ist der Sitz des Bundespräsidenten. Jetzt links kommt das neue Bundeskanzleramt. Die Berliner nennen das Gebäude „Waschmaschine". Vor uns seht ihr den Reichstag und jetzt rechts das Brandenburger Tor. Dort hinten ist der Potsdamer Platz. Dort ist auch das Sony Center. Wir sind jetzt in der Straße Unter den Linden. Hier sind viele Botschaften. Rechts das große Haus, das ist die russische Botschaft. Wir fahren jetzt über die Friedrichstraße. Das ist eine beliebte Einkaufsstraße. Die Staatsoper ist hier rechts. Links kommt die Humboldt-Universität. Und jetzt fahren wir über die Schlossbrücke. Links, das ist der Berliner Dom und dann kommt die Alte Nationalgalerie. Vor uns sehen wir den Fernsehturm auf dem Alexanderplatz.

2 2

Dialog 1
+ Entschuldigung, wie kommen wir von hier zur Museumsinsel?
– Das ist ganz leicht. Hier ist das Rote Rathaus. Daran gehen Sie vorbei bis zur Spandauer Straße. Dort gehen Sie geradeaus und überqueren die Karl-Liebknecht-Straße. Die nächste Ampel links in die Burgstraße. Dann immer geradeaus bis zur Museumsinsel.

Dialog 2
+ Entschuldigung, wo geht's denn hier zum Nikolaiviertel?
– Das ist nicht weit. Gehen Sie einfach hier über den Alexanderplatz bis zur Spandauer Straße. Links sehen Sie das Rote Rathaus. Gehen Sie einfach am Rathaus vorbei und Sie kommen direkt ins Nikolaiviertel. Viel Spaß!
+ Vielen Dank.

2 3

der Kanzler, der Bundeskanzler, das Bundeskanzleramt
der Präsident, der Bundespräsident
die Universität, die Humboldt-Universität
die Botschaft, russisch, die russische Botschaft
Berlin, Berliner, der Berliner Dom
fernsehen, der Turm, der Fernsehturm
die Straße, Friedrich, die Friedrichstraße
die Oper, die Staatsoper, die Staatsoper in Berlin
Potsdam, Potsdamer, der Potsdamer Platz

2 6

Dialog 1
– Entschuldigung, wie komme ich zur Alten Nationalgalerie?
+ Moment, ja – gehen Sie hier gleich links durch den Garten, dann kommen Sie auf die Burgstraße. Die gehen Sie noch ein Stück rechts hoch, dann sehen Sie die Nationalgalerie.

Dialog 2
- Bitte, ich möchte zum U-Bahnhof Friedrichstraße?
  Wie finde ich den?
+ Kein Problem. Hier an der Universität vorbei,
  geradeaus bis zum Hegelplatz. Gehen Sie über den
  Platz bis zur ersten Ampel, dann links. Sie kommen
  direkt auf den U-Bahnhof zu.
- Vielen Dank.

Dialog 3
- Hallo, wir suchen die Humboldt-Universität.
  Können Sie uns helfen?
+ Ja, Moment. Gehen Sie hier geradeaus bis zur Ampel.
  Dort gehen Sie links in die Französische Straße.
  Dann rechts über den Bebelplatz, bis zur Straße
  Unter den Linden, dann noch ein Stück links.
- Also, erst geradeaus, dann an der Ampel links.
  Dann über den Bebelplatz und dann wieder links?
+ Genau.
- Dankeschön.

Ü 4

b) Gehen Sie an der zweiten Kreuzung rechts. Gehen
Sie geradeaus bis zur dritten Kreuzung, dann
links. Der *Bahnhof* ist an der nächsten Kreuzung
rechts.

Ü 5

- Entschuldigung, wo geht es zur Deutschen Bank?
+ Ja, gehen Sie geradeaus und an der nächsten
  Kreuzung rechts. Dann die nächste Straße links.
- Also geradeaus und an der nächsten Kreuzung links?
+ Nein, an der nächsten Kreuzung rechts.
- Ach so, an der nächsten Kreuzung rechts.
+ Die Bank ist das große moderne Haus auf der
  rechten Seite.
- Vielen Dank. Ist es weit?
+ Na ja, etwa fünf Minuten.
- Danke. Auf Wiedersehen!

9 Ferien und Urlaub

1 3

- Guten Tag, Frau Rode, wie geht's?
+ Danke, prima, ab morgen mache ich Urlaub.
- Aha, und wohin geht es?
+ Wir fahren mit der ganzen Familie für drei Wochen
  an die Ostsee.

+ Hallo Susanna, warst du schon im Urlaub?
- Ja, ich war auf Sylt, es war prima!

- Schau mal, Katja, ist das etwas für unseren
  Sommerurlaub?
+ Romantisches Heidelberg – Urlaub in der City.
  Ja, prima, Sven! Heidelberg und den Neckar will
  ich schon lange mal seh'n!

+ Hallo Max, du siehst ja super aus!
- Ja, ich bin gerade aus dem Urlaub zurück.
+ Und wo warst du?
- Im Allgäu, wir waren wandern!

1 5

toll – super – schön – langweilig – prima – gut –
schlecht

3 6

Ich bin Manja. Ich war in den Ferien an der Ostsee.
Ich war oft am Strand. Ich habe in der Sonne
gelegen, viel gebadet und gelesen.

Hallo, ich bin Herr Demme. Ich habe im Urlaub
einen Freund in München besucht. Wir haben die
Stadt besichtigt und dann sind wir in die Alpen
gefahren. Wir sind viel gewandert.

Ich bin Frau Biechele. Ich war auf der Insel Sylt. Ich
habe Freunde getroffen, wir sind oft Rad gefahren
und haben die Insel angesehen. Und ich habe immer
lange geschlafen!

Ü 3

- Guten Tag, Frau Mertens.
+ Guten Tag, Herr Marquardt. Waren Sie in Urlaub?
- Ja, zwei Wochen. Ich bin am Montag zurück-
  gekommen.
+ Wo waren Sie denn?
- Wir waren auf der Insel Rügen, in Sassnitz.
+ Und wie war es?
- Es war toll. Wir waren jeden Tag draußen.
+ Und wie war das Wetter?
- Es war prima. 14 Tage nur Sonne!

10 Essen und trinken

2 1

1. + Guten Tag, vier Brötchen, bitte!
2. + Was darf es sein?
   - Ich hätte gern zwei Kilo Kartoffeln.
3. + Geben Sie mir bitte ein Kilo Bananen.
   - Darf es noch etwas sein?
   + Ja, 500 Gramm Erdbeeren.
4. + Eine Dose Sauerkraut, bitte.

2 6

c) + Ich trinke sehr gern Vanilletee.
   - Ich nehme lieber Erdbeertee.
   + Ich trinke sehr gern schwarzen Tee.
   - Ich nehme lieber Früchtetee.
   + Ich trinke sehr gern Kirschtee.
   - Ich nehme lieber Apfeltee.
   + Ich trinke sehr gern Eistee.
   - Ich nehme lieber Zitronentee.

Ü 4

- Guten Tag, Sie wünschen bitte?
+ Ich hätte gern 200 Gramm Schinken, bitte.
- Gerne. Darf es noch etwas sein?
+ 100 Gramm Leberwurst, bitte.
- Darf es etwas mehr sein?
+ Nein, bitte nicht mehr.
- Gut. 100 Gramm. Noch etwas?
+ Was kostet das Hähnchen?

– Hähnchen ist billig heute. Das Kilo 2,99.
+ Gut, dann nehme ich ein Hähnchen.
– Hier, bitte. Noch etwas?
+ Danke, das ist alles. Auf Wiedersehen.
– Vielen Dank. Auf Wiedersehen.

Ü 9

+ Mmh, das sieht ja lecker aus!
– Ja, sehr lecker. Aber es gibt so viel Fleisch ...
+ Das stimmt. Magst du kein Fleisch?
– Nein, ich esse lieber Fisch als Fleisch. Was isst du
  am liebsten?
+ Mein Lieblingsessen ist Hähnchen mit Pommes.
  Und dazu eine Cola. Und dein Lieblingsessen?
– Fisch und dazu ein großer Salat. Cola mag ich
  nicht. Ich trinke lieber Wasser.
+ Hm. Ich glaube, wir passen nicht zusammen!

Ü 11

Fernanda und Bernd sind verheiratet. Sie haben ein
Kind, Lisa. Bernd arbeitet bei Siemens in München.
Er muss früh aufstehen. Um 9 Uhr frühstückt er in
der Firma: Kaffee und ein Brötchen mit Wurst. Um
12 Uhr isst er in der Kantine mit Kollegen zu Mittag:
Er isst Fleisch und Gemüse. Fernanda steht um halb
sieben auf. Sie frühstückt mit Lisa: Brot mit Marmelade. Dazu trinken sie Tee und Milch. Dann geht
Fernanda arbeiten und Lisa in die Schule. Mittags
macht Fernanda für ihre Tochter oft Pizza oder
Spaghetti. Abends essen alle zusammen: meistens
Brot mit Käse und Salat. Am Sonntag macht Bernd
ein großes Frühstück. Sie essen ein Ei und Brötchen
mit Wurst, Käse und Marmelade. Manchmal essen
sie auch Bratwurst mit Kartoffeln.

11 Kleidung und Wetter

5 3

Und hier das Wetter in Europa für morgen, den
15. Dezember: In Athen ist es bewölkt, um die fünf
Grad. Berlin – heiter, 15 Grad. London – heiter bis
wolkig und bis zu 17 Grad. In Madrid auch bewölkt
und 17 Grad. In Moskau leichte Schneefälle bei
minus drei Grad. Dagegen scheint in Rom die Sonne
bei Temperaturen bis 16 Grad. In Lissabon ebenfalls
16 Grad, aber es ist mit Regen zu rechnen.

Ü 2

Claudia trägt die aktuelle Sommermode. Leicht und
gut kombinierbar: eine helle Sommerhose und eine
rote Bluse. Das steht jeder Frau. Die ideale Urlaubskleidung.

Thomas zeigt die Herbstmode für den Mann. Der
elegante Mann trägt einen weißen Anzug und ein
blaues Hemd. Die Krawatte ist grün. Das sieht gut
aus. Dazu einen braunen Mantel. Ja, das ist der
aktuelle Modetrend für den Mann.

Bianca und André zeigen aktuelle und preiswerte
Kleidung für Sie und Ihn. Beide tragen Hosen.
André helle Jeans und Bianca eine modische, dun-

kelgraue Hose. Bianca trägt zur Hose weiße Stiefel.
André trägt ein rotes T-Shirt und eine blaue Jacke,
Bianca eine rote Jacke und einen blauen Rollkragen-
Pulli. Die ideale Kleidung für die Freizeit: kombinier-
bar und modisch!

Ü 8

+ Kann ich Ihnen helfen?
– Ich suche eine Hose.
+ Welche Größe haben Sie?
– Größe 40. Haben Sie eine schwarze Hose fürs Büro?
+ Diese hier ist Größe 40. Leider haben wir die nur in
  Blau oder in Rot.
– Kann ich die in Blau mal anprobieren?
+ Natürlich, gern. Hier, bitte.
– Hm ... die gefällt mir gut. Sie ist auch sehr bequem.
  Steht sie mir?
+ Ja, die steht Ihnen ausgezeichnet.
– Gut, dann nehme ich sie.

12 Körper und Gesundheit

2 1

+ Praxis Dr. Franke, Viola, was kann ich für Sie tun?
– Guten Morgen, mein Name ist Aigner. Ich fühle
  mich nicht gut. Ich möchte einen Termin bei Frau
  Dr. Franke.
+ Heute ist die Praxis voll, aber morgen um 8.30 Uhr
  können Sie kommen.
– Morgen ist Dienstag ... ja, das ist gut.
+ Also bis morgen, 8.30 Uhr, Herr Aigner, und brin-
  gen Sie bitte Ihre Versicherungskarte mit.

2 2

– Guten Morgen, mein Name ist Aigner. Ich hatte
  einen Termin.
+ Morgen, Herr Aigner. Waren Sie in diesem Quartal
  schon mal bei uns?
– Nein, in diesem Quartal noch nicht.
+ Dann brauche ich Ihre Krankenversicherungs-
  karte.
– Hier, bitte. Muss ich warten?
+ Nein, Sie können gleich ins Arztzimmer gehen.

2 3

+ Guten Tag, Herr Aigner. Was fehlt Ihnen denn?
– Tag, Frau Doktor. Ich habe seit zwei Tagen Fieber
  und mein Hals tut weh.
+ Sagen Sie mal „Aaaa"!
– Aaaaa!
+ Ja, Ihr Hals ist ganz rot. Husten Sie mal!
– Hust-hust. Ist es schlimm?
+ Na ja, Sie haben eine Erkältung. Ich schreibe Ihnen
  ein Rezept.
– Darf ich rauchen?
+ Nein, und Sie dürfen auch keinen Alkohol trinken!
  Ich schreibe Sie eine Woche krank. Und kommen
  Sie bitte nächste Woche wieder.
– Ja, mach ich. Danke, Frau Doktor. Auf Wieder-
  sehen.
+ Gute Besserung, Herr Aigner!

Ü 1

1. Stehen Sie gerade. Strecken Sie die Arme rechts und links aus. Bewegen Sie den Körper von links nach rechts.
2. Legen Sie sich auf den Rücken. Die Beine sind gerade. Die Hände liegen am Körper. Heben Sie jetzt den Kopf und heben Sie die Beine nach oben. Der Rücken bleibt am Boden.
3. Gehen Sie auf die Knie. Ihr Rücken ist gerade. Die Hände liegen hinten auf den Beinen. Bewegen Sie den Körper jetzt leicht zurück.
4. Setzen Sie sich auf den Boden. Heben Sie jetzt den Körper mit den Händen und legen Sie den Kopf zurück. Der Rücken ist gerade.
5. Legen Sie sich auf den Bauch. Die Hände sind auf dem Boden. Strecken Sie die Arme. Heben Sie jetzt den Po ganz hoch.

Ü 6

+ ... Sagen Sie mal Aaaah!
– Aaaah!
+ Ja, Sie haben eine Erkältung. Ich schreibe Ihnen Tabletten und Hustensaft auf. Nehmen Sie die Tabletten dreimal am Tag nach dem Essen. Die sind gegen die Halsschmerzen. Nehmen Sie den Hustensaft am Abend vor dem Schlafen. Und trinken Sie drei Liter Tee oder Wasser am Tag. Aber trinken Sie kein Bier und keinen Wein. Essen Sie viel Obst und Gemüse. Und rauchen Sie nicht! Dann sind Sie nach einer Woche wieder gesund.

Ü 8

1. – Siehst du den tollen Typ da drüben?
   + Den Blonden? Das ist Peter! Findest du ihn gut?
   – Ja, er sieht super aus!
   + Ich habe seine Telefonnummer. Ruf ihn doch mal an.
2. + Bist du noch mit Ulla zusammen?
   – Nein, ich habe sie schon seit einem halben Jahr nicht mehr getroffen.
3. + Hallo! Ich glaube, ich habe Sie schon einmal gesehen.
   – Ja, natürlich! Am Montag haben wir uns in der Galerie getroffen. Wie geht es Ihnen denn?
4. + Du hast ja ein tolles Kleid an!
   – Danke. Ich habe es letzte Woche gekauft.
5. + Ihr habt euch im Café am Markt getroffen, du und ein junger Mann. Du liebst mich nicht mehr!
   – Natürlich liebe ich dich noch. Er ist mein Kollege. Wir hatten ein Arbeitsessen.

1 2

b) *Frau Manteufel, welche Aufgaben haben Sie im Reisebüro?*
Als Reiseverkehrskauffrau organisiere ich Urlaubs- und Geschäftsreisen für unsere Kunden. Ich muss z. B. Abfahrtszeiten für die Reisen mit der Bahn, dem Bus, dem Flugzeug oder dem Schiff recherchieren und Fahrkarten und Tickets buchen. Ich reserviere Zimmer in Hotels, aber auch Ferienwohnungen oder Ferienhäuser, und ich organisiere Exkursionen. Wir müssen viele Länder sehr gut kennen. Ich bin Spezialistin für Reisen in die USA und nach Kanada, ich muss immer aktuelle Informationen haben.

Wie sammeln Sie Ihre Informationen?
Ich lese aktuelle Reiseführer und Kataloge, und man kann auch Informationen aus Videos sammeln. Mit dem Computer recherchiere ich z. B. Reiseziele, Preise oder Fahrpläne.

Verreisen Sie oft?
Wir reisen leider nicht so oft, nur im Urlaub. Manchmal muss ich eine Qualitätskontrolle in Hotels im Ausland machen oder mich über neue Reisetrends informieren. Dann fahre ich zu einer Messe. Letzte Woche war ich in Friedrichshafen zur Internationalen Touristikmesse „Reisen und Freizeit".

Für welche Länder haben Kunden großes Interesse?
In Europa sind es Griechenland und Italien. Im Trend sind ganz klar Trekking-Touren, z. B. auch in Nepal oder in Kenia. Abenteuerurlaub ist im Moment „in". Unsere Kunden lieben das!

1 4

Dialog 1: Im Reisebüro
+ Was kann ich für Sie tun?
– Ich muss am 27. September in Istanbul sein.
+ Also, es gibt einen Flug am 27. 09. um 11.35 Uhr.
– Wann bin ich dann in Istanbul?
+ Um 14.10 Uhr.
– Wie viel kostet der Flug?
+ 278 Euro, inklusive Steuern.
– Ja, der ist gut, den nehme ich.

Dialog 2: Im Krankenhaus
+ Guten Morgen, Frau Otto. Wie geht es Ihnen?
– Danke, besser. Ich habe kein Fieber.
+ Kein Fieber? Wir messen aber noch einmal vor dem Frühstück.
– Wann gibt es Frühstück?
+ In zwei Minuten, danach nehmen Sie bitte die Tabletten, okay?
– Gut, aber geben Sie mir bitte noch ein Glas Wasser.

Bildquellen

© altro, S. 85, S. 118 – akg: © Otto Dix / VG-Bild-Kunst, S. 41 (unten) – © Arco Digital Images: Imagebroker, S. 209 (Mitte links); Meester, S. 149 (rechts) – © Aura: Ammon, S. 160 (c) – © Bildagentur Huber: Leimer, S. 44 (a) – © Bilderbox, S. 166 – © Bw photoagentur: Nijhof, S. 164 – © Caro: Kaiser, S. 173 – © Cinetext/Disney, S. 87 (links) – © Comstock images, (RF) S. 124 (Mitte) – © Corbis: S. 38 (oben links, Mitte links), S. 41 (3), S. 169 (oben Mitte), S. 191 (unten rechts), S. 192 (oben rechts), S. 140 (c), Antrobus, S. 52 (5); Blue Lantern Studio, S. 150 (d); Duomo, S. 191 (d); Fotografia Inc., S. 52 (1); Fratelli Studio, S. 93 (b); Gipstein, S. 70 (unten links); Kaufman, S. 140 (d); Keller, S. 116 (oben); Ney, S. 176 (a); Pelaez, S. 140 (b); People Avenue, Cardinale, S. 185 (e); Prinz, S. 38 (Mitte rechts); Reuters, S. 42 (unten), S. 185 (b); Savage, S. 140 (e); Streshinsky, S. 207 (2. von rechts); Sygma, Vauthrey, S. 185 (a+c); Wilson, S. 185 (d); de Zorzi, S. 200 (5) – © Cornelsen: Bayerlein, S. 72; Corel-Library, S. 21, S. 34 (unten rechts), S. 35 (1), S. 44 (b, c, d, e), S. 45 (oben links, unten), S. 52 (4), S. 70 (oben rechts), S. 148 (a, b), S. 155 (2. von oben, unten), S. 195; Funk, S. 6 (3. von oben), S. 8 (e), S. 14 (Mitte links), S. 28, S. 37, S. 58 (b), S. 80 (unten 1., 3. u. 4. von links), S. 83 (f, unten), S. 91, S. 98, S. 99 (unten), S. 100, S. 104, S. 115 (links), S. 126 (unten), S. 130, S. 149 (c), S. 159 (oben rechts, unten), S. 222, S. 227; Hansen, S. 41 (1, 2), S. 74 (rechts), S. 75, S. 80 (unten 2. u. 5. von links), S. 81 (unten), S. 93 (Mitte), S. 103, S. 146 (Mitte und unten), S. 147 (oben und unten), S. 209 (oben); Homberg, S. 205 (Mitte); Kämpf, S. 59 (e); King & Queen, S. 74 (links), S. 146 (oben), S. 147 (Mitte), S. 208, S. 209 (unten); Klein und Halm, U1 (unten); Loncà, S. 12 (unten); Lücking, S. 70 (unten rechts), S. 92 (1, 3, 4, 5), S. 172; Martin, S. 76 (links); Schulz, S. 4 (1. 2. 3. von oben, 1. von unten), S. 6 (3. von unten), S. 8 (i), S. 15 (oben), S. 16, S. 18, S. 30, S. 34 (oben 1. und 2. von links), S. 36 (Mitte), S. 50 (unten), S. 65, S. 82 (d), S. 86 (oben), S. 88, S. 93 (unten), S. 95, S. 101, S. 102, S. 106, S. 112 (a), S. 137, S. 159 (oben links), S. 180 (b), S. 192 (oben links, unten rechts); Werner, S. 67 (d) – © ddp: S. 113 (g); Lang, S. 160 (e) – © euroregio Rhein-Maas, S. 56 – © f1 online: Seifert, S. 207 (rechts) – © Fotex: Tränkner, S. 191 (b); Wandmacher, S. 6 (2. von unten) – © France Telecom: Grosjean, S. 9 (c); Saxe, S.26 – © Getty Images: Clements, S. 14 (Mitte rechts); de Lossy, S. 11 – © Goethe Institut, S. 13, S. 36 (oben) – © IFA, S. 127 (8), S. 156 (a) – © illuscope, S. 6 (1. von oben), S. 38 (unten rechts), S. 58 (d), S. 114, S. 127 (5), S. 150 (e) – © Land Berlin / Thie, S. 126 (1) – © Mauritius: S. 36 (unten), S. 124 (unten); Age, S. 66, S. 67 (c); Age fotostock, S. 160 (b); Amengual, S. 92 (2); Ball, S. 156 (d); Beck, S. 105 (unten links); Buffington, S. 69; Clasen, S. 153 (rechts); Dodd, S. 191 (unten links); Ducatez, S. 68 (unten links); Georgiadis, S. 169 (Mitte rechts); Gibbord, S. 51 (Mitte); Gilsdorf, S. 34 (Mitte links, unten links), S. 86 (unten), S. 116 (unten), S. 207 (3. von rechts); Haag + Kropp, S. 52 (3); Hackenberg, S. 204 (ganz rechts); Hermann, S. 6 (unten), S. 190 (a); Hubatka, S. 141; Image State, S. 191 (c); Kerscher, S. 59 (c); Ley, S. 54 (unten rechts); Mader, S. 80 (c); Matthias, S. 113 (f); Mehlig, S. 158, S. 183; Mitterer, S. 204 (links, Mitte); Nebe, S. 9 (j); Pele, S. 82 (b); Phototake, S. 167 (oben); Photothèque SDP, S. 112 (c); Pöhlmann, S. 112 (d), S. 205 (links, rechts); Powerstock, S. 115 (rechts); Raga, S. 80 (b); Ripoll, S. 4 (2. von unten), S. 82 (a); Rosenfeld, S. 113 (e); Shoot, S. 90; SST, S. 197; Stock 4B, S. 34 (oben 2. von rechts); Stockimage, S. 121; Studio M, S. 191 (e); The copyright Group, S. 113 (h); Torrelló, S. 54 (oben); Weinhäupl, S. 34 (unten 2. von links), S. 155 (oben); Ypps, S. 38 (unten links), S. 168 (Mitte) – © Möhler, S. 198 – © One to X: Maxis, S. 206 (2. von rechts) – © Partner für Berlin / FTB Werbefotografie S. 126 (2, 3), S. 127 (7), S. 132 (unten) – Picture-Alliance: © dpa: Bildarchiv, S. 160 (a), S. 180 (a), S. 182 (rechts); Lang, S. 150 (f); Bilderdienst, S. 127 (6); Fotoreport, S. 42 (oben), S. 52 (2), S. 54 (links), S. 136, S. 160 (d), S. 170, S. 171, S. 176 (b), S. 177 (c, d), Weihrauch, S. 122; Sportarchiv, S. 179 (unten links, oben links); © okapia: Weiss, S. 140 (oben links); © ZB-Fotoreport: Lander, S. 93 (c); Schindler, S. 188 – © Plainpicture, S. 34 (unten 2. von rechts); Keller, S. 200 (6) – © punctum, S. 81 (oben) – © Schapowalow: Commet, S. 76 (rechts) – © Schiller Gymnasium: Pirna, S. 51 (oben) – © SNCF, S. 4 (4. von oben), S. 50 (oben) – © Stockfood: Arras, S. 169 (Mitte links); Bischof, S. 167 (unten links), S. 168 (rechts), S. 169 (unten); Da Costa, S. 167 (unten rechts); Innerhofer Photodes, S. 150 (c); Johns, S. 168 (links); Marcialis, S. 169 (oben links); Zabert Sandmann Verlag, S. 93 (a) – © Superbild: Phanie, U1 (oben); Reso, S. 156 (b) – © Sven Simon, S. 179 (rechts) – © Tip Berlin Magazin, S. 128, S. 136 – © Transglobe: S. 180 (c); Chederros, S. 49; Mollenhauer, S. 8 (d); Hüttermann, S. 14 (oben), S. 34 (oben 1. von rechts) – © ullstein bild: S. 4 (3. von unten), S. 67 (a, e); AP, S. 34 (Mitte rechts); Ausserhofer, S. 8 (h); Becker & Bredel, S. 14 (unten); BE & W, S. 48; Bodig, S. 140 (oben rechts); Boldt, S. 155 (2. von unten); Bork, S. 132 (oben); Caro / Bastian, S. 107, Caro / Blume, S. 24, Caro / Jandke, S. 67 (f), Caro / Meyerbroeker, S. 117 (oben), Caro / Oberhäuser, S. 117 (unten), Caro / Ruffer, S. 9 (f), Caro / Sorge, S. 80 (d), Caro / Westermann, S. 41 (4), S. 92 (6); Chybiak, S. 8 (b); Eckel, S. 12 (VW), S. 105 (unten Mitte); Gläser, S. 80 (a); Joker / Hick, S. 82 (c), Joker / Gloger, S. 169 (oben rechts), Joker / Steußloff, S. 206 (unten); KPA / Weber, S. 68 (oben links); Kranichphoto, S. 9 (k); Laible, S. 68 (oben rechts); Lange, S. 99 (oben), S. 105 (unten rechts); Michaelis, S. 105 (oben); Mittenzwei, S. 68 (unten rechts); Müller-Stauffenberg, S. 8 (a); P/F/H, S. 124 (oben); Peters, S. 182 (links); Reuters, S. 177 (d); Rieth, S. 200 (1); Röhrbein, S. 67 (b); Sawatzki, S. 83 (e); Seitz, S. 126 (4), S. 6 (2. von oben); Schnürer, S. 132 (Mitte); S. 150 (a); Schöning, S. 58 (a); Steffens, S. 148 (e); Thielker, S. 46; Wodicka, S. 150 (b) – © Visum: S. 112 (b); Heimbach, S. 200 (3); Hendel, S. 207 (links); Mosler, S. 209 (Mitte rechts); Schroeter, S. 156 (c) – © Zefa: S. 38 (oben rechts), S. 93 (d); Stemmler S. 167 (unten Mitte)

Textquellen

© 2001 Hanseatic Musikverlag GmbH & Co. KG / Edition Phat Monday: „Ab in den Süden" (Erl, Köhler, Jeglietzer), S. 154 – © Jandl, Ernst: „Rechts", S. 130 – © 1966 Nero Musikverlag Gerhard Hämmerling oHG: „Welche Farbe hat die Welt", S. 183 – © Wort und Bild Verlag, S. 194

Nicht alle Copyrightinhaber konnten ermittelt werden; deren Urheberrechte werden hiermit vorsorglich und ausdrücklich anerkannt.